潜行 CHEERS

与最聪明的人共同进化

HERE COMES EVERYBODY

박사이다고 하는 것

How Cooperation Shaped the World

人类还能好好合作吗

The Social Instinct

[英]尼古拉·雷哈尼 著
Nichola Raihani

胡正飞 译

中国纺织出版社有限公司

你了解合作是如何进化的吗？

扫码鉴别正版图书
获取您的专属福利

扫码获取全部测试题及答案，
测一测你对合作的了解

- 在群体中，声誉最好的往往是最慷慨的人，而不是最能干的人。这是对的吗？
  A. 对
  B. 错

- 所有人都得益，没有受害者存在的合作是可能的吗？
  A. 可能
  B. 不可能

- 团体间的竞争可以促进团队内部的合作吗？
  A. 可以
  B. 不可以

扫描左侧二维码查看本书更多测试题

献给我的妈妈
她就是合作的"受害者"

目 录

引 言　　合作是如何进化的　　001

第一部分　个体的进化，合作造就你和我

第1章　"自私"的基因，基因的目标就是个体的目标　/015
　　为什么人们会相互帮助　/019
　　基因与合作　/024
　　个体的进化　/026

第2章　个体内部的合作，进化的奇迹　/029
　　超级个体　/033
　　社会是超级有机体吗　/035
　　与众不同的共生菌类　/039

第 3 章　个体内部的冲突，合作是另一种形式的竞争　/043

自私的基因变异　/046

癌细胞也是合作者　/049

精明的自然选择　/051

第二部分　家庭的演变，成为超级合作物种的关键

第 4 章　母亲与父亲，照顾后代时的合作　/059

谁将真正承担代价　/064

为什么母亲为后代付出更多　/067

繁殖功能的内在限制　/069

第 5 章　劳工及懒汉，照顾后代时的冲突　/075

人类祖先的婚配制度　/079

最亲密关系之间的冲突　/082

两难的境地　/086

我们都是嵌合体　/087

第 6 章　欢迎来到大家庭，人类是合作繁殖者　/093

我们拥有彼此　/096

人类是合作繁殖者　/100

第 7 章　斑鸫鹛及其他物种的合作繁殖机制　/105

　　饥饿与富足　/110
　　获取鸟类的信任　/111
　　斑鸫鹛的成功秘诀是合作　/114
　　鸟巢里的危险　/116
　　动物王国中的教学　/118
　　帮助者的角色　/121
　　教学的效用　/122
　　教学行为的本质　/124

第 8 章　长寿的祖母，人类的合作繁殖机制　/129

　　更年期，重要的转折点　/134
　　年长女性的让步　/136
　　选择性力量的制衡　/139
　　没有更年期的男性　/140
　　不老的动物女王　/142
　　更长的寿命　/145

第 9 章　合作造就成功，也会带来失败　/149

　　动物中的家庭冲突　/152
　　亲密关系不是促进合作的灵丹妙药　/154

第三部分　社交网络的扩大，大规模合作的基础

第 10 章　合作还是背叛，两难的社会困境　/165
人类为什么助人为乐　/169
自然选择青睐利他主义者　/171
互惠原则　/174
相互依存　/177

第 11 章　促进还是破坏，惩罚的两面性　/181
惩罚促进合作　/184
惩罚也是一种合作形式　/189
更容易赢得信任的惩罚者　/198

第 12 章　有价值的声誉，合作的信号　/201
同样的行为模式　/204
好声誉的信号　/210
意愿比能力更重要　/214
男性的合作信号　/217

第 13 章　隐瞒善行，声誉的提升　/223
不同的声誉管理体系　/227
善行背后的动机　/228

第四部分　更大的社会，合作造就伟大壮举

第 14 章　**公平与关切，人类独特的合作机制**　/237
　　人类与黑猩猩的生存机制　/243
　　合作的沟通信号　/248

第 15 章　**内群体与外群体，人类的社会能力**　/253
　　友谊与合作　/258
　　群体效应　/261

第 16 章　**偏执思维，联盟引发的心理机制**　/263
　　阴谋论思维　/273
　　信念的力量　/275

第 17 章　**人类的合作精神，社会结构的改变**　/279
　　更谨慎的策略　/285
　　制度的转变　/286
　　等待集体行动　/292

第 18 章　**合作的两面性，与时俱进还是作茧自缚**　/297
　　更亲密的社会关系　/300
　　普遍主义与集体主义　/303
　　合作是一种社会保险形式　/305

物质安全 /308
放眼全球，立足本地 /311
人类的社会本能 /316

致谢 /321
注释 /327

引 言

合作是如何进化的

> 我认为没有任何证据可以证明人类曾经作为非社会性动物存在过。[1]
>
> 查尔斯·达尔文，1871 年

键入这行文字时，我正坐在厨房的桌子旁，与大家保持着必要的社交距离，以防止一种已经在全球范围内肆虐的微小病原体的继续蔓延，它们以几周前都还无法想象的方式改变了我们的日常生活。工作场所已经关闭，咖啡馆和餐馆已被木板封住，孩子们正在家上网课。当一列军用卡车在意大利小镇的街道上运送死者时，人们只能通过手机屏幕与去世的亲人告别。而世界上其他地方的人们，也只能眼睁睁地看着。这种病毒表明，人类在大自然的力量面前多么脆弱，哪怕是面对微小到甚至看不到的事物。

从某个角度来看，还真是小东西有大力量，仅仅一小串遗传物质就造成了如此惊人的后果。这种只有头发直径 1/500 的东西是如何夺去这么多人的生命的？答案显而易见，病毒的"成功"，要怪人类自己。通过狩猎和交易野生动物，我们使新型冠状病毒从一个物种跳到另一个物种。它能穿越国界，也是拜飞机和船只所赐。和以往的病原体一样，这种病毒同样利用了人类的一个特性把我们暴露在全球性流行病面前，也就是社会性。

社会性使我们陷入了这场全球性的流行病，但解铃还须系铃人，社会性也正是我们摆脱此困境的唯一机会。虽然在我写这本书的时候，还不清楚何时能摆脱这种病毒的威胁，但我们已经知道该怎么做了。本能告诉我们，在受到威胁时要抱团取暖。但是为了抗击这种病毒，我们必须抑制人类这种最基本的本能。我们必须接受限制，包括能做什么、和谁在一起以及在哪里。为了抗击这种病毒，科学家们必须努力达成研制疫苗的集体目标，同时，社会上的一线工作者们则要提供所有人生存所需的核心服务和商品。为了抗击这种病毒，政治领袖不仅需要考虑自己国家的人民，还需要考虑生活在其他国家的人民。总而言之，为了抗击这种病毒，人类必须合作。

幸运的是，合作是人类非常擅长的事情。

合作的物种

这是一本关于合作的书,也是我自2004年以来研究的重点。"合作"这个词,在任何企业文化中都不稀奇,一说起来,就会让人联想到坚定的握手和快乐的团队。但合作远不止于此,它早已融入我们生活中的方方面面,从最无聊的琐事,如早晨的上下班,到最伟大的成就,如将火箭送入太空。合作是人类这个物种的超能力,也是人类不仅能够生存下来,而且几乎在地球上的每个地方都能蓬勃发展的原因。

也许你没注意到,合作还是我们领先于其他物种的原因。在分子层面上,合作无处不在,各式各样的生命体都是由基因组内互相合作的基因构建成的。如果你顺着基因的梯子拾级而上,就会看到在生物有机体进化的过程中,多个细胞也是通过合作,协同组成了生物个体。对大多数物种而言,合作就到此为止了。大体上来说,个体之间互相帮助的现象并不常见。然而,也存在一些另类,它们恰好就是地球上某些最成功的物种,人类也居于其中。

人们很容易相信,热衷社交的天性是人类独有的,但事实是,人类只是众多过着社会生活的物种之一。有一个关于合作的令人唏嘘不已的例子,就是一种被称为 Forelius pusillus 的巴西蚂蚁。这些蚂蚁白天在地面上觅食,但随着夜幕降临,它们会撤退到安全的地下巢穴中。不过,并非全部的蚂蚁都这样做。有几只蚂蚁仍会留在外面，等待它们的同伴全部从一条小隧道爬进巢穴里。然后它们就会开始工作，拖拽、搬运沙粒及其他碎片，从巢穴外面把入口完全隐藏起来。封住巢穴的同时，这些工蚁实际上也已经决定了自己的命运，因为落单的蚂蚁在地面上是熬不过一夜的。但是，这几只工蚁如果死在巢穴附近，尸体可能会把捕食者引来。于是，最终，这几只工蚁毅然决然地走进了沙漠之夜，它们作为尽职尽责的保护者，迎来了自己生命的尽头。[2]

蚂蚁的自杀虽然是一个极端的例子，但也表明不管是稀松平常的小事，还是令人敬佩的壮举，合作都是理解这些行为的关键。合作可以让我们明白为什么有些物种的父母会照顾它们的孩子，以及为什么有些物种的后代会杀死它们的母亲。合作也解释了为什么斑姬鹟会帮助它们的邻居，而黑猩猩对待邻居的态度则是试图消灭它们。合作还可以揭示出一些我们以前想都没想过要问个为什么的事情，例如为什么会存在更年期，为什么（祖母）会不育（详见第8章），以及为什么我们是唯一拥有这些表现的灵长类动物。

当然，在谈到合作时，我们不能不提及它的另一面，也就是合作太容易被骗子和投机取巧者所利用了，他们为谋私利，专行钻集体空子之事。我们将看到，这些不守规矩的作弊者也是在合作，但采用的是一种由他人付出代价的方式。于是，他们的合作便经常产生受害者。就像癌细胞在多细胞生物体内相互合作，但对该生物体不利。裙带关系、腐败和贿赂都是合作的形式，它们只存在于少数人中间，却让社会为此付出了更大的代价。

透过一些人类最为壮观、最为神秘的集体行为，我长期努力并精确地观察着人类和其他动物在行为模式上的共同点，这也一直是我学术生涯的支柱。虽然我现在主要研究人类，但我却是沿着一条蜿蜒的路径跋涉万里才得以进入这个领域的。我研究了非洲卡拉哈迪沙漠的斑鸫鹛，南非比勒陀利亚的（一个储物柜里的）达马拉兰鼹鼠，澳大利亚内陆的灰短嘴澳鸦，以及生活在热带珊瑚礁上的清洁鱼。这些研究对象听起来好像有些杂乱无章，但这些物种都有一个重要的共同点，即它们都是会合作的物种。对斑鸫鹛、灰短嘴澳鸦和达马拉兰鼹鼠来说，它们的合作主要发生在家庭内部。清洁鱼的行事方式则有些不同，它们帮助的是完全陌生且从未见过的鱼，而且可能是永远不会再遇到的鱼。更加有趣的是，人类的合作行为兼具以上两种形式。

合作是人类历史的组成部分。合作还将定义人类的未来，2020 年的新冠病毒大流行把这一事实变成了人们关注的焦点。正当英国封城之际，我本来还以为我已经写完了这本书。然而，就在突然之间，合作变得如此重要。我已写入本书的内容，如家庭纽带、社区精神、监管作弊等，一下子成了新闻频道的每日头条。我职业生涯中一直在思考的问题变成了人类现在迫切需要解决的难题，即我们怎样鼓励数十亿人为了更大的利益做出个人牺牲，优先考虑"我们"而不是"我"？

要解决这样的问题，我们需要开阔的视野，广泛地研究各类对象，回顾人类的进化史，确定过去的环境在今天的人类身上留下了怎样的印记。但我们不能孤立地审视自己，也要侧过身，观察一下生活在地球上的其他社会性生物。人们很容易把注意力集中在和我们亲缘关系最近的亲戚——类人猿身上，特别是黑猩猩和倭黑猩猩，但这种研究方法却有些狭隘。具有明显人性气息的社会行为在猿类和猴子身上通常并不存在，但确确实实出现在了一些与我们亲缘关系更远的物种身上。例如，蚂蚁和狐獴会教学，但黑猩猩不会。松鸦会分享东西，但倭黑猩猩不会。人类要了解自我，必须触类旁通，不能只在和其他灵长类动物的比较中寻找线索，也要到进化树上完全不同的分支里去看看，果然，在那里就找到了像人类那样生活在一起的物种。

这本书分为四个部分，我觉得更像是洋葱那样分了好几层。在每一部分中，我们都将从里面的一层走到外面的一层，一边走一边探索人类发展历程中的社会复杂性在不同尺度上的演变。

第一部分探讨了个体的进化。我们将从微观处入手，深入探究自己的内部，见证基因和细胞如何通过协同工作形成联合共生的实体，形成你、我，以及其他有血有肉的生物。我们的身体看起来是和谐统一的，但表面之下其实暗流涌动。遗传物质和细胞中的作弊者经常试图颠覆体内的秩序，引发内部的混乱。正如我们将看到的，身体健康、生育能力甚至生存都可能取决于我们控制这些自私实体的能力。

第二部分向外延伸了一点，探索了家庭的演变。照顾孩子对我们来说似乎是很自然的一件事，但人类从事双亲照顾的程度和持续时长却极不寻常。我们将发现人类与生活在大家庭群体中的其他物种的相同之处，从而了解如何用家族传统来解释人类的许多奇怪特征，包括女性更年期和我们超长的生命周期。

在第三部分中，我们将把社交网络扩大一些，研究为什么有时候人类会帮助家庭圈子之外的人。人之所以为人者，何已也？部分原因是我们不仅能够与亲戚朋友合作，还有能力与完全陌生的人以及可能不会再见的人合作。也正是这种能力和倾向，支撑起了人类热衷于社交的本性，并为人类将足迹踏遍全球铺平了道路。不过，人类并不是唯一与陌生同类进行社交的物种。清洁鱼，一种在小礁石上栖息的鱼类，其行为方式跟人类有着诸多惊人的共同点。

在第四部分，我们将跳到洋葱的最外层，探索大型社会的演变历程。在这一部分，我们首先会承认人类源自猿类的特性，然后琢磨一下，人类是如何以及为什么会发生脱胎换骨的变化的。相互依存塑造了人类的心理机制，使得他们既能通过合作做出越来越伟大的壮举，又不得不与社会比较、偏执这样奇特的行为为伍。少数人甚至可能会因此变得病态。我们高超的合作能力是解决现存的大规模全球问题的关键，但也正是这一能力可能会使我们走向衰落。

我们将踏上这段探索之旅，发现合作进化的奥秘。这段旅程将把关于人类自己、关于与我们共享地球的其他物种的更多信息展现在我们面前。我们将发现，合作不仅改变了世界，而且成就了世界。我们能想到的每一项人类成就，无论是小小的成功，还是真正的辉煌，都依赖于合作。尤为重要的是，没有合作，地球上就不会有生命。

在本书的第一部分，我们将探索合作是怎么创造出你、我和其他生物的。让我们开始一探究竟吧。

The Social Instinct

第一部分
个体的进化，合作造就你和我

正如我们所知，合作是造就生命的关键因素。没有合作，你、我以及其他任何生命体都不会存在。细胞里有基因组，基因组里有基因，而你是由基因通过合作构建而成的，所有基因协同作业，目的只是为了实现一个更大的利益，就是造就活生生的、独特的你。

为了说明这一点，你可以把自己或其他任何生命体想象成俄罗斯套娃。一眼看上去，你就是套娃最外面的样子，但此外表并不代表你的全部。如果撬开最外层的娃娃，你会发现藏在里面的另一个版本的娃娃，而且这个娃娃里还套着娃娃，如此往复。你既是一个个体，也是一个集体。你的身体由数十万亿个细胞组成，确切地说是大约37.2万亿个，是地球上人口数量的5 000多倍。[1]大多数类型的细胞包含46条染色体（性细胞包含23条，红细胞则没有），并且每条染色体内都包含着基因，基因的数量从几百到几千不等。就好比当你在照镜子的时候，看到的是最外层的俄罗斯娃娃，那么基因就是位于最里面的最小的娃娃。这个最里面的娃娃是最基本的、不能再分裂的最小单元，它可以在你的染色体、细胞甚至你自己死亡之后保存很长时间。基因隐藏在你我身体的最深处，它为了能够在后代的身体内延续，将不得不随着"最外层的娃娃"，也就是这个能够繁殖的载体一起旅行。[2]

然而，生命没必要一定套在俄罗斯套娃的模子里。至少在原则上，组成你身体的各个部分应该能够独立繁殖，也就是说，基因没必要一定裹在细胞里，而细胞就算是没有被困在生物体内，也有能力繁殖。但是，为了达到生物体复杂程度的要求，从基因到细胞，再到生物体乃至一个群体，都要求下一层的单元约束好自身的利益诉求，换句话说，它们必须合作。

人类历史上真正的关键性时刻不是车轮的发明，不是《大宪章》①的签署，也不是培育农作物和驯化动物，而是很久以前在地球历史上闪现的一些事件。多细胞生物的出现就是一件不可思议的大事，从历史的角度来看会有助于我们理解这点。让我们回到我们所能想象到的最久远的时空，回到太阳系和地球的起源。

据估计，地球大约有 45 亿年的历史。³ 这个数字太难以置信且令人费解，所以让我们把地球的历史浓缩成一个日历年。这样来看，人类是在 12 月 31 日的深夜 12:30 登上了历史舞台，人类一登台，仅用了 25 分钟就扩散到了世界各地。在午夜前的最后 60 秒内，人类社会经历了农业革命和工业革命，形成了世界各地的民族和国家，发动了两次可怕的世界大战，而且成了自然界的全面统治者和破坏者。

刚才说的事情都是在一年当中最后的 30 分钟内发生的，真正令人惊讶的是，地球上的第一个"生命"，也就是细胞内的基因，早在 3 月中旬就出现了。事实上，人们认为，从独立复制的遗传物质链到真正的细胞，这种转变在地球的历史上仅发生过一次。在那

---

① 又称《自由大宪章》，1215 年由英国国王约翰与贵族签订，是英国封建贵族用于限制国王权力的宪法性文件，被视为英国宪法的基础，创造了"法治"这一理念。——编者注

之后，每一个生物体中的每一个细胞都是这个原型细胞的后代。到了6月份，第一个真核细胞出现了，所有植物、真菌和动物等复杂生命形式的体内，都是这种类型的且更加复杂的细胞。同样，据我们所知，这种转变也仅发生过一次。大约在11月份，细胞从个体经营者一跃成为与其他细胞形成的联盟，于是，多细胞生物诞生了。上述这些转变都是具有进化意义的里程碑，也都是关键性的步骤，通过这些步骤，独立生存的遗传物质链一步一步地形成了多种多样的生命形态。

在所有主要的进化转折中，都有一个共同的主题贯穿其中，即每次转折都是将较小的单元锁定在一个较大的单元（俄罗斯套娃的新外壳）内，而这个较大的单元就是生物组织的新层次，[4]一种新的"个体"就此产生。如果以这样开阔的视角来看待地球上的生命，我们就可以看到一部个体之间伙伴关系的发展史，目睹单个个体们作为伙伴，组成团队，并朝着集体目标共同努力。可以说，生命的历史就是合作的历史。

偶尔，伙伴关系的规模会达到惊人的程度。例如，地球上规模最大的一群生物是一种"六足兽"，即阿根廷蚂蚁，它们的足迹遍布北美洲、亚洲、欧洲和大洋洲。[5]这种物种组成了单一的、侵略性极强的超级群体。大多数种类的蚂蚁都生活在巢穴中，由一只负责繁殖的雌性和成百上千只工蚁组成。在巢穴中，个体们的利益差不多一致，那就是工蚁们合作抚养女王生出的后代。然而，在不同的巢穴之间，竞争相当激烈，当工蚁们遇到来自不同群体的对手时便会大打出手，还常常会将对方置于死地。

但阿根廷蚂蚁似乎有所不同，来自不同巢穴的工蚁似乎将彼此视为盟友而不是敌人。从新西兰的一个巢穴中取出一只蚂蚁，然后把它介绍给一只来自意大利的蚂蚁，它们之间并不会发生什么，无非是点头示意。这种放松的态度并不是因为阿根廷蚂蚁异常温顺，相反，它们会毫不客气地攻击和杀死不认识的蚂蚁。事实证明，意大利和新西兰的蚂蚁群体只是一个国际化超级群体的一部分，拥有数百万个巢穴，跨越不同的国家和大陆，而且，还是同一个单亲母亲的后裔。因此，将一只来自新西兰的蚂蚁介绍给意大利的同伴，就如同用你的小手指摸摸自己的大脚趾，这不过是同属于一个较大躯体的两个部位而已。虽然，在同一超级群体内的蚂蚁成员之间的关系友好，但不同家族之间的竞争却异常激烈。在加利福尼亚州，两个不同的超级群体之间有一条狭长的边界，那里就是一个蚂蚁战区，到处都是来自这两个敌对阵营的士兵尸体。

阿根廷蚂蚁的这种合作规模很容易让人印象深刻。其实，在任何生命层面上的合作都值得我们惊叹。只要是为了形成合力，哪怕只是短暂的联手，也会为获得更大的利益做出个体的牺牲。承认这样一个事实，就会触及一个在自然科学与社会科学交叉领域里埋下的核心问题，那就是：如何用强调自私个体的达尔文进化论来解释个体的牺牲行为？

在回答这个问题之前，我先介绍一些进化论中的基本概念，这会对你有帮助的。那么，就和我一起追溯不远的从前吧！让我们回到尘土飞扬的剑桥大学，回到那个我的科学生涯几乎还没开始就要结束的时刻。

第1章
"自私"的基因，基因的目标就是个体的目标

你可以过着某种生活,至死都未听说过达尔文的名字。但是,如果你在临死前想了解你为什么活着,达尔文主义就是你必须学习的一门学科。[1]

理查德·道金斯(Richard Dawkins)
为约翰·梅纳德·史密斯(John Maynard Smith)的著作《进化论》(*The Theory of Evolution*)所作序言,1993年

2000 年 10 月，我开始在剑桥大学攻读自然科学学位，当时的我还不太确定自己想从这段学习中得到什么。像往常一样，我们四个人挤进一个小办公室，每周与一位大学导师会面，我们会在那里讨论课程并确保我们理解了内容。我们的导师维罗妮卡（Veronica）是一位有点害羞的植物学家，她说话轻声细语，对我们的论文的评论也是轻描淡写，就好像担心自己的观点太有力了一样。在一个小时的关于"植物性"的讨论结束时，具体细节我记不清了，维罗妮卡宣布她希望我们在离开后完成一篇 2 000 字的文章，主题是"为什么想到眼睛会让达尔文不寒而栗"。

我慌了。我之所以选择"进化和行为"这门课，主要是冲着"行为"去的，我认为这属于心理学而非生物学的范畴，事实证明，我误入歧途了。我对进化论几乎没有想法，也没有读过任何达尔文的著作。我怎么知道啥东西会让达尔文出一身冷汗呢？在那些日子里，我靠着谷歌和维基百科来收集线索，这可不是件容易的事。我甚至开始怀疑自己来到剑桥本身是否就是个大错误。我连问题本身是什么意思都没搞懂,到底该如何给出答案?我已经不记得我在这篇文章里写了什么,但我得到了一个绝对平庸的分数。

尽管我完全没有准备好回答这个问题,但这个不寒而栗的问题确实切中了一个难题的核心,那就是:如何解释自然界中为什么会存在那么复杂的设计。人眼是一个奇妙且复杂的器官,它像一个镜头,使我们能够聚焦在物体上,无论这个物体很远还是就在我们鼻子下面。与其他哺乳动物一样,人类有色觉,这意味着我们可以分辨 10 万到 1 000 万种不同的颜色。[2] 我们有不同的感光细胞,即视锥细胞和视杆细胞,且分别在白天和夜间发挥视觉作用。这不是一本关于眼睛的书,所以我不想大费周章解释,但眼睛确实是一个非常惊人的感知套件。然而,从进化的角度来看,眼睛的构造却有点令人困惑,因为达尔文经常念叨的是,复杂的适应性源于一系列微小的连续的步骤,每个步骤都带来了性能的轻微改善和对持有者的好处。如果眼睛只有在能够真正看到事物时才能起到作用,那么半成型的眼睛(half-formed vision)又有什么用途呢?

达尔文本人在他的宏伟理论中承认了这一困惑。在回应一位同事对他的书的温和批评时,达尔文承认:"关于《物种起源》的弱点,我也同意。直到今天,眼睛都让我感到不寒而栗。"[3] 即使在当代,神创论的支持者仍然把眼睛当作无可争辩的证据,证明达尔文的理论一定是错误的,他们宣称,能设计出这么精妙复杂器官的,一定是一位无所不知的设计者。也许，这就是达尔文担心的真正原因。

但他真的这么想吗？

虽然达尔文承认，将眼睛视为自然选择的产物似乎"极可能是荒谬的"，但他继续从理论上推测，精妙的眼睛结构是从简单开始，通过连续进化而变得越来越复杂的。[4] 要做到这一点，父母必须将细微的变化传给后代，并且使这些继承者从中获得好处。达尔文的直觉还是有先见之明的，虽然直到 150 年后，这一理论才被证明是正确的。现在我们知道，复杂的眼睛确实是通过一系列渐进的步骤进化而来的，始于最初简单的感光细胞层，能够让那时的个体根据光的信息来调节他们的日常生活周期，然后再渐进式地叠加连续的特征，而每一次的叠加都有证据证明，眼睛的所有者的确从中得到了好处。[5]

为什么人们会相互帮助

性状变异由父母传给后代最常见的方式是通过基因进行，即信息被原样打包，从上一代传递到下一代。基因包含了细胞构建蛋白质的指令，而这些蛋白质正是生命的主力。[6] 你的骨骼、皮肤、指甲和头发都是由蛋白质组成的，大脑也是如此。你的想法、感受和情绪都是在由蛋白质构成的结构中发生的。

进化是随着时间而产生的变化。在生物学意义上，进化指的是种群中不同基因变异[①]的兴衰。由于自然过程[②]的影响，基因变异也会存在起伏。基因突变将新的变异引入种群，而像小行星的撞击或火山爆发这样的随机事件，就可能纯粹出于偶然地消灭掉整个基因谱系。但只有一种力量始终如一地将基因变异推向某一个方向，那就是自然选择。在自然选择的过程中，由于基因对基因携带者产生了影响，基因频率会发生改变。自然选择是一种盲目的分选机制，当性状发生变异，且变异能够遗传给后代时，编码了有益性状的基因变异会倾向于在种群中累积下来。正如达尔文所强调的，这些差异可能很小，像"天平上的一粒谷子"只产生了"最微小的优势"，但就是这毫厘之差，已经足以推动自然选择这个伟大的变革引擎了。[7]

在其他条件相同的情况下，当基因变异能够将具备生存或繁殖优势的性状赋予其携带者时，该携带者就会比其他未携带此基因变异的个体更具竞争力，此基因变异在种群中的频率也趋于增加。对携带者有好处的变异，即那些有利于生存或繁殖的生理或认知性状，往往会在种群中积累。用进化生物学的语言来说，这些基因将

[①] 一个基因变异（也称为等位基因），是给定基因的特定版本。例如，每个人都有决定眼睛颜色的基因，但正是基因的特定变异决定了你的眼睛是什么颜色。
[②] 风、流水或者冰川移动等自然现象，都可以称为一种自然过程。——译者注

处于正选择（positive selection）[①]状态。当我们试图解释为什么在人群中会存在和延续某些行为特征的时候，如好斗、照顾后代或者善待陌生人等，我们其实是在关心与这些特征相关的遗传变异是如何受到自然选择的青睐的。这并非意味着人类的行为已经完全或确定性地被基因控制了，或者基因会在所有的身体或环境中产生相同的影响。然而，对于确实具有一些遗传成分的性状，无论多么微不足道，我们都可以试问，这些基因有多大可能性是由于它们促成的后果才传承到下一代的。

从基因的角度来看待问题，有时被称为"基因视角"（gene's eye view），最著名的支持者是理查德·道金斯[②]，他在他的专著《自私的基因》一书中就对此大加倡导。[8]基因是自私的，解释清楚这个相当沉重的术语的真正含义十分重要。将基因定义为自私的并不意味着它们是不道德的或狡诈的，或者拥有自私的人所应有的任何可憎的性格特征。"自私的基因"也不是那些与自私的行为特征相关的基因的简写，如果有这样的基因的话，它们只存在于最邪恶的个体中。相反，你体内大约 25 000 个基因中的每一个都可以被描述为"自私的"，或者，如果换种争议较小的说法，可以说是"自利的"。基因是自利的，因为它们每个都有一个单一的，而且是

[①] 自然选择中最常见的一种形式。指种群中出现能够提高个体生存力或者育性的突变时，只有该基因的个体比其他个体留下更多的后代。——编者注

[②] 理查德·道金斯是著名的进化生物学家，他的著作《基因之河》中文简体字版已由湛庐策划、浙江人民出版社出版。——编者注

凌驾于一切的"关注点"[①]，那就是确保它们出现在下一代中。

从表面上看，"自私的基因"这个观点似乎暗示着，任何降低个体繁殖成功率或生存率（以及支持它的基因变异）的可遗传性状，都将被无情地从种群中剔除。但是，如果我们接受这种对达尔文的逻辑进行狭隘解读的世界观，那么又该如何解释在周围世界中看到的许多合作的例子呢？

来看一个具体的例子吧，回想一下我们在前面提到的蚂蚁自杀的情况。乍一看，这种极端利他主义的做法似乎对达尔文的理论构成了严重的挑战。达尔文的逻辑依赖于个人是由自身利益驱动的这一假设。大多数生物都试图生存并拥有尽可能多的后代，即使这意味着饥饿的嘴巴数量超出了环境所能承担的容量。自然选择充当了一种隐蔽的分拣机制，可以把它比作筛子，当没有足够的猎物四处走动时，只有最强、最快、最适者[②]才能生存下来。再看看

[①] 当然，基因并不是真的有意识地"关心"任何东西——它们只是遗传物质的碎片，无法体验欲望、需求或渴求。当我们说基因"想要"或"关心"某事时，真正的意思其实是，基因的行为就好像它们在乎自己的生存，好像它们想进入下一代。

[②] 在日常语言中，我们使用 "fitness"（健壮）这个词来指代运动能力，但在进化生物学中，fitness 这个词有不同的含义，如适应性。它指的是"个体"，或者更准确地说是基因对下一代基因库的平均贡献。因此，适应性是衡量进化成功与否的标准。当我使用 fitness 这个词时，它指的是在这种进化意义上的含义，即适应性。

蚂蚁自杀的行为，它们干的是舍己为公的事情，而且为此付出了沉重的代价，那么，进化是如何以及为什么会推动这些英雄主义的倾向呢？

理解蚂蚁奇怪行为的关键，是要认识到同一蚁群成员之间的亲缘关系是非常密切的。在自然界中，一些最惊人的合作的例子都发生在家庭群体范围内，这并非巧合。要领悟为什么友好的帮助行为经常从家里开始，我们需要扩大视野，找出个体的行为是如何给他的基因们带来好处的，也就是采用基因视角。我和我哥哥体内存在着共同的基因，而它们是不在乎如何传承到下一代的。从基因的角度来看，无论是通过我自己的孩子还是通过我的侄子侄女传播基因，都无关紧要。如果给亲属带来的好处，也就是后代的增加，足以补偿助人为乐者所付出的代价，也就是放弃繁殖，那自然选择会支持代价高昂的帮助行为。

这个用于解释社会特征演变的总体框架被称为"广义适应性理论"（inclusive fitness theory）。[9] 帮助行为会在哪里演进，帮助行为的对象又会是谁，根据这个理论都可以做出具体的预测。那些在巢穴外面牺牲自我、保卫蚁群的蚂蚁不会带来个体繁殖上的代价，因为工蚁们本来就是不育的。但是，它们的很多亲属都能从其无私的行为中受益，这就解释了为什么自然选择会钟情于这种极端的牺牲行为。人类家庭中，兄弟姐妹之间的关系也会受到亲缘远近的影响。有研究表明，同父同母的兄弟姐妹比起同父异母的兄弟姐妹，往往会见面更多，对亲情的呵护也更多，哪怕他们都是在同一屋檐下长大的孩子。

基因与合作

为什么人们会相互帮助？亲缘关系是其中的一个关键因素。当我们把"自利"这个概念延伸后，就可以将其他一些令人困惑的问题和达尔文理论调和起来了。但是，只看亲缘关系还不够。收益和成本的因素也要一并考虑进来，因为它们都是可以决定在何种情况下合作会占优势的生态参数。推动合作的一种方法是降低帮助他人需要付出的代价，当个体繁殖后代遇到困难时，就有可能会出现这种情况。

有一个挺有意思的例子是长尾山雀，它们是在一大群叽叽喳喳的鸟儿中间飞来飞去的群居鸟类，但到了繁殖的季节，它们就去过二人世界了。尽管体型很小巧，长尾山雀却能造出欧洲鸟类中最精致的巢穴。它们的巢穴有一个完美的穹顶，在入口处有个小洞供父母进出，其使用的建筑材料似乎是由女巫的魔法召唤来的。巢穴的外部用蜘蛛丝把苔藓和地衣的碎片绑在了一起，里面则装饰着数不清的豪华的羽毛绒。长尾山雀花了三个多星期来建造这座童话般的宫殿，这可是一笔非常可观的投资，别忘了，整个繁殖季节也才三个月。然而，对于许多鸟儿来说，这种努力是徒劳的，因为大多数巢穴都会被捕食者发现，只有不到五分之一的鸟类父母可以成功地把幼鸟养到会飞的程度。如果它们的哺育在繁殖季节接近尾声时失败了，那么这对不幸的父母往往会寻找附近的亲戚，然后就干脆留在那里帮助它们。[10] 在这个例子中，帮助行为的成本非常小，既然本来就已经没时间在繁殖季节里再尝试一次了，那么牺牲掉繁殖机会的代价就是极小的。而正是因为代价小，相对而言，转而去帮助亲戚就更容易成为它们权衡后的选择了。

当我们以这种方式看待进化时，就可以开始做出更加细致入微的预测了：何时会出现帮助行为？何时能指望自然选择的青睐？例如，个体应该不会太乐意向年老或病重的亲戚伸出援手，因为这种投入能够转化为适应性上的收益的可能性较小。非洲巨型蚂蚁在袭击白蚁巢穴时，就采取了这种肯定算不上浪漫的方式。白蚁巢穴由专门的超级兵蚁保卫，它们会积极攻击前来打劫的蚂蚁，有时甚至会把它们打残。受伤的蚂蚁会释放出一种信息素，即一种由化学物质构成的呼叫信号，刺激同伴们将自己从白蚁士兵的下颚中解救出来并带回家。在家中的姐妹们会照顾受伤的蚂蚁，通过舔舐和清洁来防止伤口感染。然而，还是有例外的，那些受了重伤，如断了五条腿而不只是一条腿或年龄太大的蚂蚁都没有得救。不管怎样，救助一个很快就会死去的同伴并没有什么进化上的好处。蚂蚁们似乎也知道什么时候不值得再大费周折地救助自己了，于是，那些年老或伤势太重的蚂蚁也不怎么会发出求救信号。[11]

1910 年的一项针对美国家庭的研究发现，类似的场景也在人类身上重演了。从研究中得到的数据来看，无子女的夫妇更可能帮助他们的亲戚，就像我上面描述的长尾山雀一样。但是，不是所有的亲戚都具有同等的价值，按照这个逻辑，这些无子女的夫妇更可能将侄女或侄子带回家，而不是自己年迈的父母。[12] 按照亲缘关系来讲，当然是父母更有价值，但是，就潜在的适应性好处而言，年迈的父母从进化的意义上来说已经没有什么前途了，而帮助年幼的侄女或侄子，将来可能会获得更大的好处。

个体的进化

到目前为止，我们已经看到，某些基因与合作甚至英雄行为有关，只要这些行为有利于它们在其他个体中存在的基因副本，自然选择就会对这些基因情有独钟。基因可能是自私的，但这并不妨碍在适当情况下进行的合作。虽然从基因的角度可以解释许多令人费解的现象，但你可能已经注意到我的故事中有一个麻烦之处。困难是这样的：通常，人们认为自然选择作用的实体对象是基因变异，其频率在进化的过程中或增或减。基因们被捆绑成了一个集体，也就是生物体或者个体。暴露在自然选择面前的，是基因对这些个体产生的影响。换句话说，基因并不承载决定自身是否成功的适应性特征。相反，这些特征是由个体在更高层次的生物组织中承载的。

个体，是进化的得意之笔。花点时间想想到底什么是多细胞个体吧，就像你、我以及地球上的所有其他多细胞生物，都是作为一个整体运作的集体，而不是一堆部件。以前我说过，我们可以把基因想象成各怀目的的小小代理人。然而，我们周围的个体似乎也是这样，都是以目标为导向的。一棵橡树朝着太阳生长，它的目标好像是长得更高；大山雀带食物回家，它的目标好像是帮助雏雀生存、长大。像我这样的行为生态学家更倾向于认为，追求进化目标的实体是个体而非基因，这是因为个体及其行为是可见、可观测的，基因则不然。

可以将这种做法称为心理捷径，这没什么问题。进化通过协调基因的利益来创造个体，因此，个体追求自己的进化目标，就是在追求组成它的所有基因的目标。由于存在这种等价性，我们可以将个体视为目标驱动的代理人，而且如果需要，我们可以随时毫不费力地转换回基因的视角。

个体的进化是通往日益复杂的社会性道路的第一个关键步骤，预示着向家庭、社区和大规模社会的过渡。但是，我们怎么知道基因和细胞的集合何时成为个体呢？为什么读这本书的人就成了一个个体，而不能把身体里的每一个细胞或者每一个自私的基因都当成个体？

人们将自己视为浑然一体的个体，同时，又不承认一群海鸥或者一群牛羚也是个体，这些都是通过直觉得到的结论。但是，在划分进化边界的时候，诉诸直觉是不可靠的。例如，如果把蚁群视为个体，可能会相当颠覆你的直觉，但许多进化生物学家认为蚁群就是超级生物。除了直觉之外，我们还能根据什么来划清界限？你真的是一个个体吗，如果是真的，原因是什么？

The Social Instinct

第 2 章
个体内部的合作，进化的奇迹

因此,个体是由目标一致、协同合作的各个部分组成的联合体。[1]

鲁道夫·魏尔肖(Rudolf Virchow)
《原子与个体》(*Atoms and Individuals*),1859 年

进化犹如穿针引线，将局部利益和整体利益紧紧地缝合在一起，塑造出了新的个体。[2] 记得那个俄罗斯套娃的比方吧，套娃内层的娃娃们分别代表着基因、基因组和细胞。它们的演进路径只有一条：在最外层娃娃的内部移动，也就是局限在"个体"之内。正是这种禁锢，协调了内层娃娃们的局部利益，驱使它们相互协作、远离对抗。它们的共同使命是尽可能地创造出最好的个体，而它们自身能否延续，都或多或少地取决于这个集体的事业是否成功。

个体可以作为单细胞生物体或者多细胞生物体存在，甚至在某些情形下，还可以表现为群落的形式。为了将生物的个体与群体区分开来，我们需要认识到，自然选择不仅仅是一个过程，更是一个工程师，拥有一种能将一堆零件组装成一件全新产品的能力。人类的工程师常常会谨记其设计目标，如设计新一代 iPhone 手机的人会考虑手机的目标尺寸、目标重量，以及相机质量、电池寿命等其他技术规格。进化倒是没有这样的大局观，只是采用了一种类似的方式，即从生物种群中剔除那些不太合适或者适应性较差的变异体，并以此来塑造足以甄别这些个体的设计特征。我们则可以观察这些特征的连贯性和演进的一致性，从而甄别出个体的存在。

有点抽象吧！那让我们再用一个真实的工程案例来说明一下：汽车。[3]汽车的买家像是自然选择之手，汽车本身就是个体。就像多细胞生物体一样，汽车也是由很多功能性的子部件组成的。例如，曲轴、火花塞和活塞等组成了发动机，就好比细胞、神经和肌肉组成了心脏这个人体器官。之所以称它们是子部件，而不是部件，是因为只有在作为汽车的一部分时，它们的功能才凸显出来。如果周围没有任何车辆，你也没有任何的先验知识，冷不丁地在马路上看见一个被扔在那里的方向盘，或者一个活塞，哪怕是一个完整的发动机，你都很难判定这是干什么用的。只有当它们与汽车的其他部分组合在一起工作时，其功能才会明明白白地显现出来。因此，个体必须是目标驱动的，并且像汽车一样具备某一种功能，但是个体的组成部分则不必如此。

更为重要的是，一辆汽车的所有子部件合在一起会产生一些特性，或者说是适应性，这些特性只属于汽车本身，而不属于任何一个组成部分。我们在选择要购买哪辆汽车的时候，考虑的就是汽车整体的特征和性能。相反，没人会去深究集油槽和风扇皮带究竟如何。汽车看起来顺眼吗？能跑多快？可靠吗？在这个选择过程中，尽管我们并不看也并不关心汽车的各个零部件，但其实还是在对汽车的零部件施加着选择压力。如果消费者关注的是速度或者可靠性，以至于不同汽车在销售额上存在差异，那么这种选择压力最终还是会推动零部件的变化，结果就是，相比于其他类型，某些种类的活塞和曲轴更有可能被用于汽车发动机的制造。自然选择则有异曲同工之妙，它在对生物种群内的遗传变异进行筛选的时候，并不是直接作用于基因本身，而是作用于携带这些基因的个体所具备的设计特征。

超级个体

通过上面的类比，我们可以顺理成章地将高度群居的昆虫群落（如蚂蚁、白蚁）视为独立的个体，或者说，"超级个体"。群居型的昆虫群落常常与多细胞生物体（如你我的身体）表现出惊人的相似性。特别是，只有站在更高层次的组织（群落）的角度，我们才能解释组成昆虫群落的每一"部分"的甄别特征和行为表现。很多群居昆虫部落由一位女王领导，而女王是群落内唯一真正具备繁殖能力的成员，她就像是多细胞生物体内专司产卵的卵巢。劳工的角色则由那些没有生育能力的儿女承担，它们负责帮助母后生育更多的后代。这些劳工就相当于你身体内的非生殖细胞（体细胞），正是这些细胞构成了你身体的各个部位，承担了大多数对身体的维护和修补工作，以保证你的身体正常运行。无论是你体内的非生殖细胞，还是昆虫群落中的不育劳工，只有把它们放在更高层次的组织内，即人类的身体或者昆虫的群落之内，并一一对照它们的角色，我们才能真正理解它们。一只没有生育能力的昆虫，在群落之外，就只是一个进化的错误，在群落之内，却堪称进化的奇迹。

相似的地方还多着呢。正如身体的各个部位都各司其职一样，在群居的昆虫群落中，不同劳工的外形和职责都千差万别。有些发育成了士兵，个头大，长着善于撕咬的下颚，有些负责觅食，有些则担当起了抚育幼仔的重任。龟蚁是一种生活在新热带地区的物种，它们在美洲红树枯死的树枝内筑巢，可谓是将群落内的分工形态发展到了极致。在它们当中，一些工蚁长出了巨大的圆盘状的头部，专门用来顶住树枝上巢穴的入口以防止入侵。[4]

我们的身体具备免疫系统，可以检测到细胞受损和病原体存在的迹象。存在变异或衰变迹象的细胞会主动发起自毁指令，这种高度受控的死亡过程被称为细胞凋亡。事实上，蚂蚁被感染后的行为几乎与此如出一辙。切胸蚁在感染了一种致命且有传染性的真菌以后，就仿佛知道自己对群落有危险一样，它会切断所有与其他姐妹的社会性联系，大义凛然地离开群落，独自死去。[①] 那些负责照料蚁蛹的蚂蚁也有这般神通，幼仔一旦感染了此类病原体，它们就能识别出来，并选择性地杀死有感染迹象的幼仔。[6]

[①] 这是一个相当极端的例子，即减缓传染性感染传播所必需的"社交距离"。[5]

昆虫群落也可以像鸟类以及哺乳动物那样，调节它们的内部温度。作为一种温血哺乳动物，人类可以将体温维持在一个狭窄的范围内，即 36.5 摄氏度到 37.2 摄氏度之间。体温一旦超出了这个范围，情况就会变得危险，甚至致命。人类已经进化出了各种调节体温的机制，例如，喝水、出汗都可以降温，把血液输送到表皮也可以达到相同效果（所以在热的时候，皮肤表面会发红）。当我们需要让自己暖和一点时，汗毛会竖起来，护住身体附近的温暖空气。再冷一点的话，我们打个冷战，肌肉就会不由自主地收缩。令人惊讶的是，昆虫群落也是以这种方式调节温度的，蜜蜂就是最好的例子。天热的时候，一些工蜂会把水带回蜂巢，并向蜂房上喷水，这样一来，蜂巢内部就开始蒸发冷却了。这不就是蜂群在出汗嘛！[7]到了冬天，当蜂巢变得太冷的时候，有些"暖气工蜂"就会像你体内颤抖的肌肉一样，通过快速振动它们的飞行肌来加热。由于这种振动对能量的要求很高，其他的蜜蜂还会穿梭着给这些"暖气工蜂"喂食蜂蜜。因此，无论是多细胞生物体，还是群居的昆虫群落，为了让整体获得更大的利益，其组成部分似乎都会进行适应性调整。

社会是超级有机体吗

我们或许可以把群居的昆虫群落想象成超级个体，那么，人类群体又是什么呢？我们的社会是否也是一个超级个体？生活在社会之中的人，是不是也像工蜂和蚂蚁一样，在为社会的利益而辛勤劳动着？某些进化生物学家认为答案是肯定的。就像昆虫一样，人类的分工协作也极为广泛和深入，包括为非亲非故的人提供不计回报的帮助。这些进化生物学家断言，只有把自己当作一架更大的机器中的齿轮，我们这个物种所独具的合作品质才显得合情合理。进而可以推断出，只有能在群体层面产生效益，人类之间的合作才合情合理，而这意味着，自然选择也作用于更高的生物组织层面。不过，虽然我承认昆虫群落是超级个体，但我并不认同人类群体也是如此的观点。

在解释我为什么不认同之前，我们应该回想一下，创造一种新个体的过程到底包含了些什么。各个组成部分要融合在一起形成一种新的生物，它们的利益必须近乎完全、永久地绑定在一起。果真如此的话，每个部分都要放弃它们的自主权，并通过协作来实现更大的利益。最简单的方式就是各个组成部分彼此间高度相关，越是息息相通，越不容易发生冲突。在最极端的情况下，如果你把一群克隆人聚在一起，他们彼此间会"关怀备至"，更不会相互倾轧。瞧！这正是你体内的细胞所面临的情况。你是从一个单细胞发育而来的，而你体内的大多数细胞都是这个祖细胞的克隆体。于是，在多细胞生物中，自然选择通常在细胞组成的个体层面发挥作用，而与这种选择相关的适应性都体现在"个体"这个更高级的组织水平上。

人类社会当然不是由克隆人组成的，而且，也不是像群居昆虫部落那样的大家族。然而，还有其他方式可以把一个群体变成利益同盟，那就是来自另一个竞争团队的威胁。一部名为《学徒》(The Apprentice)①的电视节目，生动地呈现了团体间的竞争是如何促进团队内部的合作的。该节目围绕着一群野心勃勃的选手展开，他们都争相受雇于那个脾气暴躁的商人，艾伦·休格（Alan Sugar）勋爵。每个星期，参赛者们都会被分为两组参加一项商业挑战，比如，设计和推销一种新的巧克力条，销售额高的那一组获胜。每到周末，在失败的那一组里，能力最差的选手，或是最不招人喜欢的选手将会被解雇，并在比赛中被淘汰。

当两队相互较量时，每个队员都希望自己的团队胜利。因为大家都知道，只要团队获胜了，个人就会免遭被解雇的危险。比起内部明争暗斗的团队，成员之间能够团结互助的合作型团队更容易成功。在实验室环境下，我们可以重现类似的场景，结果同样证实，凡是有团队间竞争的地方，团队内的合作就越发兴旺。即便从4岁的孩子身上也可以发现，只要有另一伙孩子前来挑衅，他们就更积极地为自己的团队尽心尽力。

不过，那些联系紧密、一体同心的群体，与偶然拼凑的利益同盟有着根本的不同。外敌当前，短期内队友们都可以被激励得同仇敌忾，但这种联盟往往是脆弱和临时的。在《学徒》节目中，当参

---

① 此处指英国版的《学徒》节目。——译者注

赛选手发现自己的队伍失利的时候，人与人之间的善意很快就烟消云散了。没有了需要联合对抗的对手，选手们在比赛里还能待多久完全取决于他们是否能压过队友。通常，这时候出现的是一种熟悉的模式：昔日盟友反目成仇，人们迅速开始相互攻击。房间里辱骂横飞，选手们一边为自己开脱，一边指控他们的队友。只要没有外患，内忧就会明显占上风。

《学徒》的选手们只有在面对来自对手团队的竞争时才会互相合作，因此，将这样的团队视为集体利益至上的高阶"个体"是没有任何意义的，否则，为什么到了关键时刻，选手们会在队友背后捅上一刀呢？合理的做法是将团队看作由一个个自私的个体组成的集体，而他们对待集体的态度是——对个体有利可图就全心全意，无利可图就三心二意。《学徒》的例子还告诉我们，将人类群体视为超级个体这个观点的确有点勉强，因为这个观点有一个前提，那就是人类群体之间的争斗要一直大于群体内部的争斗。如果这一点不成立，个体和集体的利益就不会始终如一、完完全全地保持一致。而正是在这一点上，我认为数据不是很有说服力。虽然经常听说兄弟阋墙、外御其侮，但是个人和集体利益不能两全的情况也常常出现啊。

有时个体只是貌似在为集体利益而战，实际还是在追求一己之利。来看看战争吧。当我们说到合作行为会因为受到集体利益的驱动而升级的时候，一个典型的例子就是人们会心甘情愿地去参加战争。打仗，或许听起来有悖于公认的社会道德准则，但在某些方面，它意味着个人为了所谓更大的集体利益牺牲了一切，甚至可能包括生命。很明显，参与战争，就能够而且确实会在群体层面产生重大的效益。但是，"一起打仗"到底是不是一种群体层面的适应行为，还需要从逻辑上再下一大番功夫才能够断定。实际上，数十年来针对当代部落社会的人类学研究表明，打仗对个人也会带来好处，特别是对年轻男人来说，他们可能会利用战争来窃取财富、劫持妇女，或者捞到一个勇士的地位，有时为战争付出高昂代价的反而是部落。[8]请注意，此处重点在于，群体间的竞争并不总是对群体有利，很多时候，此类竞争是个体的逐利行为，任何群体层面的收益或者代价都只不过是附带的产物罢了。

与众不同的共生菌类

在过去10年左右的时间里，由于研究者认识到了多细胞生物和丰富、活跃的微生物群落之间的共生关系，个体与群体之间的界限再次变得模糊起来。人体肠道中微生物细胞的数量，和人体全身的细胞数量大致相同。[9]尽管我们一般将微生物视为病原体，但其实很多微生物益处多多，以至于宿主经常对它们"孜孜以求"。比如说，臭虫离开了肠道微生物就无法消化，于是母臭虫会在卵的下面放上一小块含有这些共生菌的粪球，这样一来，当幼虫刚孵出来的时候，它就有了第一顿重要的食物①。要是吃不上这份含有共生菌的小点心，幼虫就无法消化它们赖以为生的植物。[10] 类似地，白蚁罕见的消化木材的能力也依赖于一系列肠道微生物，而它们获取这些微生物的方式则是吃吃喝喝，吃喝的食物是其他蚁群成员排泄的粪便和富含共生菌的液体。

虽然这些习性听起来有些不雅，但实际上人类婴儿获取肠道菌群的方式与此相差无几。婴儿在子宫里时处于无菌环境，第一次接触微生物是在阴道分娩期间，来自母亲肠道的几种菌类得以在新生儿的肠道中繁殖，而这个过程会快速启动婴儿免疫系统的发育。剖宫产的婴儿接触到的微生物群落与阴道分娩的婴儿不同，所获得的肠道菌群种类也会少一些。[11] 一项研究发现，即使婴儿长到了7岁，阴道分娩和剖宫产的孩子体内的肠道菌群仍然存在明显差异；同时，研究也发现，剖宫产导致了微生物多样性的下降，而这又牵扯到剖宫产的孩子对一系列特应性疾病的易感性增加，如哮喘、过敏和湿疹。

微生物和宿主之间相互依存、高度共生，基于这一事实，一些科学家认为，微生物和宿主的基因组应该被看作单一、连贯的整

---

① 臭虫是蜻科昆虫的总称。世界各地都有不同种类的臭虫，包括一种特别喜欢入侵的物种，称为褐纹蜻。我曾经在家里发现了一个，然后愚蠢地把它抓在手里。如果你犯了同样的错误，那么碳酸氢钠是唯一可以去除臭味的方法。臭虫在卡拉哈迪沙漠也很常见，我已经不止一次因为臭虫在我的饭里乱吃而丢了晚餐。

体单元,并将其称为共生总基因组(hologenome),又称全基因组。同时,宿主和微生物也应是一个不可分割的整体,即共生总体(holobiont),又称全生物体。

不过,我认为这样一种笼统的分类是没有意义的。多细胞宿主所依赖的许多微生物是从非寄生的种群中获得的,这说明这些微生物与其宿主的命运并非密不可分。每个宿主都是成百上千种微生物的家园,如此之多的组合,不太可能形成一个自然选择作用下的单一个体。通常对我们无害甚至有益的微生物,在体内也可能会改弦易辙,变得紊乱失调,甚至可能会有助于癌细胞的生长和增殖。简言之,微生物可能会给宿主带来好处,但要说由于这些好处而带来了生物性状的进化,那还是言过其实了。微生物群系是一个重要的合作伙伴,但它并不是作为个体的你的一部分。

尽管如此,所有的多细胞生物体内还是存在着一个与众不同的共生菌类,而它可以名副其实地成为个体的一部分。这就是活在你每一个细胞之内,并且制造能量的线粒体。[12] 在真核细胞的形成过程中,能够获取这些小小的能量源,可谓是一个关键性的创举。这一事件在地球的生命史上只发生过一次,但就是在此之后,生命之树上才出现了多细胞生物这一分支,地球上所有的动物和植物都源自此。

最初,线粒体几乎可以肯定是作为毫无拘束的菌体而存在的,纯粹由于机缘巧合，它才发现自己可以藏身于另一个细胞之内。无人知道这件事是如何发生的，一种可能的场景是碰上了一个消化不良的吞噬细胞（单细胞的捕食者），它吞下了体型较小的线粒体却没有消化它。恰恰是这种消化不良给双方都带来了好处，即捕获者得到了免费的能量供应，线粒体则获得了细胞的庇护。

线粒体提供的能量意味着真核生物可以生长得比原核细胞大很多（平均大 15 000 倍），有可能会让真核生物利用新的生态位，吞食其他更小的细胞。由于获得了额外的能量，真核细胞的新陈代谢率会更高，换言之，就意味着它能做更多的事情。细胞的大部分能量都被用作合成蛋白质，这就仿佛加装了新的电池，真核生物合成蛋白质的效率越来越高，基因组的大小也得以增加。通过把合成的蛋白质以不同的方式组合起来，一个细胞可以创造出新的内部结构，并赋予它们不同的功能。在这个过程中，细胞的尺寸和复杂性都得到了不断的提升。

线粒体的祖先是细菌，但线粒体最终得以成为整体的一部分，微生物群落却无缘于此。原因是线粒体已经永久地将自己融入了其共生体的生命之中。它们繁殖的唯一方式是与组成生物体的细胞同进退。在这里，让我们再次强调，进化创造个体确非易事：要成就一个新的个体，必须几乎完全抑制构成个体的各个部分之间发生冲突。

"几乎"这个词就是关键所在。

The Social Instinct

第3章
个体内部的冲突，合作是另一种形式的竞争

大自然母亲是个邪恶的老巫婆。[1]

乔治·威廉斯（George C. Williams）
《进化伦理学》(*Evolutionary Ethics*)，1993 年

第3章 个体内部的冲突，合作是另一种形式的竞争

到目前为止，我们已经将合作视为一种创造性的力量，一种能够将基因和细胞组合在一起、创造新的生物体的力量。但是，合作之下必然暗流涌动。我们身体里的细胞偶尔会拌嘴斗舌，基因之间也会有类似的利害冲突。为了维护合作的大局和整体的完整性，身体对这些内部冲突必须加以管控，要么消减，要么化解。

请记住，在细胞里，有一些较小的单位被称为线粒体，它们以前是自由的细胞器，后来选择加入细胞这个团队，放弃了独行的生活。我在上一章中曾说过，线粒体和宿主细胞几乎没有什么冲突，但这并不意味着它们之间永远都相敬如宾。与核基因不同，驻留在线粒体内的那么一点点基因只能沿着母系继承下去。你体内所有的线粒体都来自你的母亲，就像她所有的线粒体都来自她的母亲一样，以此类推。因此，线粒体基因组上的基因们更加青睐女性后代，它们要是进入了男性体内，就相当于进入了基因演化的死胡同。

这种扎根于基因组内的"偏袒"会导致两性后代之间在质量上出现明显差异,也就是一种被称为"母亲的诅咒"(Mother's Curse)的现象。[2]对女性后代有利的线粒体基因将被保留下来,哪怕这些基因会给男性带来严重影响。例如,莱伯遗传性视神经病变(Leber's hereditary optical neuropathy)就是这样一种由线粒体基因导致的疾病,且主要发作于青少年男性中。患者会遭遇视神经退化,最终双目失明。

在加拿大,所有患上这一疾病的男性的病因都可追溯至一位女士身上。17世纪后期,这位女士被送到当时被称为"小法兰西"(Little France)的地方。当时这个地方由于男性太多,为了平衡性别比例并建立新的定居人群,路易十四把一批批女性送往这个殖民地。线粒体母亲,也就是携带这种眼疾原始基因的女士,于1669年在魁北克结婚,先后生下了5个女儿,继而有了21个曾孙女。受其所累,她们家族中的男性后代由于都携带着同样的有害DNA,至今还在遭受痛苦。

自私的基因变异

基因组内部的冲突也可能通过减数分裂驱动产生,当某些基因通过作弊手段,增加了它们在生物体性细胞中出人头地的比例时,这种冲突就会发生。³无论动物或者植物，所有的基因都"试图"[①]通过生殖系统传承下去，但是，过程有点像先洗牌、再把牌分成两叠[②]，性细胞的产生仿佛是在制作基因彩票，存在着一个被称为减数分裂的复杂过程。每一叠牌对应着一个性细胞，每张牌则对应着一个基因。因此，性细胞内携带的染色体以及基因，只有你体内其他细胞的一半，而只有在受精阶段，两个性细胞相遇的时候，才会恢复成完整的染色体。

性细胞的产生会激发冲突，因为通常只有一个性细胞会获得受精的机会。因此，任何基因都有50%的荣幸融入体细胞，并最终发育成一个全新的个体。然而，任何自私的遗传成分都可以通过事先做局，压过那些遵守规则、恪守合作的基因。它们是怎么做到的呢？

有些基因通过偷偷地复制自己，以便它们出现在分离前的每一条染色体上。如果还是套用上文中的类比，这相当于一张牌要确保

[①] 提醒一下，此处的"试图"一词并不意味着基因有着意图、需求或者愿望，而是一种有助于理解复杂过程的简捷说法。正如理查德·道金斯说的："我们不能把基因看作自觉的、有目的的行为者。可是，盲目的自然选择使它们的行为好像带有目的性。因此，用带有目的性的语言来描绘基因的活动，正如使用速记一样，有其方便之处。"

[②] 严格来说，这实际上像在洗牌之前复制一副牌，然后处理成四叠牌，但两种说法数学上效果相同，上文中的描述更容易理解些。

自己在两叠牌中都能出现，也就是说，它们一定会存在于性细胞中，受精当然指日可待。其他一些基因则扮演着沉默杀手的角色，它们会识别并消灭掉与自己无缘的性细胞。同时，它们也会减少精子或卵子的数量，导致生物体的生育能力降低。七分之一的人类夫妇会遭遇受孕困难，我们似乎有理由认为这通常是由自私的基因变异引起的，如减数分裂驱动，尽管要识别出到底是哪些基因在作祟仍然是一项巨大的挑战。[4]

如何看待自私的基因变异呢？一种方法是把它们想象成不老老实实排队的插队者。插队者自然可以从其恶行中受益，却使那些耐心排队的人受损。正如插队者漠视他人利益那样，自私的遗传成分也并不在乎它们带来的混乱，只管我行我素。尽管自私的遗传成分会严重损害宿主，但如果不对它们所奉行的邪恶策略加以控制，它们很快就会横行于种群之中。为了遏制这类问题，最有效的方法之一，就是合作。

为了避免自私的一小撮损害集体的福祉，基因们形成了一条统一战线，一个所谓的"基因议会"，大多数基因会联合起来防范一小撮基因作乱。[5]在英国，下议院中发生政治争吵时，议长会出来确保议员们遵守辩论规则。基因组中没有这样的权威机制，相反，公平是由多数原则来保证的。回过头来再看看那个插队的比方，基因们协作的方式就和耐心排队的人一样：它们联合起来阻止插队者不公平地获得优势。

癌细胞也是合作者

以此类推,将其他的常见病视为某些基因或者细胞自说自话的违法作乱,可以更好地理解,甚至是治愈这些疾病。也许最突出的例子就是癌症。实际上,人们对癌症的关注,还是相对较近的事情。自从1.2万年前的农业革命以来,生活在密集居住区的人们所面临的主要健康问题是传染病。直到今年也是如此,人们主要关注的是埃博拉病毒、流感,当然还有新冠病毒。然而,由于过去100年来卫生条件和现代医学的惊人进步,人类对传染病的易感性已经大为减弱。

但是,随着人类抗击传染病能力的提升,癌症所带来的恐惧感越发增强。最新的预测表明,我们当中将有一半人在有生之年被诊断出患有某种癌症。据估计,在美国,仅2020年就有180多万人被确诊为癌症。这相当于平均每小时超过200例,或者每分钟3例左右。

癌症之所以令人不安,还在于它本质阴险,似乎令人在劫难逃,它是藏在我们体内的奸细。癌细胞发生突变后,便得以逃脱对细胞生长和活动的监管。一个肿瘤是否发生了癌变,取决于其细胞是否具备了几个标志性的特征:肿瘤要能够产生自己的生长信号,还要具备能够保证其营养供应的血管。[6] 有了这些特征,癌细胞就可以攫取本应该用于正常细胞活动的资源了。

癌细胞也必须具备永生的能力。人体内大多数细胞都带有一个内部"时钟",这个时钟会跟踪细胞所经历的细胞分裂的次数,一旦达到一定的限度或者年龄,细胞就会停止分裂。而癌细胞关闭了这个内部时钟,变得永远不会老去。逃脱监管更是癌细胞手中的"免死金牌",这使它无视外界环境中任何限制细胞生长的信号,更不用说细胞自毁的指令了。最后,癌细胞必须能够扩散到新的组织里去,并在那里建立一个新的肿瘤据点,这就是良性肿瘤和转移性肿瘤的区别。

虽然最初癌症被认为是一种克隆病(也就是说,但凡恶性肿瘤,都携带着同样的致命突变),但现在我们知道,这极不可能。单个细胞突变无法一举产生这么大的威力。相反,恶性肿瘤实际上很可能是由许多不同的细胞类型组成的,它们齐心协力才形成了那些标志性的特征。换句话说,恶性肿瘤最好被理解为合作的细胞群,而不是自私的克隆体。

早在 20 世纪 70 年代就有人提出,肿瘤实际上可能包含了多种不同的"亚克隆",但近 30 年来,人们对此说法并不认同,基本上将此观点抛在了一边。这种疏忽可能是悲剧性的。事实证明,大多数癌症远非例外,都是异质性的,肿瘤是不同类型的细胞相互提携、共同成长的多样性社区。[7] 例如,亚克隆类型 A 的细胞可能分泌一个生长因子,对类型 B 的细胞有利。反过来,类型 B 的细胞也可能会产生一种分子,可以抑制对生长抑制剂的反应,而这点，又可以被类型 A 的细胞所用。

现在我们知道，最具有攻击性和侵入性的癌症恰恰是由这些多样化的细胞群组成的。这有助于解释为什么针对身体某一部位肿瘤的药物似乎对其他部位无效，以及为什么貌似癌症得到了缓解，却又会卷土重来。从这些角度来看问题，也许能为更有效的癌症治疗手段提供建议，我们或许能从破坏细胞群内的合作关系入手，来靶向治疗转移性癌症。例如，我们不再试图攻击整个肿瘤，而是专门消灭那些肿瘤内其他细胞所严重依赖的细胞类型。

癌症的情形正好凸显出了一种普遍现象，即一种层面的合作往往也是另一种层面的竞争。癌细胞群在多细胞体内相互合作，而这种合作又对宿主造成了重大伤害。即便是癌症赢得了战斗，最终也会输掉战争，也就是说大多数的癌症是不能传染的，它们无法逃脱宿主的躯体。[①] 它们就像是凭一己之力，暂时劫持了一艘船，但是当船沉没时，它们也无法幸免于难。忙忙碌碌为哪般？

精明的自然选择

福兮祸所伏，这种双输场景的动态转换，可以用来解释某些乍

---

① 尽管很罕见，但有些癌症是具有传染性的。一个著名的例子是感染袋獾的面部肿瘤病。

一看自相矛盾的现象,即大多数多细胞生物(包括我们),都非常善于不得癌症,但是我们当中却又有一半人,会在人生的某一时刻患上癌症。这两种说法怎么可能同时为真呢?每个人体内都有数十万亿个细胞必须定期复制和替换,大约每分钟一亿次。而在每一次细胞复制的过程中,错误(也就是突变)都有可能悄然而至。

复制细胞的整个遗传信息,就好比是把这本书全部抄写一遍。如果这次没犯错误,那就再重抄一次。还没出错?再来一次试试?顺着这个思路,再想想看,我们岂不是每天都会患上新的癌症,是不是很了不起?这么看起来,患上癌症就不那么像是坏运气了,而更多的是遗传的必然性。

实际上,在细胞分裂期间,潜在的癌变的确会时不时地出现,但是我们体内的基因有着与细胞中的不法之徒做斗争的悠久经验,已经进化出了一系列的监察和控制机制,对这些叛逆者的入侵严防死守。[8] 要想登上一架国际航班,你会面临很多不同的检查,例如,掏空口袋、出示护照什么的。类似地,我们体内细胞携带的基因可以编码出具有类似功能的蛋白质,确保在允许细胞进行分裂之前一切正常。大多数情况下,身体在与癌细胞的斗争中都占了上风,原因很简单,我们的基因以前见识过各种情况。一方面,犯罪分子孜孜不倦地寻找新的方法来击落飞机;另一方面,作为回应,机场的安检措施也在随之层层加码("脱鞋检查!""不许带液体!")。类似地,与昔日的基因叛徒们纠缠打斗了那么久,人体内的分子控制机制更是不断升级。还好，作为一种新的突变，任何一个潜在的癌细胞都并没有做好任何的遗传准备，更不会生来就知道怎样最好地劫持宿主的防御机制。所以，谢天谢地，大多数情况下，人体的细胞安全部队可以轻而易举地从源头上抓捕和消灭这些入侵者。

那么，为什么人岁数越大，患癌症的可能性越大呢？这让我们再次看到了自然选择是何等精明。随着生命周期的进展，自然选择的力量会逐渐减弱，也就是说，一个有机体只要成功地存活下来，并经历了繁殖期，自然选择就会网开一面，放那些会导致晚年疾病的基因一马。我们家对此就有着切肤之痛般的经历。2004年，我妈妈被诊断出患有肠癌，那时她还不到40岁，她康复了。但不到10年，她的乳房又被诊断出另一个危险性更大的肿瘤。这一次，前景实在不妙。她将留下5个孩子，其中两个已经生儿育女了。自然选择以无情的逻辑宣告它才是赢家。演化生物学家乔治·威廉斯是对的，大自然母亲确实是个邪恶的老巫婆。

The Social Instinct

第二部分

家庭的演变,
成为超级合作物种的关键

人们不愿意独来独往，更喜欢成群结队，实际上，不仅仅只是因为喜欢，也是因为需要。被排除在社交圈子之外，确实会引发我们大脑中的痛苦信号，就像手烧伤或者骨折的时候大脑发出的信号那样真实。[1] 孤独感伴随着一系列潜在的副作用，睡不安稳，免疫功能下降，直至死亡风险增加。[2] 归属于集体的理念如此根深蒂固，以至于我们都很难客观地评估群体生活的优势。但凡事皆有代价，社会性也是如此。生活在高人口密度地区的人们，对疾病的易感性、对资源的竞争都会增加。群体生活的动物，也不得不顺从于集体的生活日程。打个比方，试想与一群朋友一起出去吃饭的场景，你可能更愿意选择在另一时间，或者选择去其他餐厅，但为了大家可以在一起吃饭，你需要迁就大家的选择。这样一来，对于许多物种来说，如北极熊，为群体生活所付出的代价就太高了，因此它们往往更愿意过独居生活。

既然如此，为什么人们还要扎堆在一起呢？群体生活可以缓解个体所面临的环境挑战，其好处足以对冲个体由于向集体妥协所带来的不便。成千上万的帝企鹅们紧紧蜷缩在一起，凝聚成一个巨大的群落，才足以抵御荒凉且严寒的南极冬季。事实上，这种方式非常有效，以至于最里面的企鹅最终不得不因为过热向外挤出来。如果从天空俯视大地，帝企鹅群体内部的不断重新排列就像无尽的流体运动。[3] 群体生活还可以提供保护，以免受到捕食者的侵害，比如，栖息在东非开阔平原上的牛羚就组成了庞大群落，人多势众等于安全。这是一种明显的稀释效应，原理是如果群组个体数量为

N，那么生活在其中的个体只有 $1/N$ 的机会成为被狮子选中的倒霉蛋，而且，个体混在群体中显得微不足道，很容易被混淆且不好分辨。攻击牛羚群的捕食者会发现，相比起猎捕单独的个体，从群体中锁定一个目标要难得多，狩猎往往不太成功，当然，成功与否取决于你站在捕食者还是猎物的角度看问题。群体越大，也意味着扫描周围环境的眼睛越多，从而增加了在捕食者发起突袭之前就发现它们的机会。每个个体必须花在警戒上的时间减少了，省下的时间就可以用于从事更有价值的活动，如觅食或者交配。

不仅如此，通过仔细观察细胞间的相互作用，我们可以得到这样的启示，抵御捕食者这一共同利益可能推动了从独立生活的单细胞到多细胞有机体这一古老的进化过程。这点是怎么做到的呢？我们可以在实验室里构造模拟出单细胞祖先向多细胞有机体进化的过程，仅需一个玻璃管、一些单细胞藻类和一些营养丰富的池塘水就够了。[4] 再加入一个能吞食单细胞的捕食者，它就能驱使着单细胞们聚合成多细胞簇，并形成一个群体。每簇大概有八个细胞，这似乎是一个可以完美平衡个体利益和集体利益的规模，小到每个细胞还是能从周围的液体介质中汲取营养，大到可以避免被捕食者一口吞掉。

然而，在大多数情况下，这类群体是短暂和变幻无常的。随着捕食者的威胁，群体规模变化不定。甚至在实验室中进化出来的藻类细胞群在捕食者被拿走后又会恢复为孤独的个体。为了避免成为狮子的食物而加入一个群体是一回事，但要成为一个稳定群体的永久成员则是完全不同的另一回事。

虽然以人类为中心来看，社会生活似乎是世界上最为自然不过的事情，但我们也开始意识到，稳定的社会群体实际上是个非同寻常的特殊存在，而且是在进化的过程中，通过对共同生活的代价和收益进行了精密的评估之后才形成的。许多灵长类动物都生活在社会群体中，人类也不例外。然而，我们在类人猿中又是独一无二的，因为我们还生活在稳定的家庭群体中，母亲在生孩子时能得到他人的帮助。人类家庭的进化，包括父亲、兄弟姐妹和祖父母之间的稳定关系，是人类进化成超级合作物种的第一个关键步骤。在下文中，我们将继续探讨为什么人类会发展出家庭这一形态。那就从家庭中最重要的成员母亲和父亲开始吧。

第 4 章
母亲与父亲,照顾后代时的合作

The Social Instinct

我反对你的说法……说什么动物只受自私动机的支配。看看动物的母性本能，还有它们的社会本能吧。连狗都是那么无私！在我看来，低等动物同样有社会本能，就和人类有道德心一样显而易见：事实上，我相信两者几乎没有什么区别，但这不是什么大事。[1]

查尔斯·达尔文
1860 年

第 4 章 母亲与父亲，照顾后代时的合作

我曾经听进化人类学家罗宾·邓巴（Robin Dunbar）[①]打趣说，养育子女的前 40 年是最糟糕的。在过去的 6 个月里，因为疾病的大流行，学校被迫关闭，我充分享受到了孩子们的居家陪伴，才彻底明白了他的感受。但是，即使在正常时期，人类也是一个会在后代身上投入巨大的物种。正因为这对人类来说太自然不过了，我们很难一下子就认识到父母照顾孩子这种亲代抚育是利他主义的一种体现，所以我们需要从进化的角度对此进行解释。保护后代、形影不离、乳汁喂养，就像呵护复杂的眼睛一样，这些都是代价高昂的投入，而人类的祖先是不存在这样的照顾现象的。那么，人类为什么要费心照顾后代呢？

我们能够想象另一个完全不同的世界，在那里，个体最大化它

[①] 罗宾·邓巴的著作《最好的亲密关系》《社群的进化》《大局观从何而来》《人类的算法》中文简体字版已由湛庐策划、四川人民出版社出版。——编者注

们繁殖成功率的方法是尽可能多地生孩子，同时对后代几乎不闻不问。事实上，我们也无需什么想象力，因为身边对子女投入甚少的父母比比皆是。在昆虫和其他无脊椎动物的世界中，父母的照料并不常见，许多鱼类也只是产下一批卵，等受精后便任其自生自灭。其他的物种，如杜鹃鸟和牛鹂鸟，它们会把自己的蛋产在其他鸟类的巢穴中然后溜之大吉，让巢穴原本的主人来抚养这些粗野的入侵者。

但在另一个极端上，我们还可以看到像黑蕾丝蜘蛛这样的物种，雌蛛为幼蛛们奉献了一切。这位体贴的母亲小心翼翼地用一片叶子制作了一个封闭的巢穴，并在家中养育她的后代长达 4 个星期。当幼蛛们孵化后，她会提供一顿未受精的卵供幼仔们食用，几天后，再让幼蛛们活活地吃掉她。雌蛛并不是被动的同类相食的受害者，相反，她积极鼓励幼蛛们以自己为食。幼蛛们接受了如此珍贵的食物后，在离开巢穴时身体会更重，生存的可能性也会增加。母亲的牺牲仿佛就是蜘蛛版的银汤匙，孩子们含着它，获得了最好的生命开端。[2]

尽管黑蕾丝蜘蛛只是一个极端的例子，但任何形式的亲代抚育都意味着在本已昂贵的繁殖上又投入了更多。不过，我们必须记住，资源是有限的，每个生物只能支配有限的资源用在繁殖或者生存上。如果将这些资源视为储蓄账户中的资金，那么不难理解，现在的支出就意味着今后在其他事情上要减少支出，或者放弃更多的机会。繁殖可能会以生存为代价，在这个孩子身上的投入也可能会影响到对下一个孩子的投入[1]。如果能让后代尝到甜头，且父母的投入能让孩子们在生存和繁殖上获得好处，那么父母就最有可能从账户中取出些资金来用在孩子们身上。

据我所知，黄嘴犀鸟父母是最具奉献精神的父母之一，这种鸟是我在卡拉哈迪沙漠工作时认识的。黄嘴犀鸟的外观略显怪异：疯狂的、似乎在死盯着你的眼睛，弯曲、笨拙而又独特的黄色鸟喙。我们的研究站里有数十名科学家在收集保护区周围各种物种的数据，可能是因为习惯了人类的存在，站里的几只犀鸟变得非常温顺。虽然我不是研究犀鸟的，但我喜欢观察它们，特别是在繁殖季节的时候。繁殖之前，雄犀鸟会为雌鸟提供食物，偶尔还会附送五颜六色的花朵，由此雄性和雌性犀鸟形成了一种密切的关系。求爱期是雌鸟判断雄鸟是否有做丈夫和父亲的能力的重要机会，因为他们将共同抚养后代，而她将完全依赖他。像所有其他犀鸟一样，雌犀鸟在树干的洞穴内筑巢，然后将自己囚禁在这个"临时监狱"中，并产下一窝蛋。她只留下一小条类似窗户的缝隙，雄鸟可以通过这个小缝隙传递食物，这些食物足以在近 40 天的禁闭期间维持她以及出生的雏鸟的生存。因此，雄犀鸟成为雌犀鸟和在树内孵化的雏

---

[1] 当雌性接近生命尽头时，权衡当前和未来的繁殖利益已经没有意义了，雌性也无须为将来留些什么了。因此，在生殖寿命即将结束时，雌性往往会在繁殖上投入更多。

鸟的生命线，这就是父母尽最大努力来确保雏鸟生存的明证。[3]

谁将真正承担代价

假设进化在某种程度上偏好这种父母投入的模式，那么谁将真正承担相应的代价呢？即便是在一个通过外表难以轻易区分雌雄的物种中，我们常常也可以尝试通过看谁在抚养后代来判断性别，而这无疑是自然界中最引人注目、最神秘的模式之一。除了少数特例外，全部或大部分亲代抚育工作通常由雌性来完成。雄性只有在他们的努力会给后代带来显著的额外好处时，才会留下来帮助照顾后代，而这些好处必须足以补偿雄性失去的生殖机会，否则，它宁可转而追求更多的生殖机会。

当然，也有例外，我们已经看到雄性犀鸟就像是溺爱孩子的父亲。在一小部分物种中，育儿责任则完全落在雄性身上。这在体外受精的鱼类中很常见，因为雌鱼可以在雄鱼的领地上产卵并游走，留下照顾孩子的则是雄鱼。[4] 在鸟类中，双亲抚育则是常态，尽管如此，仍然是雌性在哺育后代上的投入更多。

平均而言，在人类社会中，母亲相较父亲来说更倾向于在后代身上投入更多精力，而这种投入从婴儿在母亲子宫内时就开始了。妊娠对所有雌性哺乳动物来说都是代价巨大的，但人类女性似乎又为此付出了格外高昂的代价。与其他灵长类动物相比，人类生下的是大号婴儿,尽管大部分的大脑发育已经推迟到了产后。人类婴儿的认知和运动技能相对较差,也无法像成年人那样看和听,并且完全依赖照顾他们的成年人来获取食物、温暖和保护。真的,要使一个人类婴儿出生时就具有与黑猩猩新生儿相同的认知和运动技能,那就还要在母亲的肚子里再待上9个月,有些令人咋舌吧?

直到最近,人们还认为女性生下这些尚未发育完全的婴儿,是因为月龄再大些的话,婴儿的脑袋就太大了,将无法顺利通过母体的产道。但过去三四年里发表的研究成果却讲述了一个截然不同的故事,即孕期的终止是因为能量不足,而不是解剖学上的限制。在怀孕末期,女性的基础代谢率会高得离谱,是非孕期女性的两倍多。[5] 最近的一项研究竟然将怀孕的代谢需求与超级马拉松比赛中跑步者的需求相提并论!因此,分娩可能是由母亲达到这个代谢上限引发的,而不是因为月龄太大的婴儿脑袋的大小超过了骨盆的尺寸。

当然,婴儿出生后对父母精力的需求并没有结束。在许多年内,孩子们还要依赖照料者提供食物和保护。而且,在孩子出生后的养育过程中,母亲往往也比父亲投入更多。有一种流行的理论断言,以母亲为主照顾幼儿是一种在文化上根深蒂固的行为,而不是受到生物学上的影响,但只要粗略地看一下人类在进化树上的邻居就会发现,我们不能把所有的责任都归为对父权制的屈从。我们是哺乳动物,在这个群体中有超过90%的物种,将父母双方的责任完全放在了母亲一方身上。[6] 所有雌性哺乳动物都会在分娩后孕育幼崽,并在幼崽出生后为它们提供母乳。在这段时间里,雄性能够提供的帮助有限,而且,他们有更多的机会遗弃掉孤儿寡母。相关的证据非常明确,即在每一个我们掌握其数据的人类社会中,相较于父亲,母亲对孩子的长期发展及生存产生了更重要的影响。

话虽如此,人类的确仍属于雄性养育后代的少数哺乳动物之一,尽管精力投入的程度千差万别。例如,哈扎(Hadza)和达托加(Datoga)是坦桑尼亚北部两个相邻的部落。尽管地理位置接近,但这两个部落中的男性在育儿方式上表现出了惊人的差异性:当哈扎男人花费大量时间抱着孩子,安慰他们,陪他们玩耍时,达托加男人却将养育儿童完全视为"妇女的工作",很少甚至不花时间照顾孩子,并很少与年幼的孩子互动。[7]

人类和其他物种毫无二致,只要是雄性,通常都会在照顾后代(父本照顾)与额外的交配机会之间相权衡,换句话说,雄性如果帮助养育后代,就意味着没有足够的精力来寻找其他雌性交配并在别处繁殖。因此,与那些对于养育后代投入较少或不照顾幼儿的雄性相比,我们可能会期望在那些养育后代的父亲中找到特定的激素特征。睾酮是一种有效的、可以对这种权衡产生影响的激素,因为它通常与交配的欲望有关。出于明显的伦理原因,我们不能操纵人类父亲的睾酮,但相关实验已经在其他物种中进行了。在许多情况下,注射了睾酮的雄性会对交配更感兴趣,而丧失对养育下一代的兴趣。在人类中，最好的方式是运用实验操作进行纵向研究。也就是说，测量实验对象在不同时间点的激素浓度，并确定激素水平的变化是否映射到了特定行为或兴趣特征的变化上。通过使用这种方法，研究人员发现，当婴儿出生时，男性的循环睾酮水平会降低。更重要的是，基础睾酮水平较低的父亲更倾向于花更多时间照顾他们的孩子，在他们的大脑中，与养育后代有关的区域更活跃。而在没有男性照顾后代这一传统的社会中，如坦桑尼亚的达托加人的情况，就观察不到父亲睾酮的这种变化，这种现象也支持了睾酮与父本照顾行为相关这一论断。[8]

为什么母亲为后代付出更多

但是，为什么母亲经常为后代付出更多呢？我们可能会想当然地以为，女性是源于简单的生物学差异而被迫从事更多的养育工作的，男性没有孕育或哺乳的功能，所以就只能靠女人啦。然而，纵观整个动物王国，可以看出这种解释是没有说服力的。谁说女性妊娠是命中注定的？例如，海马就是由雄性负责孵化生育的。鸟类孵化一窝鸟蛋就相当于一次妊娠，这通常是由雌性完成的，但有些鸟类，比如鸵鸟，孵化的工作大部分或全部落在了雄性身上。人类与所有的哺乳动物一样，给婴儿哺乳是女性的职责，但原则上，男性要想做到这一点也不是件难事。他们拥有所有的"设备"，如果接受催乳激素，男性甚至可以产奶，只是他们还没有进化到可以做到这些事情而已。要是说雌性哺乳动物对养育后代投入更多是因为它们能够孕育或哺乳,就有点像是说:你没钱了,是因为你把钱都花光了。这是一个循环回答,我们真正想知道的是为什么雌性是付出昂贵代价的一方,它们要经历孵化卵、分娩幼儿、哺乳期的过程,而原则上,雄性也是可以替代雌性进化到承担这些职责的。

相较于雄性,雌性倾向于在养育后代上投入更多,主要原因之一是,和雄性比起来,雌性往往更容易确定她是孩子生物学上的母亲,而雄性却难说了。作为雄性,自己到底是不是孩子的父亲这件事,天生就不如雌性的确定性高,而一旦养育了不属于自己的后代,那很可能就成了一个代价高昂的进化"乌龙"。

雄性经常不遗余力地阻止竞争对手与其伴侣交配,有时甚至因为嫉妒而牺牲自己的生命。圆网蜘蛛就是一个可怕的例子。这些蜘蛛有点不寻常,雌蛛有两个储存精子的容器,而雄蛛有两个精子输送装置,称为触须。通常雌蛛只允许雄蛛一次插入一个触须,但有时雄蛛会设法强行与幼态雌蛛交配,在此期间它将两根触须分别插入雌蛛的两个精子储存器官中。雄蛛一旦成功,奇葩的事情马上就发生了:它的心脏会自发地停跳,当场毙命。这可能是防止配偶出轨、捍卫交配权的终极策略,因为雄蛛的交配器官膨胀后,雌蛛或任何其他雄蛛就很难将这只雄蛛拔出来,这意味着雄蛛的尸体虽然毫无生气,但充当了一个非常有效的交配插头。而在其他物种中,如果雄性没打算拼死确保自己能生下后代,那么以昂贵的代价来养育子女的动机就会大打折扣,原因就是雄性并不能确定后代是否属于自己。[9]

繁殖功能的内在限制

雌性常常成为留下来照顾后代的一方还有另一个原因，即在繁殖功能上，它们面临着一些内在的限制，而雄性似乎没有。这个限制源于对"雌性"和"雄性"的定义。并非所有的物种都有两种性别，但是只要有性别之分，我们都可以通过观察个体产生的配子（性细胞）的大小来进行性别区分：能产生数量稀少且个头大的卵子的，是雌性，相反，产生大量微小的精子的，是雄性。这就是为什么我们知道在海马中孵化后代的是雄海马，而不采用循环论证的方法，即只要看到有孕在身的，就判定其一定是雌性。进一步说，卵子中含有帮助受精卵生长的营养物质，而精子通常只提供一小撮遗传物质。从这个意义上讲，精子细胞是性别的寄生虫，它们靠卵子来提供所有的营养物质，自己则趁机在这个过程中获得了一张进入基因库的免费门票。

相较于精子细胞，产生卵子细胞的成本更高，所以雌性往往比雄性产生的性细胞少，这意味着雄性和雌性在繁殖成功上分别面临着不同的限制。打个比方，如果所有可用的卵子和精子都在一个舞会上，并且还一定要找一个异性伴侣跳舞，想象一下会发生什么。由于卵子的稀缺性，只要愿意，卵子几乎肯定会找到一个舞伴，而许多精子则只能站在一旁观看，没有上场的机会。我们可以用这个类比来思考现实世界中的繁殖限制。虽然大多数卵子都可以找到精子，但大多数精子可能永远得不到受精的机会。所以，雄性的繁殖成功将主要取决于它们能使多少卵子受精，也就是说，能接触多少雌性。相反，雌性繁殖成功的瓶颈不在于接触雄性的机会有多少，而是受到时间、资源等既实际又无法回避的条件的限制。即使在人类当中，繁殖能力最强的父亲也要远远超过最强的母亲，据报道，最多产的父亲创造了超过 1 000 个孩子的纪录，而最多产的母亲的纪录是 69 个孩子。

上述这些繁殖限制会产生深远的影响，尤其是在两性用来确保其基因延续的策略选择上。一般来说，雄性的繁殖策略更应该强调数量而不是质量，而雌性在对与谁交配（再次强调，指的是从平均意义上来说）上应该更加挑剔，更倾向于把宝贵的繁殖资源用于高质量的雄性。但我们在自然界中观察到的模式比这些一般性的原则要微妙得多。雄性在多大程度上愿意优先考虑与多个雌性交配（一夫多妻），还是坚守单一的雌性伴侣（一夫一妻），在很大程度上取决于找到新的雌性伴侣的难易程度。影响这一点的因素之一是性别比例，即雌性的数量相比于雄性是否足够多。

如果雌性的数量足够，我们应该会看到雄性将尽可能地与更多的雌性交配，而且雄性之间在这方面的竞争将会加剧，同时，它们也将几乎不再为后代做出投入。相反，当雌性供不应求时，雄性采取专情策略将会更加有利可图，当然，前提是如果它能找到雌性伴侣的话。再来回想一下舞池中卵子和精子的类比,我们能更加深入地理解其背后的逻辑:在一场有10个精子和100个卵子的舞会上,一个精子和每个卵子短暂地跳一曲华尔兹,然后旋即滑向另一个舞伴,整个晚上没有停息。在这场舞会上,一夫多妻制是一种制胜的策略。但是如果我们把这个比例颠倒过来,让舞会上有10个卵子和100个精子,会发生什么呢?在这场舞会上,"爱过,走过"这一始乱终弃的策略就不太可能得到回报了。此时如果你碰巧是有舞伴跳舞的幸运精子之一,最好的选择是坚持和她在一起,并想办法赶走那些没有舞伴的精子的不断骚扰,而不是再去碰运气另找一个舞伴。

从进化的角度来看,一旦雄性致力于捍卫与一位雌性的交配权,就会发生若干事件。一个与雌性伴侣厮守在一起的雄性,不会离开去其他地方寻找额外的交配机会,而是会把部分精力用到照顾后代上去,因为这样做可能会使它最终受益。这表明在此场景下,以父亲的角色照顾后代只是顺带为之,因为雄性的首要目的是留下来看住他们的雌性伴侣免受其他雄性侵犯,而非帮助雌性抚育后代。通过广泛的系统性研究,人们构建出了超过2 500种哺乳动物的交配系统和父本照顾行为的进化史,研究表明这些事件的顺序很可能是这样的,而且具备普遍意义:作为防止雌性受到潜在竞争对手争夺的手段,一夫一妻制首先出现,然后是父本照顾。[10]

在一些滨鸟,如水雉的群落中,雄性相对于雌性的数量过剩,以至于雌鸟的角色完全逆转,变得体型更大、更具攻击性,跟雄性相比占据了优势地位。雌性水雉不会为照顾后代这种事操心,她们只需要将卵产在雄性的巢穴里,让它们照顾幼鸟的吃喝拉撒。在其他物种中,如埋葬虫,雄性会根据来自其他雄性的竞争的强度来调整对后代的投入。这种非凡的昆虫之所以有此名字,是因为它们埋葬了死去的老鼠和其他小型脊椎动物,它们是昆虫世界的掘墓者。它们这样做不是为了维护死去生物的尊严,而是为了给埋葬虫的宝宝提供一个新生儿之家。埋葬虫是唯一一种通过提供食物来照顾后代的昆虫。新孵化出的埋葬虫可以直接以新生儿之家里的尸体为食,但如果由父母直接喂养,效率会更高,而喂养的方式则是反刍消化后的肉。捍卫交配权这一驱动力似乎是解释埋葬虫的父本照顾行为的关键,在面对其他雄性的竞争时,埋葬虫父亲会与雌虫及后代待在一起,而如果竞争消失了,它很快就会把雌虫和一家子都置诸脑后。[11]

但是人类呢?过量的雄性可能会把雄性埋葬虫变成更好的父亲,但这并不意味着人类也是如此。此外,尽管我们可以在实验室中操纵甲虫的性别比例,但显然无法对人类进行这类实验,总不能去测试一下如果社会中男人的数量增加了,男人们对父本照顾的倾向性会如何发生变化吧。

然而,我们可以利用一些真实的事件做些研究,即人类经常在历史进程中不经意地开展的某种"实验"。在 19 世纪后期的澳大利亚，由于作为罪犯被驱逐到这个新生殖民地的男女人数不等，成年人的性别比例被人为操纵了。在有些地方，性别比例是16名男性对1名成年女性。在那些男人众多的地区，妇女很容易嫁人且衣食无忧，这就意味着妇女不太可能参与体力劳动。对这些现象的一种解释是，当男性数量充足时，他们似乎在与女性的关系上投入得更多，而不是更少。其实，在澳大利亚的这些地区，现代的性别角色和态度都可以被追溯到历史上的性偏见，即在以前曾经存在过量男性的区域里，女人们都不大工作，而且人们对什么工作是"男人的"，什么工作是"女人的"，均持有更加保守的态度。[12]

针对居住在圭亚那的马库斯（Makushi）部落进行的一项研究中也发现了类似的结论。由于男人们搬到了偏远地区从事林业或采矿工作，妇女们则更愿意住在城市地区，在一些社区里便出现了相对缺乏男子的现象。在男性短缺的城市地区，男性对随意的性行为更感兴趣，而对忠诚的伴侣关系并不感冒。在偏远地区，那里的男性就不那么放荡了，对伴侣则更加忠诚。[13]

一般来说，许多研究表明，当男性较女性相对过剩时，男性更愿意安顿下来结婚，夫妻关系也会更稳定。然而，正如我们将要看到的，即使父母的确是在合作抚养后代，每个父母在幼儿身上投入多少精力也存在着冲突，双方都希望对方能多付出一些，这也是人之常情。那么，这些父母之间的争吵是如何解决的呢？

第 5 章
劳工及懒汉，照顾后代时的冲突

没有人会赢得两性之争。男女之间亦敌亦友。

匿名者

第 5 章 劳工及懒汉，照顾后代时的冲突

斑胸草雀是极少数能够在严酷的澳大利亚内陆生存的耐寒鸟类。像许多鸟类一样，斑胸草雀会形成牢固的配偶关系。当新生命来临时，父母双方都会不知疲倦地将食物送到巢穴里，那里挤满了嗷嗷待哺、叽叽喳喳的雏鸟。但有些事情令人费解，由两个溺爱的父母抚养的小鸟们，最终还是比由母亲单独抚养的小鸟们吃得更少，体重也更轻。[1]这种现象该如何解释呢？

即使双方共同抚养幼子，亲代抚育的过程中也随时会出现冲突，因为任何一方都会有惰性，也会有"三天打鱼两天晒网"的情况。斑胸草雀的实验研究表明，当雌性拥有可靠的雄性伴侣时，她们就会有些懈怠，让对方做更多艰苦的抚养工作。雌性的这种策略导致了上述相当矛盾的结果，即后代在有父母同时照料时会比只有父母一方照料时表现得更糟。人们可以立即想到，这样的策略将会导致一场恶性竞争：如果父母双方都试图从对方身上占便宜，可怜的雏鸟最终可能根本得不到喂养。那么，该如何避免这些冲突呢？

在没办法用言语沟通的情况下，父母之间应如何相互协商工作量，合作喂养他们的小宝贝呢？

先别急着认定父母双方都想占对方便宜。从理论上讲，如果父母中有一方掉了链子，另一方实际上应该增加自己的工作量来补偿。[2] 但是，重点来了，这种补偿不应该是完全的。为了说明原因，想象一下有两种父母类型，分别称为"懒汉"和"劳工"，也可以称为家里的"妈妈"和"爸爸"。如果劳工在懒汉休息时弥补了所有工作量的不足，那么懒汉根本没有进化的动力来提供帮助，干脆就让劳工照顾幼崽，并在其他地方另觅额外的交配机会。然而，如果劳工只是有所保留地表现一下，仅仅补偿了一部分工作，那么懒汉就更有动力留下照顾子女，否则幼崽就有苦头吃了。令人惊讶的是，很多研究已经表明，鸟类父母们的确遵循着这些进化模型的预测，如果你暂时弄走父母中的一个，或者在其中一个的尾羽上增加配重，让它们喂食时变得困难，那另外一只鸟的确就会多干一些活，但也不会全部包办。瞧，虽然无法言说，鸟儿们却似乎已经在对照顾后代的工作量上的分歧进行谈判了。

如果雄性和雌性都只期待着当下这一次的繁殖活动，那么谁应该在后代身上投入就成了最为明显的分歧。原因很容易理解，如果雄性只想着与雌性繁殖一次，那么他对雌性未来的繁殖潜力不会有什么兴趣。换句话说，雄性巴不得雌性把所有资源都花在本次繁殖活动中，并由她抚养自己的后代。他不希望雌性养精蓄锐，还要准备将来为别的雄性繁殖。如果两性都希望待在一起的时间长一些，那么雄性就能够从雌性将来的生殖潜力上获得更多在适应性上的好处，这种情况下两性间的冲突就会减弱。

通过记录雄性和雌性敦促对方多做事情的各种花招，我们可以衡量两性之间的这出戏在现实世界中是如何上演的。雄性埋葬虫被其雌性伴侣玩弄于股掌之中而浑然不知，这些甲虫不辞劳苦地抚养幼虫，甚至会反刍出消化后的肉供幼虫食用。当抚养后代的工作量很大时，勤劳的雌性会临时进入不育状态（由于催乳素的释放，人类在母乳喂养时，有时也会发生同样的情况，称为哺乳期闭经）。尽管如此，雄性埋葬虫仍然试图与不胜其烦的雌性交配。交配对这时的雌性来说过于耗费体力，为了防止雄性的纠缠，雌性会分泌出一种有效的抑性欲素，这种化学物质可以使雄性丧失对交配的欲望。[3] 作为一种对雌性有益的"副作用"，雄性变得更加专注于养育后代。一箭双雕，雌性实现了双赢！

人类祖先的婚配制度

在许多人类社会中，一夫一妻制是常态，因此你可能认为性别冲突会维持在一个最低限度。但是，要谨慎！首先，我们必须小心求证，不要根据我们在当代群体中观察到的情况来推断人类祖先的状况，以今推古，并不靠谱。

目前还不清楚，应该基于哪个社会来对人类交配市场[①]进行估计。不同文化背景下的婚育习俗差异很大。虽然一对一结对的一夫一妻制是常态，但一夫多妻制（男人有多个妻子）也很常见，少数社会是一妻多夫制（妇女有不止一个丈夫）。最后，当我们说到男女之间一生一世忠贞不渝时，一定要注意，一夫制和连贯式一夫一妻制有着重要的区别。对后者来说，尽管雄性和雌性在每次繁殖的过程中都有固定伴侣，但一方在离婚或配偶去世后，可以获得新的伴侣，并不会为原配守贞。

我们可以通过解剖学特征来进一步了解人类祖先的状况，雄性和雌性体型构造的差异通常反映了其背后的婚配制度。例如，大猩猩生活在一夫多妻制社会中，一个雄性统治者必须捍卫它的后宫，提防蠢蠢欲动的竞争者。在这种情况下，雄性的体型往往比雌性的体型大，很可能会全副武装，这样才能击败竞争对手。但是，如果交配成功取决于是否能被雌性伴侣选中，而不是赢得激烈的战斗，那么雄性的进化方向就可能是色彩鲜明、精美华丽，并喜欢在雌性面前竭尽所能地展示自己，这样才能吸引雌性崇拜者，就像雄孔雀那样。

婚配制度的另一个重要线索是睾丸的大小。直白点说，如果雌

[①] 人类交配市场，是指所有生理上具备繁殖能力的人，并减去那些已经结婚的人。——译者注

性会与多个雄性交配，那么雄性则倾向于长出更大的睾丸，这个"大"是相对于他们的体型来说的。较大的睾丸可以产生更多的精子，使它们的雄性主人在交配领域更具竞争力。观察一下其他类人猿物种的睾丸大小，也能证实这一点。在大猩猩中，群体中的所有雌性都只与占统治地位的雄性银背大猩猩交配。正如我们根据精子竞争①中的低成功率所推测的那样，大猩猩的睾丸相对于他们的体型来说就很小。与此形成鲜明对比的是黑猩猩，黑猩猩中的雌性更"淫乱"，会在发情周期中与许多雄性交配。所以大猩猩的是"核桃仁"，而黑猩猩的则是"鸡蛋"，黑猩猩的大睾丸能够产生的精子数量几乎是大猩猩的 200 倍。[4]

我们可以利用这些解剖学特征来推断人类祖先的婚配制度，这应该也有助于我们预测男性和女性之间冲突的范围会有多大。人类男性通常比女性体型更大、更强壮，但又不像马鹿那样把身体当成武器，也不像银背大猩猩那样有明显的性别二态性②。这表明，尽管男性在体型和力量上有所选择，但我们的雄性祖先们并不需要像大猩猩那样通过捍卫后宫来免受其他男性的侵扰。相反，男性和女性之间体型的差异更符合一夫一妻制物种的特征，男女在体型大小和外观上往往很相似。虽然当代人类并不是从一个高度滥交的祖先

---

① 在雌性个体可能与多个雄性个体交配的情况下，不同个体精子之间竞争使卵子受精的机会。——编者注

② 如果一个物种两性之间体型相差较大，就称为二态性较高。——译者注

进化而来的，但人类的交配市场可比终生的一夫一妻制更丰富多彩。就相对大小而言，人类睾丸大小介于大猩猩和黑猩猩之间，与大猩猩更接近些。由此我们可以推断，精子竞争在人类祖先中的重要程度不如在黑猩猩中那么高，但人类女性在其一生中可能与不止一个男性交配。一个合理的结论似乎是，人类祖先是连贯式的一夫一妻制，在这种婚配制度下，男性和女性的利益在整个生命周期内并不完全一致，因此，从亲代抚育上，我们应该能够观察到一些分歧。

最亲密关系之间的冲突

有时，两性冲突可以渗透到最亲密的关系中，即母亲和未出生的孩子之间。怀孕时期是母亲和孩子之间关系的特殊时期，这时真正的育儿之战还未开始，未出生的胎儿既不能彻夜啼哭、随意发脾气，也不能做其他任何让父母抓狂的事情。但是，将怀孕视为一个和谐时期其实过于乐观了。腹部的妊娠纹见证了胎儿在子宫中快速成长时母亲所付出的代价。这些表面的伤疤也讲述了一个更深层次的故事，这便是胎儿基因组与母亲基因组之间正在展开的内部斗争。[5]

与成千上万的其他女性一样，当我怀上第一个孩子时，我被叫到医院进行常规检查以确定我的血糖水平。这是我在怀孕期间经历的最不愉快的测试之一，首先我被要求禁食 12 个小时，然后再喝一种温热的液体糖浆。我尽全力咽下了一大口,结果还噎住了。大约1个小时后,护士刺破了我的手指,检查我的血糖水平。候诊室里的另一名女性,在她强行咽下最后一口黏液后不久就呕吐了,这意味着她必须被送回家,然后改天再来经历一次整个过程。

这样的检查固然令人不快,但对于检测妊娠糖尿病却很重要,妊娠糖尿病是一种严重的妊娠并发症,患者将无法调节血糖水平,从而导致婴儿过度生长,很可能因此危及生命。妊娠糖尿病可能源于正在生长的胎儿体内母系和父系基因之间的冲突。每个胎儿细胞都包含来自母亲和父亲的基因。其中一些印记基因带有标记,可以用来分辨出基因来自何方。这些印记基因可以调节基因表达,确定在多大程度上强化或者减弱特定基因的影响。

基因表达可以解释为什么尽管你体内的所有细胞都具有相同的基因组,但它们却有着截然不同的功能,这取决于它们生活在体内的哪个位置。嘴里的细胞必然会产生淀粉酶,这是一种唾液中含有的酶,可以将复杂的碳水化合物转化成简单的糖,但对于在胳膊皮肤细胞上同样的基因组,你可不希望见到它开始在胳膊上分泌唾液。因此,并非每个基因在身体的每个细胞或器官中的表达都是相同的;相反,基因表达可以打开或者关闭、调强或者调弱,这取决于细胞所处的身体部位。

现在有一件奇怪的事情,就是并非你体内所有的基因都能就

"是否应该表达"或者"表达多少"达成共识。在胎儿体内，来自母亲和父亲的基因可能正在为了争夺母体的营养物质而争论不休。虽然这两组基因都对"胎儿应该从母亲那里获得某些资源"这件事达成了共识，但对"拿多少"却存在分歧。为了让你对母亲与未出生的胎儿之间的冲突，换句话说，母系和父系基因之间的冲突有更多的概念，一个有效的比方是拔河比赛。你可能已经和一个年幼的孩子就他们"应该看多长时间电视"进行了谈判，你想借用这点时间获得安宁，或者完成一些工作，但是孩子可能希望看3个小时的电视，而不是你规定的几分钟。争议区域是谈不拢的时间，在这个区域内，孩子会想尽办法说服你，让他们多看一会儿电视。胎儿的母系基因和父系基因之间也存在类似的争议区，后者想要的资源比前者多。

为什么胎儿体内的基因会产生冲突？让我们从基因的角度来看一看。母系基因关心婴儿的生存，但母系基因也在由母系产生的后代中拥有份额。榨干母亲的血肉，以至于她再也无法生育更多的后代，这可不符合母系基因的利益。相反，父系基因更关心胎儿而不是母亲，因为它们不一定与母系基因未来的后代享有共同利益。因此，父系基因被用来调动母亲的热量，选择性地表达在与胎盘中资源转移相关的部位中。这些基因中的编码会产生增加母亲血液中营养浓度的激素，甚至可以改变母亲大脑中操纵行为的区域，驱使她在后代出生后提供更多照顾。

这场冲突的前线是胎盘，也就是母亲和后代之间的营养界面。哺乳动物之间胎盘形态的差异很大，这主要是由于胎盘细胞对母体的侵入程度不同。有一些物种，比如马，就具有"楚河汉界"般的上皮绒毛膜胎盘，它们会彬彬有礼地尊重自己和母体组织之间的界限。相比之下，人类和其他灵长类动物则具有侵入性的"血脉相通"式的血绒毛膜胎盘，它们蜿蜒穿过子宫壁，甚至钻入母体的血管中。胎盘细胞起源于胎儿，而不是母体，因此它们的行为符合胎儿的利益，而不是母亲的利益。人类的胎盘细胞直接沐浴在母体血液中，这意味着母亲失去了对胎儿接受营养供应的控制权。在人类和其他类人猿中，胎盘能够决定它需要多少营养，而不是由母亲控制给予多少营养。以这种方式让胎儿占据主动，可能是进化妥协的一部分，这些物种在一生中往往拥有较少的高质量后代。如果能不受限制地获得母体血液供应，胎儿便更容易获得营养，从而在母亲体内生长到健康的尺寸，当然也有可能就像人类那样，发育出一颗大号脑袋，但从母亲的角度来看，随之而来的则是失控的不利因素。

母亲放弃了控制权，就使她们容易受到父系基因的影响，也就是增加对未出生婴儿的营养供应。这些基因的作用方式通常是对激素编码，于是，不同的基因表达可以改变母亲血液循环中的激素水平。例如，人胎盘催乳素会抑制胰岛素的作用，这将降低母亲血液中的葡萄糖浓度，也会降低母亲自己使用这种糖的能力，这就意味着更多的糖会被胎儿吸收。其他激素会增加母亲的血压，从而加速将营养丰富的血液输送给胎儿的过程。如果不加以管制，这些激素可能会对母亲产生病理性甚至致命的后果。较高的血糖水平会增加妊娠糖尿病的风险，并且还可能导致胎儿不受控制的生长，从而在分娩期间产生潜在危险。激素升高了母亲的血压，也使她容易患上先兆子痫，这是母亲在怀孕期间可能面临的最严重的并发症之一。

两难的境地

很少有人知道，怀孕会增加母亲患上癌症的可能。特别是恶性蜕膜瘤，这是一种胎盘组织继续在子宫内增殖时产生的癌症，通常发生于以为自己已经怀孕但其实并未怀孕的女性，或最近有流产经历的女性中。如果不及时治疗，病情会很快发展到致命的程度。滋养细胞是侵入母体子宫的胎盘细胞，它除了与转移性癌细胞一样数量惊人，也能像癌细胞一样快速增殖，侵入组织，忽视细胞死亡的指令。胎儿产生的人绒毛膜促性腺激素，就是在验孕棒上产生第二条蓝线的激素，但肿瘤细胞也可以导致这种激素升高，高达30%的人类癌症均有此症状。[6] 它们的侵入性意味着滋养细胞有时会劫持错误的母体组织，导致异位妊娠，也就是受精卵在子宫外着床并生长。异位妊娠最常发生在输卵管中，但偶尔也发生在母亲的卵巢、腹部、肠道，甚至非常罕见地发生在先前剖宫产的疤痕部位。滋养细胞与癌细胞有许多相似之处，因此异位妊娠可以用甲氨蝶呤来治疗，而这种药物本来就是一种常用于治疗癌症的化疗药物。[7]

与其他哺乳动物相比，人类对癌症尤其敏感。在某种程度上，这源于我们更长的寿命，而且随着年龄的增长，癌症变得越来越普遍，人类的现代生活方式，如高热量饮食和暴露于致癌物质（如空气污染和烟草烟雾）中，则增加了罹患癌症的风险。另一个不太明显的风险因素可能是我们的胎盘。像我们人类一样的侵入性胎盘，是哺乳动物祖先的标配，但在一些物种中这种胎盘已经退化，包括马和其他有蹄哺乳动物。[8] 有一种假设是这样的，降低胎儿对母亲的侵入性，可能是一种保护雌性免受转移性或侵袭性癌症侵害的自然选择的副产品，由于胎盘细胞和转移性癌症细胞的运作方式太相似了，它们的特权也作为一种副产品被撤销了。正如这一假设所预测的那样，最近的证据也表明，在胎盘侵入性没那么强的物种中，转移性癌症也不太常见。结果就是，人类陷入了一个两难的境地：我们需要侵入性胎盘来最大限度地将营养物质输送到我们嗷嗷待哺的后代身上，但打开胎盘细胞的大门就会削弱我们对任何入侵细胞包括癌细胞的内在防御。[9]

我们都是嵌合体

出生后，婴儿往往会继续要求资源，而且比父母想给的还要多。新生儿父母最常见的抱怨就是睡眠不足，这似乎是一种普遍现象，而不是不同的育儿经验所产生的偶发现象。新生儿经常在夜间醒来哭泣，督促父母喂奶。你可能根本不认为这有什么奇怪的，这只不过是孩子要让父母知道他饿了、需要喂养而已，父母则恪尽职守，双方各取所需。然而，通过更仔细的研究，婴儿夜间醒来的几个奇怪特征便显现出来，原来事情并不像表面看起来那么简单。

频繁的母乳喂养会使女性暂时避孕，正如我前面提到的，这就是一种被称为哺乳期闭经的现象。因此，定期母乳喂养的妇女不太可能怀孕，这就给处于哺乳期的婴儿争取到了更长一段被母亲照顾的时间，别忘了，如果母亲此时又怀孕了，现在的婴儿就要与那些将来的弟弟妹妹们争夺母亲资源了。[1] 平均来看，在夜间经常醒来的孩子可以享受到母亲更长时间的不间断的护理，而这很可能是婴儿使用的一种竞争手段，即利用频繁的夜间醒来和母乳喂养来与尚未出生的兄弟姐妹们竞争。如果这个假设是正确的，那与"夜哭郎"相关的基因很可能是父系的，与其他的父系基因一样，它们都以牺牲母亲为代价将资源转移到胎儿身上。为什么这么说？因为与母系基因相比，胎儿中的父系基因只关心当下的胎儿，对母亲未来可能生下的后代更加不以为意。

这是一个非常奇特的假设，但的确有一些证据支持。威利综合征和安琪儿综合征是两种遗传性疾病，由 15 号染色体上的部分基

---

[1] 此前，在一些针对小规模社会的人类学研究中发现，如果母亲生下了双胞胎，或者还有年龄较大的哥哥、姐姐需要依赖母乳喂养，将会出现新生儿被杀死的杀婴现象。许多生活在现代工业化社会中的人，不会对极端的资源匮乏感到担忧，但对于生存岌岌可危的人来说，营养上的限制可能意味着母亲无法同时哺乳哥哥姐姐们以及一个新生的婴儿。

因组缺失引起。[10] 对于威利综合征,被删除的基因是父系来源的,这意味着患有威利综合征的儿童在相关的基因片段里只有母系基因表达。奇怪的是,患有威利综合征的婴儿的特征是母乳喂养不足,表现为哭泣无力、睡眠很多。在很多方面,安琪儿综合征的表现似乎完全相反。在这里,被删除的是母系来源的基因簇,结果是父系基因被表达。患有安琪儿综合征的婴儿以睡眠不佳而闻名,并且经常需要母亲在晚上醒来进行母乳喂养。这两种综合征都与儿童面临的许多其他严重困难和问题有关,这让我们又一次回到了拔河比赛的类比。在这里的案例中,其中来自父母一方的印记基因被删除,类似于拔河的一方突然放开绳子,以前微妙的平衡被打破,随之就出现了严重的错误。

还有另一种更为奇特的关于胎儿干涉母亲投入的方式,是通过在子宫内与母亲进行流畅的细胞交换实现的。我们当中大约有一半,也许更多,体内含有来自另一个人的细胞。作为一名女性,要是在我的体内发现了携带男性Y染色体的细胞,那也没什么奇怪的。这些细胞携带着与我两个儿子完全相同的遗传印记。他们同样也可能会让我的一些细胞在他们身体里面的某个地方游来游去。除了我孩子的细胞,我可能还有一些我母亲的细胞,甚至还可能有我外祖母的细胞。我们是嵌合体。

那么,我的身体里留下了两个儿子的什么细胞呢?关于微嵌合的研究还处于起步阶段,仍有很多东西需要讨论。[11] 一些科学家认为，来自上一个子女的细胞可能会通过增加母亲对当前孩子的投入，以及减少对后续后代的任何投入，来调解兄弟姐妹之间的竞争。初步的数据有很强的建设性，即胎儿的细胞常常会迁移到母亲的乳腺组织内，在那里它们可能会增加母亲对婴儿的乳汁供应。对啮齿动物的研究表明，胎儿细胞也会进入母亲的大脑，促进新神经元的生长，从而可能影响母亲的行为以及与后代的互动方式。还有一些其他研究发现，继发性流产，也即先前可以受孕的妇女无法怀孕或再次妊娠这种现象，与母亲体内存在来自胎儿哥哥的细胞有关，就像先兆子痫一样，这表明，在从母亲身上争取更多资源、抵御未来兄弟姐妹的竞争这两方面，胎儿细胞可能发挥了作用。

我不愿意在这里花太多笔墨来描述很多这种现象，因为从科学上讲，关于它的研究仍处于早期阶段。但值得一提的是，它如此令人费解，又如此令人疯狂。如果在接下来的 5 年或 10 年里，你能够读到一本完整的关于微嵌合主义的书，书中满是各种匪夷所思的理论，讲解来自不同个体的各种细胞在单个个体内相互作用的方式，我丝毫不会感到惊讶。

总之，这些模式都强调了一点，即合作通常与冲突齐头并进。丈夫和妻子之间的纽带，特别是母亲和孩子之间的纽带，通常被视为忠诚和神圣不可侵犯的，但即使是这些最亲密的联合关系也会受到诡计和斗争的困扰，因为每一方的基因都试图使天平向着对自己有利的方向倾斜。因此，冲突是活生生的现实，不仅存在于交战的各方之间，也扎根于利益基本一致的个体之间。

到目前为止，我一直在强调的是子女让父母受困的无数种方式。但是，如果就这么结束这个故事，确实会误导人。在下一章中，我们将遇到视子女为珍宝的物种，还会碰到乐于助人的家庭成员。它们是合作繁殖的践行者，而人类就是其中之一。

The Social Instinct

第6章
欢迎来到大家庭，人类是合作繁殖者

自然情感的流露，使人们更亲近。[1]

威廉·莎士比亚
《特洛伊罗斯与克瑞西达》(*Troilus and Cressida*)，1602 年

人们会觉得父母帮助后代是很自然的事，但也许没太意识到，在某些物种中，后代也会帮助父母。这种家族式的安排被称为合作繁殖，尽管不太常见，但在整个动物王国中，这是一种通过多次进化发展出来的好方法，存在于蚂蚁、蜜蜂、黄蜂、白蚁、甲壳类动物、哺乳动物、鸟类和鱼类中。人类也是这个多样化的精英俱乐部中的一员，大孩子们会帮助母亲抚养小一些的孩子。同时，人类也是独一无二的、唯一会这么做的类人猿。

对于我们这些生活在现代工业化社会中的人来说，发现自己是合作繁殖者可能会感到惊讶，因为我们的家庭规模通常相对较小，而且经常在年龄较大的孩子成为小帮手之前，母亲已经停止了生育。我自己就在一个规模超大的家庭中长大，作为6个孩子中最大的姐姐，我有足够的机会展示我作为助手的价值，尽管我并不总是擅长这个角色。我妈妈常说，当她需要做家务时，会把小弟弟留给六岁的我独立负责。而我小时候是一个彻头彻尾的书虫，鼻子深深地埋在故事书里,对周围的事情视而不见。几分钟后,当我妈妈回来时,我的小弟弟已经设法找到了狗食盘,正忙着将狗食擦到客厅的地毯上。这时她就会大声告诫我:"尼古拉!我叫你看好弟弟的!"而我会盯着书本,头也不抬地回答说:"我是看了他一会儿,可看书更有趣啊。"

我们拥有彼此

对古往今来的大多数人类而言,毫无用处的子女其实并不是常态,而只是例外。当孩子长到 7 至 14 岁时,他们经常帮助父母照顾弟弟妹妹,包括看护、觅食、把食物带回家并与家人分享等。事实上,人类孩子的成长环境中总有其他的家庭成员,包括兄弟姐妹、阿姨、叔叔、表兄弟姐妹和祖父母等,这些人都可能参与到抚养他们的过程中。这种情况与其他的类人猿截然不同,它们的后代几乎完全由母亲抚养,往往也不会与其他的亲戚形成特殊的联系。

如果你将合作繁殖物种的分布放到世界地图上,你会注意到它集中在一些环境最恶劣的地区,如非洲沙漠中的狐獴和鼹鼠,澳大利亚内陆的白眉雀鹛和灰短嘴澳鸦,以及中南美洲的沟嘴犀鹃和棉冠狨猴。[2] 对于早期的人类[①]来说,境况非常相似:我们大

[①] 此处,我指的是人属中的所有成员,而不仅仅包括智人种。

部分都生存在这个星球最困难的环境中。人类的祖先生活在距今 280 万年至 150 万年前的东非大裂谷里,如果把这段进化时期比作日历年上的日子,大约是 12 月 31 日的晚上 6 点。许多最重要的、重建了人类进化时间轴的化石都来自该地区,它位于地球断层线上,两个地壳构造板块在这里被拉开了。[3] 在过去的 1 000 万年里,这个地区已经从一片平坦的热带森林变成了一片高低不平的景观,到处都是形形色色的山脉和广阔无边的盆地,后者形成了东非大湖区。随着构造板块的分裂,东非高原形成,天气模式也发生了变化。板块缓慢分离形成盆地,大湖在盆地中出现并迅速消失①,曾经被茂密森林覆盖的地区变得越来越贫瘠和干燥。在这种逐渐干旱化的背景下,气候变化也越发剧烈。

这些早期的环境给人类祖先带来许多重大威胁。首先,食物可能很难获得。在降雨稀少的干旱地区,每个个体都必须积极寻求赖以生存的食物。食物的构成应该是水果、其他植物(包括必须从地下挖出的类似马铃薯的块茎)和通过猎杀获得的肉类②。这种觅食的生态环境风险很大,因为埋藏的块茎不容易找到,大型猎物也会反击,而且各种觅食技术都需要时间来完善。[4] 无论是参加团队协

---

① 这里说的迅速,指的是相对地质年代而言。人们认为,这些湖泊以周期性的方式每 20 万至 40 万年出现和消失一次。
② 其他类人猿,包括黑猩猩,大多是素食主义者。黑猩猩确实会捕猎和杀死其他动物,但肉类仅占它们摄入的卡路里的 5%,而现代采猎者的这一比例超过了 50%。

作,还是从他人那里学习技能,都对生存至关重要。

我们祖先的栖息地也是危机四伏,到处都是大型食草动物和凶猛的捕猎者。人类的祖先可能看起来和你我很像,但我怀疑在徘徊于大草原上的剑齿虎和大狮子①的眼里,他们更像是午餐。[5]这个时候,人类已经完全适应了陆地生活的模式,但非洲草原变得日益裸露,人们在面对危险时很可能难以躲藏。

不过,人类仍然大有可为,因为我们拥有彼此。

我们从牛羚群中可以看到,数量优势带来的安全来自稀释和混淆效果。然而,人类似乎更进一步,不仅学会了反击捕食者,还能将其赶走。对其他如黑猩猩和狒狒这样的灵长类动物的观察支持了这一假设,灵长类动物在地面上活动或者待在空旷的栖息地里,因此更容易暴露在捕食者的视野中,它们往往生活在雄性成员更多、更大的群体之中。更重要的是,还有证据表明,在这些群体中,雄性会反击捕食者,甚至有时能制服它们,例如,黑猩猩会定期攻击捕食者,甚至能把豹子逼到角落并杀死。很可能,我们的祖先也有这个本事。[6]

从树上爬下来的进化过程,使得我们在与捕食者的战斗中更加

---

① 更近的化石证据表明,更新世的狮子要明显大于现代的狮子。

有效率。因为我们用两条腿走路，手可以自由地握住东西，比如武器。由于我们的手臂不再需要抓住树枝荡来荡去，解放出来的肌肉组织可以用于从远处投掷石头和其他的投射物。这些适应性的进化除了可以抵御捕食者的威胁外，还将早期人类变成了高效的食腐动物，能把捕食者从它们的猎物旁边赶走，把人家的战利品抢过来为己所食。

凭借这些技能，人类能够转型成为捕食者，只是小事一桩。人类能力的突飞猛进恰逢智人走出非洲，以及随后迅猛的遍及全球的殖民化。如果将这段时间放在我们的日历年上，则仅仅花了大约11分钟。当人类在满世界游荡之时，随之而来的是一连串大型动物的灭绝，这是人类从食物链底部急剧上升到顶部的明证。[7]

早期人类的进化是一场旋风之旅，我们可以从中得到一个简单的结论，即人类需要合作才能生存。这有助于解释为什么在东非大裂谷的化石记录中，几乎没有发现其他类人猿与人类一起生活的证据。相反，我们的类人猿表亲们生活在季节性不明显、食物富足的环境中。在这些地方，将合作发挥到极致不是生存的先决条件。人们不禁要问，如果人类没有经历过极端困苦，而是像黑猩猩一样偏安于一隅，是否结局只是作为人属化石记录中的另一个数据点而存在？是否只是进化失败的遗迹呢？

人类是合作繁殖者

虽然团队合作的优势显著,但只有一小部分物种存在着合作繁殖现象,这似乎令人吃惊。目前已知的发现表明,没有两栖动物或爬行动物合作繁殖。对昆虫、蜘蛛、哺乳动物和鱼类来说,合作繁殖的比例徘徊在 1% 甚至更低,而鸟类约为 8%。实现合作的难度不小,除非条件适合,否则不会蓬勃发展。[8] 帮助者的角色最有可能出现在一夫一妻制的物种中,并且最好每次繁殖尝试都可以生出多个后代。一夫一妻制创造了有利于帮助行为的条件,因为雌性产下的孩子是同父同母的兄弟姐妹,而不是只共享一半血缘关系的兄弟姐妹。同样,在雌性的每次繁殖尝试中,如果产下的是多个后代而不是单个后代,帮助者也有更大的空间来增加雌性的繁殖产出。[9]

在这方面,人类又是个异类,因为我们倾向于一次只生一个孩子,人类的生殖安排似乎将后代的质量置于数量之上。可以看到,即使只怀了一个孩子也会给人类女性带来沉重的代谢负担,因此像其他合作繁殖的灵长类动物那样将生双胞胎的概率提升的突变,会使每个胎儿接受相对较少的营养,或者会要求怀孕母亲进行不切实际的巨大投入。我们采取了一种不同的途径,即不增加一次怀孕的胎儿的数量,而是加快产出后代的速度。当代的觅食者社会中,在繁殖方面得到帮助的母亲,能够在婴儿断奶后,马上开始下一次怀孕,这意味着人类的繁殖速度大约是猿类表亲的两倍。黑猩猩前后两胎之间的相隔时间大约是6年,而采猎者中的女性每3年可以生下并抚养一个孩子。因此,合作繁殖使人类母亲能够实现质量和数量的平衡,使其既能产出非常高质量的后代,数量也相对较多。

人类是合作繁殖者,明白这一点,对我们理解人类社会及其育儿模式很有帮助。我们的社会生活方式意味着,在地球上的大部分时间里,母亲们都融入了庞大的社交网络中,孩子被多方抚养长大,抚养者包括父亲、哥哥姐姐、阿姨、叔叔以及祖父母。[10] 许多当代的人类社会仍然在以这种模式运作,某种程度上尽管这些大家庭在工业化社会中已经被更专业的机构取代,如学校和日托等专门提供儿童保育的正式机构。这些机构是我们合作繁殖本性的合乎逻辑的延伸,而我们是合作繁殖者的事实,可能就是它们必然存在的原因。

其他类人猿的婴儿始终与母亲在一起,人类则不同,儿童可能同时由几个人照顾,他们经常花更多的时间与其他照顾者在一起,而不是只与母亲在一起,而且也无须与一个照顾者形成独特的关系纽带,甚至照顾者自己可能还是个孩子。这点与西方核心家庭①的理念形成了鲜明对比,在核心家庭的模式下,父母独立抚养孩子,就算是得不到大家庭的一点点帮助也是无可厚非的,而且目前的趋

---

① 西方传统家庭被称为"核心家庭",包含了爸爸、妈妈和孩子两代人,一般家庭有二到三个孩子,或许还包含宠物。——译者注

势是家中几个孩子年龄接近,这意味着年长的兄弟姐妹们在通常情况下仍然依赖别人照顾,还不能成为合作繁殖中的助手。[11]

我们如果对人类的进化史关注不足,就可能会产生严重的后果。西方模式经常被视为最佳实践的基准,既提供了亲代抚育的榜样,也指出了如果不照做会对孩子造成什么伤害,这些都成了政策决策的依据。依恋理论(attachment theory)是这个领域里比较突出的思想之一,在这种世界观下,孩子的健康发展取决于他或她是否能稳定地依附于某个主要的照顾者,通常就是母亲。[12] 按照这种逻辑,有人认为,有些母亲对后代漠不关心或不闻不问,或者将孩子送到托儿所,这种做法会改变孩子的发展进程,导致孩子形成不安全依恋类型(insecure attachment style),并有可能产生深远的负面影响。

由此得到的结论是,培养出社会反应灵敏、适应能力强的孩子是母亲的责任。只有这样,这些孩子们才能够在成年后形成有效的社会关系,并成为对社会有用的成员。因此,如果孩子没有健康成长,母亲应当受到指责。这一理论的问题在于,核心家庭模式强调父母一个人工作、另一个人持家,而这种模式无论是从跨文化的角度来看,还是从更广泛的历史与进化的角度考虑,都是极不寻常的。母亲是孩子唯一的、不可替代的看护人的这种观念,是一种现代西方的文化意识形态,并不具备科学上的必然性。

有数据有真相。美国国家儿童健康与人类发展研究所在1991年到2007年间跟踪了1 000多名儿童，从他们1个月大的时候开始，直至孩子们九年级①时结束。[13] 其中一部分孩子去了日托所，另一部分孩子则完全由母亲抚养长大。该报告的主要结论非常确凿，即去日托的儿童和那些与父母一起待在家里的儿童在发育方面没有差异。同样，2003年至2006年间，另一项对1 400多名法国儿童进行的最新研究发现，那些接受良好托儿保育的孩子，比起那些由母亲单独照顾的孩子，情绪和行为问题反而更少，这也许是因为上托儿所的孩子有更多的机会与同龄人或其他成年人互动。[14] 这些研究并没有淡化母子关系的重要性，也没有否定母亲在子女情感健康发展上所起的作用。相反，这些研究结果鼓励我们要以更开阔的视角来看待儿童的保育，把多个照顾者及其关系都要考虑在内。事实上，人类是具有高度社会性和合作性的物种，只有采取这种视角才能充分反映我们悠久的进化历史。

---

① 根据美国的教育体制，九年级大概在15岁。——编者注

第7章
斑鸫鹛及其他物种的合作繁殖机制

我曾单纯地想知道,为什么不是每个人都想成为鸟类学家。[1]

查尔斯·达尔文
1876 年

为了更好地理解合作繁殖的机制，我二十出头的时候去沙漠追逐鸟类。确切地说，不是所有鸟类，我仅对一个物种特别感兴趣，那就是斑鸫鹛。在卡拉哈迪沙漠，这些大腹便便、黑白相间的鸟类集中生活在一起。我非常有幸加入了第一批研究组，得以近距离地研究它们的行为。我的研究重点为，在一个建立于合作基础之上的社会里，为什么冲突不可避免。

到目前为止，鸟类之间最常见的社会关系是配对关系，并由雄性和雌性联合抚养一窝雏鸟。许多物种只是在需要的时候才组成这种婚姻关系，雏鸟一旦飞出巢穴，这种结合就会自动解散。斑鸫鹛的不同之处在于，它们结成了永久而完全的社会形式：它们一起做任何事情，觅食、睡觉、玩耍和工作。群体规模是可变的，有时是紧密的3人组，但更大的、多达14只斑鸫鹛的鸟群也很常见。在每个鸟群中，生育权均由占据家长地位的一对雌雄鸟所垄断。其他鸟都被降级成了帮助者的角色，主要负责喂养、保护和照顾这一对家长的后代。

我的研究是在库鲁曼河保护区的一个研究站进行的，我的博士生导师蒂姆·克拉顿－布洛克（Tim Clutton-Brock）教授为了对动物的行为进行长期的实地研究而建立了这个研究站。这个保护区是沙漠的一部分，但因坐落在一块偏远的耕地上，而被委婉地称为"绿色卡拉哈迪"。实际上，库鲁曼河拥有一个棕色的沙质河床，每20年左右才流淌一次。卡拉哈迪的沙子随着位置不断变换色调，在河床附近呈深棕色，并逐渐变为淡黄色，等到了沙丘深处，最终变成了深黄褐色。尽管名字里面有绿色字眼，但它却不是什么草木青翠之地，当然，它也有自己独特的美。

卡拉哈迪的环境相当恶劣，生活在这里的生物为了生存，除了合作似乎别无他法。我研究的斑鸫鹛和其他的社会性物种一起分享着这片沙漠家园，包括大耳狐（一种可爱的灰色犬科动物，有着滑稽可笑的大耳朵）、社会性蜘蛛（可以通过它们一绺绺的棉絮状巢穴来识别）、狐獴、织雀、蚂蚁和群居织巢鸟等。后者能够建造巨大的、由许多较小的孔洞组成的超级巢穴，所有孔洞都像鸟类居住的公寓楼房间，彼此之间相互连接。新来者会将它们的巢穴固定在现有的结构上，直到最终重力将整个巢穴压垮。尽管各有各的活法，但这些社会性生物都在某样东西上有着共同利益，那就是天气。在沙漠中，雨水就是生命。

在夏季，西北风的到来是第一个将要下雨的迹象，它还会捎来潮湿泥土和远处雨水的独特气味。乌云聚集，雷声隆隆，闪电肆虐，这里最终将迎来最壮观的风暴的洗礼。在灌木丛中，被闪电击中后留下的树干见证了这场暴风雨的惨烈。虽然人们常说，闪电永远不会击中同一个目标两次，但我们住的房子就被劈到了好几次，因此经常导致电话线被吹断，插着电的计算机或其他设备被烧坏。

暴风雨过后，沙漠迸发出勃勃生机。红色的沙地犹如地毯般点缀着黄色的花朵，黏糊糊且带着刺的酸草拂到我们腿上，而那些挣扎着生存下来的动物，终于可以迎来繁殖季节了。天降甘霖对于生活在沙漠中的生物来说是个好消息。雨水意味着食物，而这些食物也给我们带来了巨大的困扰。首先出现的是毛毛虫大军，它们在大雨过后的几天内就会成千上万、浩浩荡荡地出现。毛毛虫的使命似乎就是向上，向上，再向上。它们不仅在田野里爬树，而且一碰到东西就往上爬，我们不得不一直把它们从腿上、头发上还有晚餐上扒拉开。不出意外的话，几周后就是蜂拥而至的飞蛾了。在房子外面，它们成群结队，冲着阳台上的灯光呼啸而过。要是谁在打开公共农舍门的时候没有事先把灯关掉，那就要倒大霉了：飞蛾大军会像一朵乌云一样冲入房间，挥动着翅膀并发出巨大的声响，它们散出的粉末会让每个人都被呛得喘不过气来。

沙漠里的雨真像是个喜怒无常的朋友，虽不常见，但能把长时间的干旱赶走。生活在沙漠之中，要时刻小心，以免朝不保夕。因为年景时好时坏，好就好到极点，坏就坏到了家。而合作的生活方式可以缓冲个体的生存压力，使其免受这种极端恶劣环境的影响。与其单打独斗，倒不如成为团队的一员，同舟共济共渡难关。

饥饿与富足

虽然我们不像其他生物那样依赖雨水，但饥饿与富足也已是身处野外的人类居民熟悉的两大主题了。除了斑鸫鹛的研究人员之外，这个野外基地还是十几名志愿者和一小队科学家的家园，他们正在致力于一个更大的项目，一项对狐獴行为的长期研究。对我们这群人来说，食物供应不是取决于下雨，而是取决于为数不多的购物之旅。从最近的城镇出发到保护区，需要在崎岖不平的开放道路上开车行驶三个小时，我们通常每个月只冒险一次，采购足够多的食物，以便在接下来的几周内和二十几个居民坚守在一起。任何我们没有买到的东西，在接下来的一个月里就再没有机会奢望了。水果和新鲜蔬菜总是最早被消费完的东西，不然就要在炎热中腐烂掉了。巧克力和啤酒也是从未留存太久的热销货。在每个月末，我们都不得不吃用罐头或者干货做成的食物，包括臭名昭著、普遍不得人心的"干酪味的垃圾"，这是一种松散的类似千层面的东西，可能是昔日某个绝望的志愿者，为了能从剩下的一点点劣质存货里挤出晚餐，才发明了这种吃法。

但是，斑鸫鹛面临的另外一个危险，人类倒是得以从中逃脱，那就是除了要艰难地寻找着食物以外，它们还要想尽办法避免成为别人的午餐。沙漠里一马平川的开阔地形，使得它们很难逃脱捕食者的视线。斑鸫鹛尤其容易暴露，它们的觅食方式是在地面上用喙撒开成堆的沙子，使浅藏在浮沙下的小型无脊椎动物露出来。这种"大头朝下，屁股向上"的觅食动作，使它们很容易受到捕食者的攻击，特别是来自空中猛禽的威胁，包括巨型鹰鸮、淡色歌鹰以及猛雕。淡色歌鹰因其腿部明亮的橙色和同样鲜艳的喙而特别显眼，它们通常栖息在延伸数百公里的荒凉道路两旁的木栅栏上，耐心等待着下一个毫无戒备的牺牲品。猛雕则是更强大的对手，我只通过双筒望远镜看到过这些神兽，它们是拥有两米翼展的大型鸟类，在炙热的土地上空翱翔时，远远看上去像是黑色的针。在一次考察中，通过一只失踪的雌性狐獴身上的无线电项圈，我们追踪到了一只猛雕的巢穴。除了无线电项圈外，巢穴内还有一具曾住在我们研究站的小羚羊的遗骸。这些顶级捕食者杀死体型可观的猎物的能力，由此可见一斑。

获取鸟类的信任

斑鸫鹛对捕食者的恐惧，让我们最初观察它们在野外的行为的行动受到了巨大阻碍，因为这种鸟类实在是太警惕了。我们几乎不能进入它们的领地方圆 100 米的范围，因为它们会立刻发现我们，并且发出高亢的警报声，随即逃到很远的地方。我们渐渐意识到，让斑鸫鹛接受我们的最佳机会是找到它们的巢穴，并在这些鸟儿觅食时一动不动地坐在远处。但是，让野生动物习惯你的存在，是一个缓慢且极其无聊的过程。我们要在沙子里坐上几个小时，趁它们不注意时才慢慢靠近，目的是在不惊吓到鸟儿的前提下突破距离的极限。如果你自己处于这种境地，最重要的是选择一个好地方坐下，很多时候我不小心坐得离蚂蚁窝太近，在接下来的三个小时里，由于我打乱了蚂蚁们的活动，而不得不被暴躁的蚂蚁攻击报复。每逢此时，挪个地方反而不是个明智的选择，因为每当我站起身，斑鸫鹛都会被我的存在震惊到，立刻就会花上几分钟逃离该地区，于是我的所有努力功亏一篑。我的使命是尽可能地融入背景，直到斑鸫鹛不再注意我的存在为止。

经过几天的静坐，一旦我突破极限坐得足够近，就尝试着给斑鸫鹛投喂面包虫。投喂的诀窍是，将一只面包虫又稳又准地扔在正在觅食的鸟嘴下。如果我一击即中，而那只斑鸫鹛也领情地吃了食物，我会开心地吹起口哨，虽然这样的一唱一和，并不像我想象的那样频繁发生。这样做的目的很简单，就是训练斑鸫鹛将美味的食物与我们发出的起伏的口哨声以及我们毫无威胁的存在，建立起某种联系。花了几个月的时间，我们终于获得了鸟类的信任，这意味着我们可以近距离观察它们的自然行为而不用刻意躲藏。口哨训练也很成功，与其花几个小时在它们庞大的领地里寻找斑鸫鹛群，还不如吹吹口哨，对那些听到口哨就飞过来的斑鸫鹛，我们会回报以可口多汁的面包虫，随后整个斑鸫鹛群就都会主动飞到我们身边了！我们还训练斑鸫鹛跳上便携式天平，而作为回报，它们可以得到一口水，它们就像品尝美酒一样以最滑稽的方式从瓶盖上小口啜饮。给鸟类称体重，意味着我们可以获得纵向测量数据，并通过这些数据了解谁吃得好，谁吃得差。

我们研究斑鸫鹛的目的，是为了探索它们的合作生活方式，并确定在这些紧密联系的家庭群体中它们各自的分工。但有一个直接的问题，那就是一眼望去，所有的斑鸫鹛看起来都差不多。为了密切关注个体的行为，我们还需要能够识别出它们谁是谁。我们用最简单的方法实现了这个目的，即让每只鸟戴上了一个独特的四色圈环组合。给每只鸟一个唯一的身份识别代码，这意味着我们可以跟踪它们，还可以给每个斑鸫鹛起个昵称，使我们之间的讨论更加容易。例如，鸟群中站立时间最长的家长之一是一只雌鸟，右腿上有白色和红色的圈环，左腿上的圈环则是白色和金属色的。因此，她的身份识别码是 WR/WM，我们亲切地称呼她为"神奇女侠"。

在项目之初，我们不得不一个接一个地单独诱捕成鸟，再给它们绑上彩色的脚环，这个过程不可避免地破坏了我们与斑鸫鹛建立起来的良好关系和信任感，有时这种关系的破坏甚至是不可逆转的。为了避免这种情况，一旦圈出了种群中的所有成鸟，我们就给鸟群聚集的巢穴做上标记，而不再单独诱捕以及逐个给成鸟做标记，同时，我们会给留在巢穴中的雏鸟做上标记。给雏鸟做标记，意味着我们可以不用再把成鸟引出家门以识别雏鸟，但这样做，也会将自己置于险境。要想进入斑鸫鹛的鸟巢，就要在 10 米高的梯子的最后一级上踮着脚尖，同时伸手进入充满未知的合欢树枝，将雏鸟小心翼翼地从它们扎手的家中取出。通常，我们无法从外面看到巢穴，而是不得不伸手探进去，摸索着将雏鸟从里面捞出来。这样一来，我们无时无刻不在提防着从高高的梯子上掉下来，同时伴随着对于未知的恐惧，谁能确定我们的手伸进鸟巢探得的一定是雏鸟，而不是毒蛇呢？而且特别是当我们到达鸟巢时，如果没有成鸟在附近觅食，我们也无法确定雏鸟是否还活着。

斑鸫鹛的成功秘诀是合作

一旦能够顺利观察到斑鸫鹛，而且它们没有将我们视为威胁，我们很快就发现，为了保护自己和那些脆弱的雏鸟免受伤害，斑鸫鹛们是多么的努力。我承认，最初我总觉得斑鸫鹛对捕食者的反应过度了。通常，看似莫名其妙的威胁，如一架飞机飞过头顶，或者，即便通过双筒望远镜也很难分辨的猛禽，都会使它们惊慌失措地吱吱尖叫。然而，有一天，我目睹了这个群体的成员如何一眨眼就成了捕食者的战利品。我当时为一个名为 Sox 的鸟群收集研究数据，这是小两口，尽管它们没有帮手，但还是成功地抚育了一对雏鸟。两只成鸟被贪得无厌、嗷嗷待哺的雏鸟们催着出去觅食，它们正在疯狂地找寻食物，试图让雏鸟们吃饱。我和成鸟们各忙各的，谁都没有意识到危险正在步步逼近，一只黄色的獴正偷偷摸摸地向我们靠近。突然，它从荆棘丛中冲了出来，迅速抢走了一只雏鸟。这一切发生在几秒钟内，然后归于平静。

在较大的群体中,斑鸫鹛通过轮流放哨来提防捕食者。哨兵们站在树枝或者篱笆桩的高处,眼睛不停地扫描周遭的环境,以便及时发现危险。[2] 无独有偶,狐獴也是这样。我们这个项目的志愿者有一个仪式,就是扮演一个人类岗哨的角色,并为自己拍一张头顶上停着一只狐獴的照片。在警戒时,斑鸫鹛哨兵发出了令人心安的守望者之歌,是一种低沉的"咔哒"声,告诉觅食组成员一切风平浪静。[3] 哨兵们一旦发现威胁,就会发出警告声,不同的叫声代表不同的捕食者,一听到这种叫声,觅食组成员就可以迅速地冲向安全地带。

也许是因为它们在哨兵系统上的合作,斑鸫鹛总是能比我更快地发现捕食者,而其中一些捕食者也是我需要躲避的危险。因此,每当我和鸟儿一起在沙漠中行走,总觉得比独自一人行走时更安全。我至今仍记得一个特别的场景,在一个闷热的下午,我独自一人在某个斑鸫鹛的领地里跋涉,吹着口哨,但是听不到什么反响。这里几天前曾下过一场大雨,通常每当斑鸫鹛的食物供应充足时,它们对我们的哨声和投喂的虫子的反应总是不那么灵敏。天气很热且潮湿,这对于沙漠来说显得很不寻常,潮湿的沙子貌似正在太阳的炙烤下蒸腾着。我们称这种天气为"贪食蛇",因为潮湿的热气似乎正在将蛇从藏身之处召唤出来,并喊它们大白天就出来打猎。我的眼神锁定在树上,希望能发现熟悉的黑白两色的小斑点,这时我听到脚下的灌木丛中发出了轻微的沙沙声。眼镜蛇离我只有不到30厘米,它的身体前半部分已经从地上抬起,颈部竖立着,这表明它感受到了威胁，随时准备攻击。好望角眼镜蛇是一种你绝对不想惹的蛇，它既易怒又有剧毒，简直就是五毒俱全的大魔头。我顿时僵住了，然后慢慢地向后退，还好，蛇放下了警惕转身溜走了。

那些斑鸫鹛可比我勇敢多了。如果它们看到一条蛇，就会聚集在一起，时不时地试探性攻击，并且发出刺耳的鸟叫，试图将捕食者赶出领地。如果遇到其他危险的对手，如獴和鹰，它们也是这样群起而攻之。正如我们之前在人类身上看到的那样，斑鸫鹛成功的秘诀也是并肩作战。

鸟巢里的危险

在觅食的时候，斑鸫鹛需要时刻提防强敌，但到目前为止，对斑鸫鹛来说最危险的地方不在外面，而在鸟巢里。斑鸫鹛通常将巢穴建在多刺的树木高处，但是除了难以接近之外，鸟巢开放式的杯状结构几乎没有提供有效的防护。巢内的雏鸟们经常会被捕食者来个一锅端。这样的险情一夜之间就会发生，有时连在巢穴中孵化雏鸟的雌性斑鸫鹛也不能幸免于难。面对这样严重的风险，斑鸫鹛也有应对之法，就是利用合作来降低鸟巢内的死亡率，对这些应对措施的研究正是我的博士课题的基础。如果鸟群中的帮助者数量不足，它们不太可能做得到保护巢穴、驱赶捕食者。这样一来，规模较小的群体就会鼓励它们的雏鸟在未发育完全或羽翼未丰时就飞出巢穴。[4] 尽管雏鸟们还相当虚弱，但这些雏鸟在外面的世界里会比待在家里安全。而规模较大的群体有能力更好地保护雏鸟，这些幼鸟就可以在巢中多待几天，然后成鸟再鼓励它们离开。

斑鸫鹛合作保护雏鸟的一种更为精妙的方式是，它们在巢穴喂食的行为是经过协调、成对进行的，而不是单独为之。[5] 最初我们有些不知其所以然，但渐渐地，我们意识到，这是一种将巢穴隐藏起来以免被捕食者发现的聪明方法。原因是，斑鸫鹛大部分时间都静静地躲在巢穴里。然而，每当一只成年斑鸫鹛带着食物回到巢穴时，三只饥饿的雏鸟就会闻风而动，把小脑袋伸出巢穴，大声叫喊着索取食物。因此，每次回巢喂食，对于捕食者来说就像是一个此地无银三百两的公告："这里有一窝小鸟！快来！"通过协调，斑鸫鹛们发现了一种巧妙的解决方案，不仅可以达到投喂的目的，还不会增加雏鸟无意中将其位置暴露给捕食者的风险。那就是，先行找到食物的成年斑鸫鹛会飞到树枝上，等待几分钟，直到其伴侣加入，才会一起飞回巢穴。这种合作方式，使鸟类能够一次性投喂两倍或者更多的食物，从而减少投喂的次数，降低了由于幼鸟叽叽喳喳地索求食物而被捕食者发现的风险。

雏鸟们离开巢穴以后，事情就变得更加有趣了。雏鸟在出生后的几周内完全依赖成年斑鸫鹛喂食。在鸟巢中，幼鸟在大部分时间里都趴在窝里无声无息，只有当成鸟带着食物回来时，它们才会突然活跃起来。然而，一旦它们翅膀硬了，飞出巢穴，一切都会随之改变。现在，雏鸟们沿着地面追逐成鸟，在成鸟寻找食物时大声且急切地尖叫催促。人们不禁同情那些疲惫不堪的成鸟，显然，纯粹是出于疲惫和沮丧，成鸟们偶尔也会跳到一只不停尖叫的雏鸟身上，狠狠地啄一下它的脑袋，从而获得短暂的喘息机会。

由一名博士生领导的一项研究表明，娇生惯养的小鸟可能相当狡猾，甚至会利用它们在捕食者面前的脆弱无辜来强迫成年照顾者提供更多的食物。[6] 当雏鸟饱了，它们会愉快地坐在树上，相对安全地免受捕食者的侵害。但是，当成鸟没有足够迅速地提供食物时，雏鸟就会跳到地上，故意将自己置于险境，以迫使成鸟更快地觅得食物并喂养它们。这种"勒索"策略最初是由著名的以色列生物学家阿莫茨·扎哈维（Amotz Zahavi）提出的，不仅如此，他在以色列的内盖夫沙漠还开展了对另一种斑鸫鹛的研究。雏鸟自发地飞到最容易受到捕食者伤害的地面，将自己置于致命危险中，等于向成鸟发出了可靠的饥饿信号，并用生命要挟成鸟们以更快的速度为它们提供食物。

动物王国中的教学

我个人特别感兴趣的一个帮助行为是教学。教学被普遍认为是一种典型的人类活动。也许并不明显，但教学的确是一种合作形式的体现：教师们不遗余力地帮助学生们习得重要技能或获得重要知识。教学行为并不总是发生在像教室这样的正式场合，无论是通过给予机会,还是通过积极的指导和反馈,帮助他人学习的过程发生在地球上的每一个社会和每一种文化中。教学是我们学习阅读和写作等技能的方式。不仅如此,教学在文明的累积中也起着至关重要的作用,随着时间的推移,社会和技术的复杂性不断增加。只有当每一代人都能站在上一代人的肩膀上,不必白手起家地不断重造技术或者重新发现重要的事实及专业知识时,才能实现这种棘轮效应(ratcheting effect)。众所周知的事实是,教学对人类社会的进化至关重要,在 2006 年之前,它一度被认为是人类独有的,而且是把人类与其他物种区分开来的行为之一。

现在我们知道,事实并非如此。事实上,在动物王国里教学行为的例子很多,但它们总是出现在我们想象不到的地方。当我们想找个和我们差不多的近亲时,总是会想到类人猿。然而,尽管有充分的证据表明年轻的黑猩猩善于从母亲那里学习技能和技巧,例如,使用石器来打破坚硬的坚果壳,但没有确切的证据证明,母亲真的是在积极主动地传授技能。

那么,为什么黑猩猩的此类行为不算教学呢?要理解其中的原因,我们必须更全面地思考教学的本质和目的是什么。教学是一种特殊形式的帮助行为,就跟其他的帮助行为一样,教学也是有代价的。当投入带来的好处超过了代价的时候,教学行为就会被进化所青睐。说到黑猩猩,在这方面之所以找不到令人信服的例子,很可能只是因为教学的代价超过了好处。年轻的黑猩猩是有效的社会性学习者，它们通过观察和行动来学习，似乎不需要导师积极主动的指导。[7]用石头打碎坚果，或者用棍子从蚁巢中获取白蚁，这两种技能都曾经被作为黑猩猩教学行为的例子，都是能通过反复尝试独立习得、无师自通的技能，即便年轻的黑猩猩们偶尔出了错，也几乎不会有什么危险。教学能够带来的好处也是值得怀疑的，因为坚果和白蚁对黑猩猩来说是相对小众的食物。在大多数情况下，黑猩猩以水果和树叶为生，这些食物不需要特殊的处理技能就能轻易获得。[8]因此，黑猩猩母亲即便教授了这些雕虫小技，也不太可能产生诸如增加其后代的生存概率或繁殖成功率这样功在当代利在千秋的作用。

以这个视角来看待教学行为，有助于解释为什么自然界中最令人信服的实例并没有发生在我们人类近亲的身上，而是发生在最讲究性价比的物种中。黑猩猩每天摄入的绝大多数卡路里来自容易获取的食物，如水果、树叶，而早期人类占据了更复杂的觅食生态位，他们必须依靠那些需要取出的，如埋藏的块茎、硬壳内的坚果或者狩猎的食物。这些更复杂的觅食技术需要时间和技巧来学习，仅仅通过观察是无法轻松获得的。觅食技能的学习难度高以及人类生存的要求高，这两"高"结合在一起，可能共同导致人类与其他人类近亲的差异性，也就能够解释为什么人类教师辈出，而猿类不行。

然而，事实上，第一个将人类从教学王者位置上击败的物种，不是灵长类动物，不是哺乳动物，甚至不是鸟类，而是一只小小的蚂蚁。

帮助者的角色

2006年，奈杰尔·弗兰克斯（Nigel Franks）教授及其同事的一项研究结果震惊了科学界，他们发现切胸蚁们会互相传授通往食物源或新巢穴的最快路径。蚂蚁们本可以采用带路的方式，毕竟只要有一只蚂蚁见识广博，能带着那些搞不清楚状况的蚂蚁往目的地走就行了。但是，被领着走的蚂蚁只作为跟屁虫是学不到找路的方法的，为了记住路线，一只蚂蚁必须自己走到目的地，路上还要经常绕绕小圈子，以便熟悉沿途的各种地标。引领者充当的是导师的角色，它会自己慢慢地走，留出时间等学生们自己多探索几次，直到它们成功抵达为止。一旦学成出师，这些蚂蚁自己也能成为教师。[9]

迄今为止，在某些物种中，人们还找到了其他令人信服的教学实例，但值得注意的是，在非人类的灵长类动物中，一个例子都没有找到。[10] 狐獴是高度合作的一种獴，就像斑鸫鹛一样生活在卡拉哈迪沙漠的大家庭中。与许多合作繁殖的物种一样，独揽繁殖大权的还是一对占统治地位的配偶，它们的下属则充当了帮助者的角色，而这些帮助者的一项工作就是当老师。狐獴老师们通过提供奄奄一息的猎物，以实景演练的形式教导幼崽如何处理危险的猎物，比如蝎子。如果处理得当，蝎子就是一种优质的午餐食物。然而，蝎子的尾刺富含足以杀死人类的毒素，如果处理不当，它就是一个潜在的致命对手。幼崽们练习处理蝎子的机会很少，而且危机重重，要想让它们掌握此类技能，必须加以教导。

事实也正是如此。狐獴幼崽在很小的时候就会被投喂刚刚猎杀的新鲜猎物，这时候它们还无须依靠任何技能。然而，随着幼崽年龄的增长，老师们开始提高难度，比如，提供一只受了重伤的壁虎或者一只去掉了尾巴的蝎子。最终，老师们会为年轻人提供鲜活、完整无缺的猎物。这些课程使幼崽们有机会以相对安全的方式练习处理那些活蹦乱跳、暗藏杀机的猎物。狐獴课程的成本很高，因为要给幼崽搞来活的猎物需要更长的时间，而在这个过程中猎物很有可能逃脱。如果帮助者们的唯一目标是让小家伙们吃得饱饱的，那么直接提供猎物的尸体将会更高效。然而，对狐獴来说这一切都是值得的，让幼崽们磨炼狩猎技能所得到的好处远远超过了为此付出的努力。[11]

教学的效用

只有当学生能学到原来不知道的东西时，教学才有价值，如果学生已经胸有成竹，还在教学上花精力就是白费功夫。但是，教师们如何推断学生们已有的能力或知识呢？人类的教学行为往往需要依赖语言和洞察力来感知"学生们知道什么"。在心智理论的范畴内,这种"知其所知"的能力是一系列认知超能力的一部分。在很长一段时间里,人们一直认为,发生在动物身上的教学行为也需要具备这些认知超能力,而正是这种认识阻碍了我们找到非人类的教学实例。到目前为止,在我曾经提到过的所有例子中,没有一个是发生在具备这种能力或者特别聪明的物种中的。事实上,亚历克斯·桑顿(Alex Thornton)和凯蒂·麦考利夫(Katie McAuliffe)曾经巧妙地展示过,狐獴老师采用了非常简单的启发式方法来为幼崽们量身定做课程,它们不是靠跟踪观察幼崽来了解它们的能力,而是简单地基于幼崽的年龄来调整课程难度,而年龄不同的幼崽乞求的叫声是不一样的。为了证明这一点,桑顿和麦考利夫通过扬声器播放幼崽乞求的叫声,尝试欺骗狐獴老师。事实证明,它们很容易被愚弄,因为它们经常会跑过去,在播放叫声的扬声器前扔下食物。听到年长幼崽叫声的狐獴常常会带来更多完好无损的蝎子,而那些被年幼的幼崽叫声吸引的狐獴,经常带来的是猎物的尸体或者去过刺的猎物。所以,狐獴确实会教学,但显然和人类的方式有所不同。从更宏观的角度来看,我们发现,尽管许多物种采取了迥然不同的认知路线,但只要在生态学上说得通,就仍能达到与我们人类相同的行为终点。

在挖掘其他有说服力的案例时,考虑教学行为的效用非常重要。这么说来,猎豹也可能采用了与狐獴大致相同的方式来教导幼崽。这说得通,试想一下成年猎豹的压力有多大:捕杀猎物必须成功,而且充满风险,牛羚或瞪羚的一记踢腿就可能会造成严重的伤害甚至危及生命。猎豹通常是独行侠，与成群结队的狮子不同，它们不会分享其他个体捕获的食物。想吃东西，就只能自己上！此外，猎豹体型不算很大，也不算强壮，做不到依靠蛮力一击致命。相反，猎豹猎杀的方法是死咬住猎物的颈部，而如果受害者顽强抵抗，猎豹闷死猎物的过程有时甚至长达十几二十分钟。要学会如此精确的杀戮技巧，练习必不可少，于是猎豹妈妈就像狐獴一样给幼崽提供了学习的机会，而且同样会提供受伤但还没有完全断气的猎物供幼崽练习。如果你有一只宠物猫的话，要是你在厨房里看到一只没有完全死亡的老鼠，就说明你可能已经被动地成为类似课程的学生了，这极有可能是教学行为的又一个例子。

教学行为的本质

在研究斑鸫鹛时，教学是我早期观察到的行为之一，尽管当时我并没有意识到这一行为的本质。[12] 我一直在观察一个新栖息地里的鸟群巢穴的喂食情况，收集有关谁负责喂养雏鸟和多长时间喂养一次的数据。当雏鸟长到大约 11 天时，我开始注意到成鸟喉咙中会发出"咕噜"声。几天后，我重新造访鸟巢，观察到当成鸟发出这种咕噜声时，雏鸟马上就会积极地回应，即便雏鸟还看不见在下层树枝上的成鸟。这是我得到的第一个迹象，表明雏鸟可能已经学会了将咕噜声与喂食成鸟的到来相联系。如果是这样的话，那么这可能是证明鸟类也会教学的第一个例子。尤为重要的是，成鸟甚至会以巴甫洛夫的方式实施训练，让雏鸟学会将叫声与送餐行为联系起来!

当然也不能排除其他可能性。最明显的另一种解释是，雏鸟对成鸟叫声的反应不是后天习得的，而只是发育到了某个时间点就会自然而然出现的。如果雏鸟没有学到任何东西，那么这就不算是个教学的案例。我觉得值得验证一下，于是便开展了一系列实验，自己身体力行地充当雏鸟的老师。我的假设是，如果雏鸟在后天才学会了响应成鸟的呼叫，那么提供额外的课程应该可以让它们学得更快。而如果我错了，雏鸟发育到一定程度就必然会出现对这些呼叫的回应，那么我提供再多的外在干预也无济于事。

为了给雏鸟们开小灶，我首先录制了成鸟发出的咕噜声。然后，我把一个小扬声器用透明胶带固定到扫帚的末端，再送进鸟巢里面，然后播放这些咕噜声，这样我就能够在与巢穴大致相同的高度进行播放了。我选中了6个鸟巢来开办我的补习班，在每次喂食的时间段里向雏鸟播放咕噜声。我开始上课的时间比成年斑鸫鹛稍微早一些，从幼崽第9天到第11天时就开始上课，还有6个对照鸟巢，实验步骤完全相同，不同之处仅为，不管是不是喂食时间，我将随机播放呼叫声。关键之处是在第11天时，雏鸟们听到了咕噜声会如何反应。我料想，上过补习班的雏鸟会做出反应，把脑袋伸出鸟巢讨吃的。而对照组中的雏鸟由于没有学会将叫声与送餐联系起来，预计不会看到什么回应。这正是我发现的，说明斑鸫鹛雏鸟的确可以学会把咕噜声与喂食联系起来，这不就是成鸟负责教会它们的嘛。

不过，这个斑鸫鹛的例子有点蹊跷。对于狐獴和猎豹来说，课程的价值显而易见，学习处理猎物是一项至关重要的生存技能。然而，斑鸫鹛雏鸟学会的，无非就是将随意的呼叫声与送餐行为联系起来，而这个雕虫小技远没有生存技能那么重要。后来我发现，这种训练是一个精心设计的骗局，是成鸟用来欺骗雏鸟的小小诡计。[13] 我们早前曾经发现，成鸟不得不想尽办法让雏鸟从巢穴中跳出来，跟大鸟群相比，规模较小的群体会怂恿雏鸟早几天飞出去。问题是雏鸟们并不愿意离开安乐窝，这就是咕噜声的意义，雏鸟被调教后，一听到咕噜声就能联系到食物要来了。为了让雏鸟离家并开始飞翔，成鸟尽管没带食物，也会在离巢穴稍远的地方发出咕噜声。不过，雏鸟们并不知道这一点。听到成鸟们喊它们吃饭，它们便群情激昂地爬到巢的边缘，最终冒险迈出了第一步，而且这还真是第一"步"，此时它们羽毛刚长全，还不会飞，经常从高处掉下来。只要雏鸟们羽翼渐丰，成鸟就会继续使用这些"善意的谎言"来诱使雏鸟跟着它们，要么飞到晚上睡觉的树上去，要么远离捕食者。因此，教学行为是斑鸫鹛的众多适应性特征之一，目的在于让年轻一代学会应对到处都是捕食者的环境。

类似这样的研究过程非常艰苦，需要长时间耐心的奔走和观察，重复又单调。但是，如果我们想更多地了解这个星球上的其他物种，那就必须全心全意、不遗余力。假设一个外星人开展人类行为研究，在过去几个小时里一直在观察我①，他可能会得出这样的结论：我们人类是一个久坐不动的物种，常常会忽略后代，一味专心致志地盯着发光的屏幕。为了真正理解人类行为的丰富性，外星观察者必须坚持下去，在不同的时间、不同的环境中观察我这个人类。当我们想更多地了解其他动物的社交生活时，道理也如出一辙，因为如果不这样做，就有可能提出人为的、片面的观点。

通过几项对动物行为长期切实的研究，我们对包括斑鸫鹛、狐獴和狒狒在内的许多有趣物种的合作方式有了更多的了解。这些研究颇有价值，因为它们揭示了人类与其他社会性的生物之间有多少共性，还凸显了合作行为在形式和复杂程度上存在着多样性。正如我们在斑鸫鹛身上看到的那样，合作常常意味着个体要做形形色色的事情，如留神捕食者、保护巢穴、为后代提供食物和帮助。但是，合作偶尔也会导致个体变得不同，通过永久的、不可逆转的改变，个体将更好地承担帮助者的角色。下一章，咱们拭目以待。

---

① 仔细想想确实后怕，说不定外星人就在身旁。

第8章
长寿的祖母,人类的合作繁殖机制

有的海盗凭借残酷的手段和蛮勇,千古留名;有的则靠聚敛财富,万古流芳。而这位船长早就决定,要想永垂不朽,只有一个办法,那就是耗着别死。[1]

——特里·普拉切特(Terry Pratchett)
《魔法的颜色》(*The Colour of Magic*),1983 年

家庭生活紧张忙碌，有太多工作需要去做了。工蚁的日常工作可能包括保卫蚂蚁窝免受攻击，或者看管地下的菌类农场，以及从捕食者的嘴中拯救姐妹。狐獴家里的帮助者可能会充当哨兵，时刻监视着捕食者，也可能会在洞穴中照顾新生的幼崽，甚至会自己产奶来喂养这些幼崽。凡是社会性的物种，通常都具有领地意识，出力捍卫领地、防止恶意邻居入侵，也是群体生活中的分内之事。

当有很多事情要做时，只专注于特定活动的个体效率可能会更高。专业化带来了规模经济，这就是为什么快餐店"快"的原因。在麦当劳里，你看不到工作人员忙忙叨叨地什么都干，恰恰相反，每一个较大的任务都细分给了不同的专门角色。有人负责收银，有人整理订单，有人炸薯条，有人做汉堡，还有人整理餐厅并打扫。分工是工厂装配线建设的基本原则，在工厂里，每个人都完全专注于某一项小任务，这比每个人都尝试做所有事情更有效率。

在社会性物种中，工作量分配的方式大同小异。在每个群体中，都有一些比较勤奋的个体，也都有一些比较慵懒的个体。在少数物种里，个体在生命的不同阶段将从事不同的工作。在蜜蜂群中，蜂巢里较安全的内勤工作由群体中的年轻成员完成，而像觅食这样更危险的外勤任务则留给了年长的成员。从蜂群的角度来看，失去一只半截入土的老蜜蜂，跟失去一只年轻的蜜蜂比起来，更加无足轻重。原因很简单，年轻的蜜蜂还可以为集体贡献更长的生命。

年龄不同、角色不同，这在合作性的社会中很常见，反之，那些劳工角色的个体，终其一生只专注于一份工作的现象则比较少见。[2]我们可以找一些例子来仔细研究一下，在社会性最强或"真社会性"的昆虫物种中，如在蚂蚁、白蚁和无性系蚜虫中间，我们可以看到让人咂舌的情况。在一些蚂蚁物种中，工蚁变形后唯一的工作就是引爆自己。这些自杀式炸弹袭击者只是一种高度专业化的工蚁，存在于一种名为自爆蚂蚁的蚁群中，这个名字还真是恰如其分。如果受到攻击，自爆者会爆裂腹部，向目标喷洒有毒的黄色黏液。一些像是长着喷头的白蚁也会如此，工蚁的头部充盈着令人讨厌的液体，有需要时就可以喷射敌人。在蜜罐蚁的社会中，工蚁可以变为活的食品店，它们的身体后端充盈着蜜汁，身体会肿胀到无法移动的地步，如果轻轻地抚摸它们的腹部，就会激发其分泌储存的蜜汁作为姐妹们的食物。最近的研究还表明，一些蚜虫能够发展变形为"创可贴"，其工作就是通过爆炸来密封任何裂缝，原理就像我们体内的细胞形成结痂以封住伤口一样。

我们已经发现蚁群和多细胞生物很相似。工蚁的分工和身体细胞的运作方式如出一辙，而且分工都是终身制的。就像你心脏里的某一个细胞不能改弦更张、决意变成肝细胞一样，一旦蚂蚁成为自爆者或活蜜罐，它就没有退路了。事实上，我们只有在超级社会性的昆虫身上才能看到这种至死不渝的承诺，因为这些社会是作为一个超级有机体在运作的，而不仅仅是多个聚合在一起的个体。[3]

然而，在一个社会性物种中，有一种活动的角色常常是由不同的个体分担的，即繁殖。确实，就像许多合作繁殖的物种一样，在卡拉哈迪沙漠的斑鸫鹛和狐獴群体中，往往只有一个繁殖对。但是，处于帮助者角色的个体并不是完全放弃了自身的繁殖权，它们只是将其延迟了而已。它们拥有全套繁殖器官，只不过由于占支配地位的繁殖对从中作梗，或者它们根本无法接近繁殖伙伴，所以得不到繁殖机会罢了。因此，帮助者实际上是候补的繁殖者，它们对此仍保持着开放的心态，静观其变，等着有一天它们也可以获得梦寐以求的繁殖机会。

然而，的确也存在着更极端的情况，也就是帮助者及繁殖者的角色早已命中注定，它们的生命轨迹从出生的那一刻起就有了天壤之别，那些天生的王位继承者将专为"首席繁殖者"这个重要的使命而生。在一种群居物种东非白蚁当中，女王是个怪异、臃肿的大块头，体型是为她服务的纤巧工蚁的 30 倍以上。蜜蜂女王的个头能够生长到工蜂的两倍大，这样才能让它每天产出超过 1 500 个卵。巨大的身躯使她无法飞行，只能困在蜂巢里。而当蜂群准备成群迁移的时候，工蜂们还会设法让女王锻炼、节食，其方法有减少喂食，或推着女王到处溜达等，这样女王就可以瘦下来，一直瘦到能飞离蜂巢为止。

与斑鸫鹛和狐獴群体中的候补繁殖者不同，白蚁及蚂蚁社会中的工蚁们本来就是绝育的，这意味着就算是给它们机会，它们也无法繁殖。任谁都会觉得这是一种很大的牺牲，如果我们命中注定像现代太监一样生活，一定会愤愤不平，甚至还会勃然大怒，因为这样一来，生命唯一的目的就只是给那些天选之人做铺垫。然而，有些物种确实采用了这种奇怪的生活方式，而且，人类就是其中之一。我们甚至对人类社会中将自我转变为不孕个体的现象起了一个特定的名字，即祖母。

更年期，重要的转折点

自从有了孩子以后，我就意识到，自己在父母心目中的受宠排名持续滑落，就像新近流行歌星的一夜爆红一样，孙辈们已经升到了排行榜第一名。三世同堂，其乐融融，但这里面有一个进化难题，那就是人类祖母离寿命终结还早着呢，为什么这么早就丧失了生殖能力？

地球上几乎没有任何其他物种在丧失繁殖能力之后还有如此长的寿命。在大多数物种中，包括我们所有的灵长目表亲，个体会持续繁殖或者尝试这样做，直至死亡。与任何其他类人猿物种不同的是，人类有自己独特的方式，人类母女的生育周期几乎没有重叠。相反，女儿生育活跃的时期与母亲经历重大生理转变的时间恰巧重合，那就是更年期。虽然有时候，我们会哀叹这段时期意味着老年即将开始，或许还能感觉到自己正在变得人老珠黄、有心无力，但我想提供看待这个问题的另一个角度，那就是更年期是女性生活中的一个重要转折点，它服务于一个特定的目的，即改变繁殖方式的时候到了，我们要从一个繁殖者变成一个帮助者。[4]

由于医疗保健和生活方式的改善，人类的寿命不断延长，但更年期可不是由此引起的、人为定义出来的一个时期。在大多数社会中（如果不是全部的话），即使在缺乏技术或现代医学的人群中，更年期也都发生在50岁左右，随后就是人类的生育后寿命了。这种现象也包括当代的采猎者，甚至也包括历史上的高死亡率人群，如18世纪居住在特立尼达的种植园奴隶。更年期的年龄段也是可遗传的，随着工业化社会中越来越多的女性将生育时间推迟到生命的后期，更年期似乎也出现得越来越晚[①]。

[①] 更年期到来的年龄也受到环境因素的影响，如体重指数BMI和吸烟等因素。有趣的是，最近的证据表明，频繁的性生活和更年期的较晚开始有关，这表明当身体"知道"没有怀孕的情况时，更年期可能会更早到来。[5]

透过生理学上的表象，我们仔细分析一下就会发现，更年期不仅仅是正常衰老过程的一部分。人类女子出生时大约有 200 万个卵泡，每个卵泡能够产生一个卵子。卵泡的数量是逐步下降的，到 20 岁时，女性平均剩余约 10 万个卵泡，到 35 岁时则约为 5 万个。[6] 如果按此推断，即使维持这种下降速度，普通女性在七老八十的时候也应该能够继续繁殖。但女性大约到了 38 岁左右，奇怪的事情发生了。从这时起，卵泡的数量以不断加快的速度急剧下降。在 50 岁左右时，女性的卵泡水平会下降到正常月经周期所需的最低阈值以下。

更年期的产生机制很清楚了，但这还是没有回答"为什么"的问题。为什么女性在近 40 岁时会经历生育能力非线性的急剧下降？为什么女性执意要进入不育状态，而这看起来似乎意味着繁殖生命的终结？

年长女性的让步

回答这些问题，需要采用进化的视角。我们将会意识到，更年期是数千年来进化之战的结果，而这场战争发生在婆媳之间。在很多无聊的笑话中，婆婆们都是被嘲笑的对象，但殊不知你把婆婆当笑柄，婆婆笑你看不清。

虽然科学家还没有完全解决这个问题，但我们有充足的理由相信，在人类祖先的扩散迁移过程中，女性是受到优待的。[7] 换句话说，育龄期的女性往往和她们的"丈夫"（这个词比较宽泛，我指的是男性繁殖伴侣）及其家人一起迁徙，而不是反过来。随之而来的一个重要后果是，年轻女性（妻子）可能与她的婆婆一起争夺有限的、抚养孩子所需的资源。通过研究工业化之前的人类历史数据，我们可以感受一下这种竞争带来的影响。在芬兰，教会对 17 世纪至 19 世纪 50 年代初的婚姻、出生和死亡人数进行了详尽的记录。这些记录最初是出于税收目的而保存的，而现在，这些记录超越了原先的目的，歪打正着地具有了更大的研究价值，能够帮助我们理解自然选择是如何作用于历史上的人口数量的。这段时期内，避孕药、现代医学等先进发明还没有出现，这倒使对人类适应性的评估没那么复杂了。数据表明，当一位祖母和她的儿媳一起生育时，她们所有的孩子都麻烦多多。[8] 代价非常沉痛，因为当育龄女性之间存在竞争时，儿童存活到 15 岁的概率少了一半。不过，婆媳二人同时生育的现象也是非常罕见的，在超过 500 位祖母中，大约只有 30 位与儿媳同期处于繁殖活跃的状态。在大多数情况下，我们看到的现象仿佛是利他主义的表现，在繁殖资源的竞争中，年长女性向年轻女性做出了让步。但是，祖母们缩短自己的繁殖期，并让年轻女性不受阻碍地生育，她们这么做又能得到什么好处呢？

其实，只要想想年轻、年长女性与彼此后代之间的关系，就能想通这个难题。一方面，婆婆对她的儿媳妇生下的任何孩子都有既得的遗传利益，前提是只要能确定这些孙辈的确都是儿子亲生的。[1] 而另一方面，妻子在婆婆生下的后代中没有得到任何遗传利益，这就是所谓的亲缘关系不对称，而且婆婆处于下风。如果祖母自己的生育会影响到孙辈的利益，那她自然就没有动力再去生儿育女了。反过来却不是这样，年轻女性的基因根本不在乎自己的孩子可能给婆婆及其儿女带来的任何麻烦。由于这种亲缘关系的不对称，祖母更有可能在繁殖斗争中做出让步；相反，对她的回报体现在了孙辈身上。一旦祖母在生理上处于不育的状态，她就可以全身心地投入帮助抚养孙辈。祖母们得到的回报都是实实在在的，而且这些回报也都有利于延长祖母繁殖后的寿命。在进化之战硝烟散尽的时候，祖母们貌似做出了让步，但实际上是不是更加成功了？

由于我们所能接触到的只是记录出生、死亡和婚姻的数据，所以很难确切地推断出祖母们究竟是如何帮助孙辈生存下来的。祖母们很可能充当了知识宝库的角色，传递了从母乳喂养到给婴儿治病等一切重要信息。在某些文化中，祖母还能亲自哺乳喂养孙辈，甚至自己产奶。祖母也是一个额外的帮手，可以帮着照顾那些仍依赖大人照顾的孩子，这使母亲可以从事其他工作，如觅食和有偿劳动

---

[1] 芬兰的历史数据在这点上的确定性可能会非常大。因为在那里执行严格的一夫一妻制，婚外通奸会受到严厉处罚。从全球范围来看，亲子关系误判的比例很低，平均中位数为 1%～2%，芬兰的数据因此具备可比性。

等。所有这些，都有助于提高婴儿的存活率。

选择性力量的制衡

这些数据还体现出另一个普遍的模式，原来祖母和祖母还不一样。通过对26个数据库（包括历史上的、现代的自然生育人口的数据）的研究显示，与父系的祖母（奶奶）比起来，母系的祖母（外婆）对于孙辈的生存影响最大。[9]这有点令人困惑，我们都知道女性倾向于在丈夫家中生孩子，这似乎意味着父系这边的祖母会承担繁重的儿童养育工作。这个进化之谜的答案来自另一个教会的数据库，这次是加拿大人，其相关数据中记录了17世纪和18世纪魁北克及其周边地区的法国定居者的生活。数据显示，即使女儿们离开家去生孩子，外婆仍然能够帮忙，只要女儿们不要搬得太远。而母亲和女儿之间距离越远，女儿后代的存活率就越低，这可能是因为外婆也鞭长莫及了吧。因此，普遍模式似乎是这样的，婆婆和儿媳之间的冲突解释了更年期的演变，同时，不再生育的祖母将精力转向与她们亲缘关系最确定的孙辈，那么，女儿的孩子和儿子的孩子，自己与谁的亲缘关系更确定呢？当然是女儿的孩子啦。

假如因为女性可以给孙辈们带来好处，所以她们的生育后寿命被延长了，我们可能又会问，为什么祖母们不能活得更久些呢？她们为什么还会死呢？[10]在回答这个问题之前，一定要先摒弃一些看似理所当然的论调，那就是人们死亡的原因是老朽。衰老的过程不仅仅在生物学意义上是不可避免的，它还处于自然选择的控制之下。如果让我们活得长一点且不被老年疾病困扰，而且由此真的带来了足够的适应性优势，那么我们或许的确会拥有更久的健康寿命。然而，当进化看不到我们未来的价值的时候，衰老一定会发生，而一旦启动，自然选择也就不大会仔细维持及监管人类基本的生理机能过程了，比如说，细胞分裂。试想一下，校对一份根本没人会读的文件，有什么必要呢？

那么，为什么祖母们不能永生呢？最近，对同一份芬兰数据库的分析表明，在进化意义上而言，祖母只在孩子生命的最初几年有用。而且，大多数祖母想帮助的孩子，都是在她大约 75 岁之前出生的。过了这个时间点，祖母不仅对孩子的生存没有任何帮助，而且实际上会成为一种负担。进而，这些不利影响成为对那些有利于延长寿命的选择性力量的制衡因素。最终，祖母们不再被选中继续活着，她们还是撒手而去。

没有更年期的男性

看到这里，你可能会对男性的情况产生好奇。有迹象表明，男性睾丸激素会随着年龄而下降，在老年的时候已不太可能成功吸引女性并与之交配。然而，男性不会经历明显的更年期，其生殖能力更不会像女性那样戛然而止。那么，当祖母们已经丧失生育能力的时候，凭什么祖父们仍旧可以保持他们的生育选择？祖父在孙辈的生存中扮演着什么样的角色？这是一个新兴的研究领域，目前还没有真正的共识。尽管在少数研究报告中有一些例外情况，但一般来说，祖父对孙辈长期生存的影响不如祖母。如果这样解读的话，男性为什么还要活这么久，这就开始有点令人费解了。在一夫一妻制的社会中，当妻子进入更年期时，男人的生殖生涯就应该也相应地结束掉才合理。如果祖父对孙辈的生存不是特别重要，那么他们为什么还能获得额外的寿命呢？

一种可能性是，即使男性的妻子进入了更年期，他们仍然可以找到新的繁殖伙伴。从芬兰数据库中得到的数据可以看到，虽然离婚不会被批准，但如果配偶去世，人们还是可以再婚的。与丧偶妇女相比，鳏夫再婚的可能性是寡妇的 3 倍，而且当他们选择再婚时，他们总会娶一个年轻些的妻子。与再婚妇女不同，超过 90% 的男性再婚后生育了更多的孩子。跨文化研究也表明，至少在一些社会中，即使男性进入暮年，他们在繁殖市场上的价值仍然相当高，特别是那些已经在一生中积累了相当多财富的男性。在这样的社会中，例如，以图尔卡纳人、提斯曼人为代表的园艺及畜牧社会中，男人在 60 多岁，甚至 70 多岁时对年轻的妻子还是很有吸引力的，而且也能继续生孩子。事实上，男性能够以相对较低的成本繁殖，在生命后期继续生孩子的话，还有可能继续积累自己的适应性优势。因此，这或许可以解释为什么男性也能长寿，而且无须经历生理上的更年期。[11]

不老的动物女王

因此，我们的社会生活不仅塑造了我们的生理构造，甚至还决定了我们的寿命。在一些社会性最强的物种中，自然选择已经让衰老的时钟看起来几乎完全停摆了。社会性的白蚁和蚂蚁群体中的蚁后通常能存活10多年，比工蚁的寿命长100倍左右，就算是这样，它还能日复一日地喷出成百上千个卵。从这个角度来看，用人类的寿命来类比的话，蚁后能活到7 000岁，而不是区区70岁。

另一种似乎非常长寿的生物是具有社会性的鼹鼠。按照任何人的审美标准，这些鼹鼠都是一个看起来很奇怪的物种，它们小小的，眼睛眯着，一对啪啪作响的发黄板牙，从它闭合的嘴唇外侧向前伸出。[12] 尽管达马拉兰鼹鼠凭借着算不上多的皮毛显得稍微讨人喜欢一些，它们无毛的表亲裸鼹鼠就更像是长着牙的人类阴茎。加拿大儿童保护中心在2017年开展了一项运动，试图阻止十几岁的男孩向其他人发送自己的生殖器照片，作为替代方式，儿童保护中心建议他们可以发送这种"又长又细又肉质"的动物的照片。第一个抓到裸鼹鼠的人对它的外表感到非常震惊，于是他认定自己抓住的是其他物种，而且还是个得病的个体。直到13年以后，这个误解才得到纠正。

尽管外表奇特，但鼹鼠一定是地球上最招人喜欢和最值得充分研究的动物之一。我甚至独自进行了短暂的研究，但后来研究被终止了，原因是没有足够的空间来容纳研究所需的大型玻璃结构，以及我必须承认我的无能和对处理鼹鼠的轻微恐惧。为了抓住一只鼹鼠，同时还不能失去手指，处理者需要眼明手快地迅速抓住鼹鼠的尾巴，而与其说是尾巴，还不如说是伸出尾部不超过几毫米的小凸起。鼹鼠的视力可能很差，但它们对空气运动有着惊人的感知能力，例如，它们能感受到一只正在接近的手，并且它们能够以极端的角度向后扭动脖子，然后用牙齿咬住来自空中的威胁。

研究人员们都比我勇敢，他们对鼹鼠家族中的两个高度社会化的物种进行了广泛的研究，即达马拉兰鼹鼠和裸鼹鼠。这两种啮齿动物一定误以为自己是蚂蚁，因为像许多蚂蚁一样，这两种鼹鼠都生活在广阔的地下社会中。达马拉兰鼹鼠群落相当小，数量不到 20 只，但裸鼹鼠群落的规模可以达到数百只。每个群落都由一个专司繁殖的女王统治，但与蚂蚁不同的是，鼹鼠王国还有一个国王。承担劳工角色的鼹鼠并不是永久不育的，但是，只要女王在场，并且群体中所有的雄性都有亲缘关系，从属的雌鼠们就会受到生理抑制，而且通常不会排卵，有点像服用了避孕药的女性。因此，大多数劳工鼹鼠在它们的一生中从未繁殖过。像蚁后一样，当雌性鼹鼠继承了王冠以后，她就开始了新的生长期。[13] 在这个过程中，她不会扩大颅骨和颅骨肌肉组织，毕竟，用牙齿挖隧道是工人的工作。她会有选择地拉长身体，通过扩大腹腔，她可以怀上更大、更重的一窝幼崽，而这些，都是为了服务于她的天赋使命，也就是繁殖。像昆虫中的女王一样，鼹鼠社会中负责繁殖的雌性也拥有更长的寿命，可以长达 30 年，而劳工们只能存活 8 年左右。[14]

这些近乎不朽的女王是否已经发现了永葆青春的长生不老药？如果是这样，她们是怎么做到的？为了回答这个问题，我们需要将"衰老"视为一种"设计特征"而不是"设计缺陷"。因为资源是有限的，生命不可避免地要涉及各种权衡取舍。[15] 如果你在银行里存了一笔固定金额的存款，任何花在繁殖上的消费，都不能同时花在维持和修复身体上。因此，一个近乎放之四海而皆准的定律是，在繁殖上的投入增加，代价就是生存率下降。同样，一般情况下，衰老源于如何进行资源的分配，也就是说，究竟是先行搞定繁殖大业，还是延迟繁殖？后者的意思是说，在生命的早期，先在生长和生存上多花一点精力，直到进行了一些初步投入之后，再来从事繁殖的工作。

而这些不老女王似乎蔑视了这一普遍规律，因为来自蚂蚁的数据表明，她们能够以惊人的速度繁殖而不会付出任何衰老的代价，而且，鼹鼠女王的寿命也比她们的劳工们长。女王的寿命长，并不仅仅是因为她们的个体质量更高，就好比在银行中拥有更多的存款，也由于这些先天资源使她们能够兼顾繁殖和长寿。实验发现，即便女王被迫产更多的卵并把她已经产下的卵拿走，结果还是繁殖这件事对她的寿命没有任何影响。一种生物，如果老而不死，居然还能繁殖，就被称为"达尔文魔鬼"（Darwinian Demon），之所以这样命名，是因为它们已经窥破了繁殖和长寿、鱼与熊掌兼得的天机。[16] 它们是怎么做到的？

更长的寿命

想让进化赋予你长寿，方法之一是尽量别死。[17] 我知道这听上去有点无厘头，就像一个蹩脚笑话中的蹩脚笑点（"如果我没死，我本可以活得更长"）一样，但事情没那么简单。由外在因素导致死亡，例如，由于被捕食或者生病，其风险会影响到寿命的演变，而这是通过造成衰老的生理过程来实现的。想想看一只果蝇，其预期寿命不长，因为它们时刻面临着被其他生物吃掉或压扁的风险。因此，果蝇采取的方式是首先解决繁殖问题，尽管这样给它的生命后期带来了伤害。即便是把果蝇安置在安全的实验室条件下，果蝇通常也存活不过几周。而对预期寿命长些的物种，自然选择将强烈地发生作用以延缓衰老的进程，并带来更长的潜在寿命。一个物种增加寿命的最有效方法之一，就是娴熟地躲避捕食者，如能够飞行。蝙蝠的寿命大约是类似大小的哺乳动物的3.5倍，小布氏鼠耳蝠和你的手指差不多一样长，却可以活40年以上。别看鸟类体型小，但不能据此就觉得它的寿命短，其实鸟类的寿命也比你预期的更长，而且会飞行的鸟类通常比大小类似的、不会飞行的物种更长寿。飞行与寿命有关，因为这相当于多了一种逃脱绝境和被捕食命运的路线。出于同样的原因，树栖物种也往往比陆地物种寿命更长。

现在你应该开始明白，为什么裸鼹鼠和真社会性昆虫中的女王会那么长寿了吧。在某种程度上，它们多出来的寿命也反映了一种受保护的生活方式，即寿命最长的蚂蚁往往生活在高度受保护的巢穴中，而鼹鼠则生活在地下深处，免受了地面上的捕食者和温度波动带来的影响。蚁后更是不用执行危险任务，如劳工们所做的觅食工作。而且，蚂蚁的社会架构决定了觅食者很少能与女王接触。出去觅食的个体最容易受到外界的疾病感染，因此它们不会与照顾后代或蚁后的工蚁们混在一起，而这些贴身侍卫们都隐藏在巢穴内部的深处。我喜欢把这些享有特权的劳工想象成在医院里工作的特别监护团队，而女王和幼崽则有点像它们照顾着的虚弱病人。如果在实验中用病原体感染觅食者，人们就会发现蚂蚁的特别监护团队会把宝贵的幼崽隔离在巢穴内更深的地方，更进一步地将这部分特权蚁群与可能感染它们的其他部分隔离开。[18]

这些安全机制有助于保护女王，但这并不是她长寿的唯一原因。我们已经看到，蚁群可以被视为超级有机体，其中大多数不育的劳工相当于构成多细胞体的细胞。这意味着蚁后的繁殖生涯可以被定义为两个阶段，即生长阶段（这个阶段，她生产不育的劳工）和"真正的"繁殖阶段（这个阶段，她生产有繁殖能力的雄性，以及新的潜在蚁后）。按照这种观点，蚁群生长的早期阶段类似于大多数单体动物经历的幼年期，在这个时期，蚁后经历了从小的幼体成长为较大成虫的过程。而蚁群的真正繁殖阶段，则对应着单体动物将专注点从生长转向繁殖的阶段。只有在开始生产具有繁殖能力的雄性蚂蚁和新蚁后之后，女王才算真正成年，并把她的基因彩票传给下一代。

在继续讨论这一现象之前，让我们暂歇片刻，停下来以更大的视野盘点一下我们目前看到的东西。到现在为止，我们开始理解合作触及和造就人类生活的无数方式。这不仅仅关乎我们做了什么，更关乎我们是谁，我们是什么。合作塑造了人类的繁殖机制，我们当中的一些人因此成了祖母。合作还帮助人类生存下去，它既给了我们切实可见的扶持，也影响了我们的预期寿命。

本书到此，合作已经成为舞台中心的主角，但我们不应该忘记冲突还在那里蓄势待发、伺机而动。在下一章中，我们将看到这两种力量如何相互作用，以及表面上爱意满满的家庭如何成为竞争和威胁的温床。

第9章
合作造就成功，也会带来失败

我对抗哥哥,我和哥哥一起对抗表哥,我和表哥一起对抗外人。

阿拉伯谚语

第 9 章　合作造就成功，也会带来失败

只要你有亲戚，你就会知道，家庭生活并非总是和谐顺意。我记得小时候曾听说过爱德华和理查德两位王子的故事，令我颇有些惶惶不安。他们是爱德华四世仅有的儿子，在 1483 年父亲去世后，这两个当时年龄分别为 12 岁和 9 岁的男孩被留给了他们的叔叔理查三世来监护。事后看来，这是一个糟糕的决定。理查三世把男孩们锁在伦敦塔里，表面上看来这是最安全的地方，两个王子中的长子（爱德华）在此等待他的加冕典礼。然而，男孩们突然间失踪了，他们的叔叔也就成了顺位继承人，自己戴上了王冠。近 200 年后，人们在塔楼中发现了两个王子的遗骸，这一发现表明，早已死去的理查三世与他的两个年幼侄子的失踪有关，他可能谋杀了他们。

家族背叛的故事在历史上不断重演，从《圣经》上的记载开始一直持续到今天。

动物中的家庭冲突

但家庭冲突并不完全只是人类的恶习。沙虎鲨的疯狂觅食是从母亲的子宫内开始的，它们尚未出生就同类相食。即使在合作繁殖的物种中，在社会一片宽容、互助的景象下，我们也能经常看到争吵和斗争。在大多数脊椎动物物种中，帮助者也是候补的繁殖者，它们期盼着有一天会继承繁殖者的地位。大多数时候，这些从属的成员根本不会与占据主导地位的繁殖者共同繁殖，因为举目四顾，大家都是亲戚。然而，如果占主导地位的异性个体是继父母，或者只是偶然碰到的外客来访，那么冲突就有空子可钻了，接下来就是磨刀霍霍。例如，从属的雌性狐獴不会和种群中的主导雄性（如果它是大家的父亲的话）交配，但不排除它们有其他方式遇到潜在的追求者。同样，从属的雄性也被禁止在种群内繁殖，但它可以溜到邻近的领地上去，试着与没有亲缘关系的雌性交配。这样的"偶遇"可以直接为从属的个体提供有利于提升其自身适应性的机会，也就是说，即便在自己的群体中缺乏交配伙伴，它仍然能传宗接代。

一只占主导地位的雌性狐獴或许无法阻止它的属下怀孕，但长袖善舞的它还有其他花招可以确保姐妹们（或者女儿）的繁殖尝试不会对自己产生影响。它经常积极主动地将怀孕的雌性驱逐出群体①。从属雌性被迫离开后，体重会迅速减轻，而且会经常流产。[1]当一个属下千方百计地真的在其家族内生下幼崽后，主导雌性会杀死并吃掉它们。每次评选"世界上最糟糕的祖母"时，借着这种残暴的行径，狐獴都是这一恶名的有力竞争者。[2] 只要自己的孩子还没有出生，主导雌性就会施展这种杀婴策略。然而，如果主导雌性已经分娩过了，那么属下的幼崽尽管依然处于竞争劣势，但通常是安全的，这是因为在这个时候，主导雌性已经无法轻易区分自己的幼崽和其他雌性的幼崽了，它不会冒着犯错的风险来残害后代。

到底谁有权繁殖？针对这个问题，其他物种找到了不同的解决方案。非洲獴生活在像狐獴一样的大型社会中，但其生活环境要相对富足一些。与只有一只雌性垄断繁殖的狐獴群体不同，在非洲獴大家族里，大多数雌性还是可以繁殖的。然而，风险仍然存在，雌性非洲獴还是有可能吃掉非己出的幼崽，并以此来阻挠其他雌性的繁殖努力，而最有可能干这件事的，正是群体中一伙占主导地位的雌性。由迈克·坎特（Mike Cant）教授及其同事领导的一项研究已经巧妙地证明了这一点，在该研究中，他们将避孕药用在了雌性非洲獴身上。[3] 受到生理抑制的雌性不会生出幼崽，因此可以识别出在群体中出生的幼崽"是不是我的"。这些幼崽是否被杀死取决于哪些雌性被喂食了避孕药。当属下们被预先下了药而不再生育

---

① 食物充足时，驱逐更为常见；在困难时期，占主导地位的雌性不能冒着失去帮手的风险驱逐她们。

时，大多数幼崽仍然存活了下来，这表明属下并没有杀死主导雌性所生的后代。但是，当主导雌性服用避孕药后，它们通常会杀死从属雌性所生的幼崽。

其实，在更自然的条件下，非洲獴是通过完美协调它们的繁殖活动来解决这个问题的，即群体中的所有雌性都在同一天分娩。[4] 没有哪只雌性非洲獴可以完全确定哪些幼崽是它的，这时候，杀死后代的抑制作用就要大得多。正如你所料，扎堆生娃这件事是由从属雌性驱动的，尽管它们往往比占主导地位的雌性晚几天交配，但它们似乎加快了怀孕速度以便同步分娩。抓紧时间，努努力早点下崽，不然亲阿姨就要来吃它们了。

亲密关系不是促进合作的灵丹妙药

因此，就其本身而言，紧密的亲缘关系并不是促进合作的灵丹妙药。如果个体可以通过与亲戚竞争甚至杀死亲戚来拓展自己的利益，它们就经常孤注一掷。群体内部的争执往往对群体效率有害，因此，建立最具合作精神的社会，需要抑制群体成员之间发生冲突。在大多数脊椎动物的社会中，让劳工们遵守秩序的任务落在了统治者身上。但这种解决方案存在一个明显的问题，那就是一个统治者能有效控制的劳工数量是有限的。

有一项研究堪称精妙，可以说明这个现象，即 20 世纪 80 年代玛丽·简·韦斯特－埃伯哈德（Mary Jane West-Eberhard）所做的一项针对哥伦比亚黄蜂的研究。黄蜂社会的结构有点像我们已经遇到的斑鸫鹛和狐獴，由女王单独承担了大部分繁殖重任，但她的两侧总是存在着想抓住一切机会产卵的候补者。通常，女王通过攻击和恐吓来制约属下的行为。但在韦斯特－埃伯哈德的实验中，她在女王的腰部绑上了一条尼龙绳，将其拴在巢穴一端的树枝上，以此来防止她骚扰属下。人们很容易想象这位刚刚被弄得无计可施的女王的愤怒，她被绳子紧紧拉住后，完全无法监管巢穴另一端胆大妄为的属下的活动，而属下们的行为和你想的一样，它们正在女王够不到或者管不着的区域产卵呢！对这个实验中的女王来说，幸运的是，尼龙绳在第五天时断裂了，她能够再次在整个巢穴中巡视，并重新开始约束雌性下属，社会秩序很快得以重建。该实验证明了，个体行使权利是受到限制的，黄蜂女王只有在她可以实际接触到属下们时才能监管它们。[5]

当一个群体采用单一个体来监管群体成员的行为时，为了避免群体在个体私利的重压下崩溃，合作所能达到的最大规模是受限的。只有当群体成员开始自我监督时，群体才会演化为社会。在多细胞生物体中，并不存在一个司令部来集中管理所有基因和细胞的行为。相反，请记住，你体内的基因和细胞形成了一种民主议会制的形态，在这种形态的基础上，基因和细胞共同压制自私分子的利益。事实证明，在某种程度上，一些真社会性昆虫的群体也更像是以一个多细胞体的方式在运作，在那里，劳工们潜在的自私行为不是由女王监管，而是由群落中的其他劳工来监管的。

到现在为止，我们一直认为大多数蚂蚁社会的工蚁是无生殖能力的"种姓"，从某种意义上说这是真的。大多数工蚁没有繁殖能力，但是在膜翅目（蚂蚁、蜜蜂和黄蜂）中，雄性也可以从未受精的卵中产生。这种性别决定的正确学名是"单倍二倍性"，其含义和字面意思相同，雄性是单倍体，即它们具有完整染色体的一半，雌性是二倍体。这导致了一些奇怪的结果，雄性有母亲，但没有父亲，并且它们自己只能生产女儿，没有雄性后代。单倍体带来了两个影响社会昆虫群内冲突的重要后果，那就是雌性工蚁可以通过产下未受精的卵来生产雄性，而工蚁们与姐妹的关系比与兄弟的关系更近。工蚁们可以自己产卵的事实意味着它们与蚁后在繁殖上会发生冲突，而亲缘关系的不对称意味着工蚁们会在某个时候试图杀死她。

为了理解单倍体如何影响工蚁与蚁群其他成员的亲缘关系，我们做了一个最简单的假设（目前先这么假设），也就是蚁后只与一个雄性配偶交配[①]，这就意味着它的女儿们是完全同父同母的姐妹，而不是同母异父的姐妹。在膜翅目中，每个精子细胞中都包含了雄性的完整基因组，所以，雄性所有的女儿都从它那里继承了相同的

[①] 在许多昆虫中，一个雄性个体一次射精后，精子可以被女王储存多年，并可以使许多卵子受精。

基因组。因此，雌性的基因组有一半（从父亲那里来的一半）与她的姐妹们相同。基因组的另一半来自蚁后，平均有 50% 的机会，雌性工蚁与姐妹们共享蚁后赋予的基因。因此，平均来看，雌性工蚁预计将与任何姐妹共享大约四分之三的基因，也就是说，她们有 100% 的机会从父亲那里继承到父系基因，有 50% 的机会继承到母系基因。这个概率相当高，拿我们人类这样的正常二倍体物种来说，同父同母的兄弟姐妹们共享基因的机会通常只有 50%。然而，雌性工蚁与她的兄弟们的亲缘关系却要远得多。请记住，雄性蚂蚁不携带任何父系基因，因此雌性工蚁不会与她的兄弟共享任何父系基因。如上所述，雌性工蚁有 50% 的概率与她的兄弟共享母系基因。因此，雌性工蚁只与她的兄弟共享四分之一的基因，也就是她从母亲那里继承的基因的一半。

用简单的一句话来概括此处的要害。如果你是工蜂或者工蚁，姐妹们对你的价值（从遗传的角度来看）大约是兄弟们的三倍，因此，你应该更希望女王产卵，由这些卵孵化出的后代，其雌雄比例是 3∶1。在某些物种中，劳工角色的个体甚至会吞下女王所产的雄性卵，以此来达到这种理想的性别比例。你可能会想起我们在第 3 章中讨论的自私的线粒体 DNA，它偏爱雌性后代超过雄性后代。对，这个类比非常恰当。

与许多群居昆虫一样，在黄胡蜂中，蜂群首先专注于增长，仅产生没有生殖能力的工蜂，然后再转变为繁殖模式，生产出分群的雄蜂和潜在的新女王。由于它们奇怪的性别决定系统,正是在蜂群生命周期的这个阶段,工蜂们偶尔会犯下最为背信弃义的行径,即杀死它们的母亲。为了理解工蜂为什么要这样做,我们必须再次考虑亲缘关系。因为雌性工蜂与它的姐妹们关系更密切,所以它与外甥(分享基因的比例 $r = 0.375$)的关系,也比它与兄弟们(女王的儿子,分享基因比例 $r = 0.25$)的关系更密切。所以,在生产下一代雄蜂的时候,雌性工蜂们更希望这些雄性由它们自己和姐妹们生产,而不是由女王生产。在黄胡蜂中,杀死女王的决定通常由一个工蜂独立发起,它第一个跳出来把女王蜇伤,受伤的女王发出警报信号,然而,她等来的却是更多对自己狂乱攻击的工蜂。[6]

女王如何化解其后代的谋杀行径呢?方法之一是滥交,也就是与许多不同的雄性交配。这样做会稀释工蜂们之间的亲缘关系,促使工蜂们更希望由女王来掌管大局和生产后代,而不是由工蜂们肆意产下雄性卵。事实上,一妻多夫制下的女王,通过这一招,把潜在的杀手后代变成了尽职尽责的奴隶,使后代们孜孜不倦地互相监督着彼此的繁殖尝试,如果有工蜂敢于叛逆产下卵,其他工蜂就会把它的卵吃掉。女王将控制权下放给工蜂的做法,使社会性昆虫的群落规模越来越大,工蜂根本无法产卵,接下来它们就真的成了一个无生殖能力的"种姓"。想想看吧,在一个姐妹们无时无刻不监视着你的一举一动的群落中,发展功能性的卵巢又有什么用呢?

这个例子还突出了一个更具一般意义的结论,我们将在本书后

第 9 章 合作造就成功，也会带来失败

面探索人类社会的演变时，再次回溯到这一点。目前为止，我们已经看到，合作创造出了我们称为"个体"的"集体"，也创造出了个体合作繁殖的稳定家族。但是，有时合作非但不会推动，反而会抑制群体向更大、更复杂的方向进化演变。回想一下第一部分的内容，我们看到癌细胞有时会联合起来相互合作，共同损害宿主生物体的利益。在本章中，我们又一次看到了非常相似的现象，即工蜂、工蚁们串通一气，团结一致地支持她们自己的共同后代，而不是女王的后代，这可能会导致社会的崩溃。因此，结论也许有些反直觉，那就是社会的稳定可能需要破坏掉某些形式的合作，特别是当这些联盟的利益与整个集团的利益相抵触之时。这是合作中会遇到的根本性的、核心的困境，而且同样适用于我们人类自己。成也萧何，败也萧何，合作既是我们共同成功的基本要素，也是我们的心腹大患。

The Social Instinct

第三部分

社交网络的扩大，大规模合作的基础

1987年，在美国得克萨斯州，一个名叫杰西卡·麦克卢尔（Jessica McClure）的18个月大的幼儿在她姨妈家的花园里玩耍时，掉进了一口将近7米深的井中，被困56个小时。对她的救援涉及消防和警察部门，多家全国性的新闻频道对此也进行了全天候的报道。公众被感动了，出于对杰西卡所处困境的关注以及同理心，他们纷纷解囊相助、施以援手，当她获救时，杰西卡已经收到了来自公众超过80万美元的捐款。

在非人类物种中从未发生过这样的事情，但为什么没有呢？当然，人类和非人类之间存在着明显的差异。其他物种没有消防和警察部门这样专门的服务机构。蚂蚁没有新闻频道，黑猩猩也和金钱没有任何瓜葛，但这些都不是最基本的差别。我们经常自愿地帮助那些素不相识之人，从不指望哪天还能与他们不期而遇，也没有想过得到什么实质性的回报。大量证据表明，我们可能是这个星球上唯一能对他人的痛苦感同身受的物种，而且，这个物种还能心甘情愿地帮他人排忧解难。

不难想象，这些特征是从人类合作繁殖的历史中演变出来的。善良、宽容、乐于助人等，这些看起来都像是有助于家庭氛围的秉性，但这并不是全部。采用家庭制的物种有一大把，它们千姿百态，但都有一个共同点，即由裙带关系维系。无论是蚂蚁、鹨鸟、蜜蜂还是鼹鼠，它们之间的互助都局限于家庭范围内。然而，人类把路拓宽了，互助的范围延伸到了家庭以外，甚至是从未谋面之人。这同时说明，能够将人类和其他物种区分开来的，是一些最重要的社会认知特征，如博爱利他、设身处地、将心比心，其他合作繁殖的物种则明显缺乏这些特征。狐獴群体中辅助抚养后代的帮助者们，会慷慨地把食物让给饥饿的幼崽，但这跟关爱之情扯不上边；蚂蚁会救助在战斗中受伤的伙伴，但这跟同理之心八竿子打不着。这不是有点矛盾吗？人类和其他合作繁殖的物种都是地球上最具合作精神的群体，但人类社会性的认知基础，却和其他物种截然不同。是什么让人类迥然不同？人类又是怎样走到这一步的？

在下文中，我们将探讨人类社会所特有的大规模合作的基础。我们必须从小处着手，一步步理解进化是如何以及为什么对超越家庭的合作情有独钟的。我们并不是唯一一个会对陌生人施以援手的物种，但我们实施这种合作的规模在自然界中是无与伦比的。之所以如此，部分原因在于我们拥有更强大的认知能力，这些能力使人类能够看得更远，远到超越自然界当下场景的限制，也能使人类想得更远，远到想象出更具合作的可能性。正是由于想象力的赋能，人类发明出了新的社交规则，从而帮助我们协调一致、齐心协力。人类得以扩大合作的规模，关键因素就是能够创造和修正人际交往的游戏规则，既能够对少数重要的人际关系加以呵护，又能够本能地信任和帮助他人，不管这些人过去或者将来是否相识。

第10章
合作还是背叛，两难的社会困境

若人人都是天使,就不需要政府了。[1]

詹姆斯·麦迪逊
《联邦党人文集》(*The Federalist Papers*),1788 年

第 10 章 合作还是背叛，两难的社会困境

"我只要带着 5 万英镑回家，就谢天谢地了。"斯蒂芬向演播室里的观众们打着手势。"如果我选择偷窃，就让那边的每个人都过来用私刑处死我。"他俯身在把两人隔开的小桌子上，两只手握着她的手："告诉你，我会选择分钱。"

斯蒂芬和莎拉两个人从不认识，他们正在玩着一个人性游戏，测试人跟人是否可以互相信任。这是展现经典囚徒困境的英国电视节目《金球》(Golden Balls) 游戏的大结局。[2] 斯蒂芬和莎拉必须决定自己要做好人还是坏蛋，同时还要弄清楚对方会做何选择。奖金可是 10 万英镑，这足够刺激了。

片刻交谈后，斯蒂芬和莎拉将举起一个金球，上面写着"分钱"或"偷窃"的字样，以此来宣布自己的决定。如果两个人都选择"分钱"，他们将每人分得 5 万英镑。但如果一个玩家选择了"偷窃"，而另一个玩家选择"分钱"，那么选择"偷窃"的人就会卷

走全部 10 万英镑回家，而如果两人都选择"偷窃"的话，那他们都将一无所获。

莎拉眼含热泪，恳求斯蒂芬相信她："如果我选择偷窃，那每个我认识的人都会唾弃我。"这时候，主持人提醒两位在最终决定前再次检查自己的球，空气中充满了紧张的气氛。当最终揭晓时，我们看到斯蒂芬信守承诺，选择了"分钱"，而莎拉举起球，宣布她打算"偷窃"。自然，她拿走整整 10 万英镑，斯蒂芬则两手空空。

人们很容易去指责莎拉自私甚至不道德，但如果考虑到一个标准的囚徒困境所涉及的各种后果，我们或许就会怀疑：假如游戏的激励机制是不鼓励合作的，那我们凭什么要做好人呢？[3] 回报本身无论是金钱、食物还是生育后代的权利，也无论利害关系是微不足道还是举足轻重，互相合作能够使双方收益最大化，而每个个体又都可能从背叛中获得短期优势，我们就可以将两个人之间的这种交往看作一个囚徒困境博弈。

在现实生活中，不管人与人的交互是一对一的，还是处在更大的群体之中，我们都面临着很多这种相似的激励结构。这种交互有时发生在熟人和朋友之间，有时则发生在萍水相逢甚至是一面之后便各奔东西、永难相见的人之间。该我洗衣服，还是让家里其他人替我干？上班的时候该骑自行车还是开车？我该让我的孩子去打疫苗，还是等着其他人打完疫苗后产生群体免疫力？从广义上讲，我们每天遇到的各种合作问题都可以冠以同一个标题，那就是社会困境。这些问题都是社会性的，因为我们做出的决定会显性或者隐性地影响到其他人。这些问题也是两难的，因为个人利益和集体利益存在分歧。而上述的激励结构，把个人利益摆在了和集体利益相抵触的位置，人与人之间的合作并非总是好事。尽管如此，我们还是经常会做出看似无私的行为，两肋插刀、造福他人。怎样才能理解这种令人费解的倾向呢？

人类为什么助人为乐

为什么会觉得费解？问这个问题的人会不会被当成愤世嫉俗者？人们只会翻翻白眼，不以为然地嘟囔着，回答说他们愿意合作只是因为真心关心他人，或者说这是好人应当做的，或者说坏人才会作弊。我并不否认这些动机是真实存在的，相反，我们甚至可以研究和量化这些动机。早期的心理学实验表明，人们在同理心的激励下，可以主动提出接受痛苦的电击，而不是眼睁睁地看着电击伤害一个"陌生人"（实际上是由演员扮演的）。经常，我们会乐于帮助他人。当你为某个人做一件好事时，你所获得的那种模糊的感觉，就如同经济学家所说的"温情效应"[4]，这种感觉也是可以被研究的。给人们以机会，让他们有机会为慈善事业汇款，同时通过大脑扫描仪检测，你就会发现他们大脑中的"奖赏"区域兴奋起来了。这块区域和人们在享受美食、性爱或者沉迷于游戏等娱乐性活动时的大脑活跃区域是一样的。在另一项研究中,研究人员给了参与者一大笔现金,并指示他们要么自己用,要么用在别人身上。结果发现,到了那天晚上,那些把钱花在别人身上的人感到更加快乐。同一组研究人员还表明,当被要求与玩偶分享饼干时,幼儿的笑容比没有被要求分享时更多。[5] 还有,在别人身上花钱,甚至还有助于降血压、改善心血管健康。[6-7]

这些实验很有趣,但并没有对人类助人为乐的原因给出更深入的解释。单单说上一句"这是人类与生俱来的"或者"人都有同理心",又或者"帮助他人令人愉悦",都不过是在语言上玩了一个小花招,把一种问题用另一个问题替换掉了而已。基于进化的角度,可以提出一个更为根本的问题,那就是:为什么人类的大脑中充满着这么多心理机制,驱使着我们做出如此代价不菲的行为?假如有这么个世界,大脑既不关爱他人,对所谓的温情效应也是无动于衷,更不追求什么品行端正,不难想象,这样的大脑超级理性、自私自利,但也不会产生合作所带来的麻烦啊!谁能说这样的世界不比那些有着更多利他行为的世界要好呢?

还有,尽管看起来人们似乎总是指望着别人的关爱,但实际上,为了促进合作,甚至压根就不需要像同理心、道德规范这样花哨的心理机制。正如我们将看到的,许多非人类的物种,没有什么道德感、同理心,照样还是找到了解决社会困境的合作之道。而且,在某些情况下,这些复杂的心理机制甚至会起到反作用。杰西卡·麦克卢尔的案例就凸显了人类心理上的一个古怪之处，也被称为"可识别受害者效应"（identifiable victim effect），即在面对个体的困境时，有些人会感到一种发自内心的、施以援手的冲动，但如果面对的是成千上万人的困境，人们反而会无动于衷。[8] 同理心只会反复，不会泛滥，它只针对那些"值得去这样做"的个体。[9] 对于那些最需要帮助的情况，同理心往往会视而不见。所以，在回答"人类为什么助人为乐"这个问题时，我们肯定不能把同理心或者道德感作为一个普适的答案。

自然选择青睐利他主义者

为了在更基本的层面上理解这个问题，我们需要了解的是：自然选择到底如何青睐那些情愿付出颇高代价帮助他人的行为？不过，在这之前，还有一件重要的事情要说明一下，以正视听。我曾经说过，某些看起来乐善好施的行为其实与实施这些行为的人的长期利益是一致的，而有时候，我会因为这个被指责为"将利他主义从利他主义中剔除"。某些捐赠者会怒气冲冲，因为我指出了他们的无私行为还可以带来顺便的利益，而这暗示着他们精于算计、一心谋私。这可不是我们很多人所感知到的、没有私心杂念的动机。

我姑且将这种实则是一种误解的反应称为"惊愕"。一个"为什么"的问题，可以有很多种答案，而进化生物学家对其中两种情有独钟，即直接的答案和终极的解释。[10] 直接的答案与人类行为的直接动机有关，这些答案可能包括具体的处境，如"我不介意帮助她，因为她是我的朋友"；也可能与人性相关，如"乔总是首先想到别人，他是一个非常善良的人"；或者来自同情心，如"她很同情外面那个在地上瑟瑟发抖的男人，于是她从车站的咖啡厅买了杯咖啡送给他"。近似的答案还包括一些很难被量化的事项，如激素因素（还记得在父本照顾中，睾丸激素的作用吗？），或许还包括大脑结构的不同尺寸，或者神经元活动的不同模式。例如，在最近的一项研究中，人们检查了一些激进的利他主义者，如将肾脏捐献给其他人的人，并与对照组进行比较，发现他们大脑的结构和功能均存在差异。在利他主义者那一组中，大脑里被认为参与了移情反应的区域更大、更容易被激活。[11] 有趣的是，在具有心理变态倾向的人群中，同样的大脑区域更小且活跃度更低。

终极解释追求的则是一些其他的东西，我们想知道这种帮助他人的倾向是如何被自然选择青睐的。终极解释有助于理解为什么我们能感知到自己的动机，以及为什么大脑是现在这个样子。但是，这些解释有时很难被接受，因为我们往往对自己行为的适应意义浑然不知。一种性状特质能够被正向选择，并不需要个体知道这种特质的进化后果。

要理解这一点，一个完全不同的例子可能会有些帮助。如果你曾有幸目睹一头狩猎的母狮子，你可能会问它为什么要去追逐黑斑羚。直接的答案可能是它饿了，或者它还有嗷嗷待哺的幼崽。终极的解释是，跟整日坐在树下的同类比起来，狩猎黑斑羚的母狮子很可能拥有更多的后代。因此，食欲就是一种进化的心理机制，可以表现为强烈的愿望，驱动着母狮子为了生计和繁殖四处奔波，而其中的关键之处在于追逐和吞食猎物。性是另一个很好的例子，发生性行为的心理动力和进化的原始需求未必一致。我们并不一定指望每一次的或者所有的性交都能够产生后代。然而，这并不能改变这样一个事实，即性行为的发生增加了繁殖的成功率。

利他主义也是如此。我们可以接受这样一种可能性，即利他主义在给利他主义者带来下游利益的同时，并不会对一个人的行为动机造成负面影响。正如进化塑造了我们的心理，给我们带来饥饿的感觉，或者让我们发现了性爱的令人愉悦之处，进化也可能塑造了令人友善、道义或者乐于助人的潜在动机，从而促使我们做出并享受符合基因利益的事情。

那么，合作的特质是怎样符合个人长期利益的呢？我们已经看到，当我们花大力气在有亲缘关系的人身上时，这样的助人行为有时会获得益处。但这并不是合作得以蓬勃发展的唯一途径，助人者天助之，有时候，进化对投入的人们还是提供了合理的回报。让我们来看看这一切是怎样发生的。

互惠原则

促进合作的最简单的机制是助人者得人助，也就是互惠原则，最初由进化生物学家罗伯特·特里弗斯（Robert Trivers）在20世纪70年代正式提出。互惠的重要性如此之大，以至于它早已成为众所周知的俗语。互通有无、各得其所，投之以桃、报之以李，己之所欲、施之与人，善有善报、好人好报，这些格言在许多文化中都能找到。在意大利语中，"una mano lava l'altra"可以很形象地被翻译为"一只手洗另一只手"，在德语中也有同样的说法，即"ein hand wäscht die andere"。在西班牙语中，"hoy por ti, mañana por mi"的大概意思是"今天为你，明天为我"。在宗教文本中，互惠原则被简单地称为黄金法则。放眼全世界，互惠似乎是指导行为的普适准则。[12] 想象一下，囚徒困境游戏不再是一锤子买卖，而是要经历多个回合，那么原本困在游戏中的玩家们的出路可就大为改观了，只要有多次互动的机会，而你的玩伴是一名互惠主义者，也就是说，只要你也这样做，他就愿意合作，那么你采取合作的态度就不会吃亏。

在自然界中，互惠并不普遍，但的确有少数物种独立地发现了这点。它们和人类一样，都存在着社会交换的需求。[13] 例如，吸血蝙蝠每天都需要一顿血液大餐，不然就活不下去，但有时找到这顿饭是个大麻烦。吸血蝙蝠过着大型聚居的生活，那些成功觅食的蝙蝠经常为当晚未能开荤的倒霉伙伴们反刍。一只蝙蝠在某一天晚上

"献血",另一天晚上就很可能获得受益者的补偿。其他物种所交换的不是血液,而是某种服务。例如,生活在珊瑚礁上的色彩亮丽的蓝子鱼,它们在觅食的时候会与一个伙伴合作,轮流提防捕食者出现。还有一个特别好的例子来自斑姬鹟,实验表明,这些鸟儿只帮助那些以前为自己出过力的邻居。尽管斑姬鹟是成对繁殖的,它们还是会经常去滋扰那些出现在邻居巢穴附近的捕食者。这可不是小事一桩,帮助邻居需要付出时间和精力,而且还有可能把自己暴露在捕食者的眼皮底下。研究人员针对它们的义举进行了调查,他们把一具假的猫头鹰模型放在一对斑姬鹟的巢穴内,还临时性地诱捕了邻居以阻止它们赶来相助。研究人员发现,几天后,就算是把猫头鹰模型放在那些"背信弃义"的鸟儿的巢穴内,他们所关注的斑姬鹟也已经拒绝向"不仗义"的邻居提供帮助了。

吸血蝙蝠和斑姬鹟们可以相对放心,因为它们将来还会与其社会伙伴们相遇,也就是说,重复性的互动行为背后的逻辑将有助于互惠原则的贯彻。然而,其他物种却不是这样。我们看看哈姆雷特鱼(又名低纹鮨),它们的伙伴关系是一次性、高风险、高回报的造鱼运动。[14]哈姆雷特鱼是雌雄同体,其性行为相当奇特:个体同时产生精子和卵子。尽管同时拥有两套性装备,哈姆雷特鱼却不能自体受精。因此,为了生育,它们需要找到一个愿意交换卵子和精子的伴侣。但是,当一条雌雄同体的哈姆雷特鱼遇到另一条时,它们面临的处境就很像是囚徒困境。每条鱼都想获得对方的卵子,又不想轻易放弃自己的卵子,因为相比较而言,卵子是两种配子类型中生产代价更高的一种。在这种情况下，任何一次性提供所有卵子的鱼都是在冒险，因为对方可以在使卵子受精后就拍拍屁股走人。

哈姆雷特鱼主要采用两种方式解决这个难题。第一种策略是将卵子分次打包。每条鱼不是一次性释放所有的卵子，而是先释放出几个，允许对方使其受精，然后停下来，等待对方释放出自己的几个卵子以后，再继续进行交换。是不是想起了一句古老的谚语"不能把鸡蛋都放在一个篮子里"？事实证明，这句话与进化的逻辑如出一辙。哈姆雷特鱼谨慎的举动，将原本一次性的交易变成了反复进行的交换。哈姆雷特鱼的第二种策略是在傍晚时分开始交配，这很重要，因为整个过程必须在天黑之前完成。因此，一旦一条哈姆雷特鱼找到了一个有意愿的伙伴，它最好的选择就是诚实地玩这个游戏，并且与对方一起释放出一批卵子，而不是在接受了一小撮卵子后就溜之大吉，寄希望于还能找到另一条容易上当的鱼。如果时间不受限，欺骗策略可能还会有效，但一个这么干过的浪子，想在天黑之前再找到另一个交换伙伴的风险很大，当天很可能没有机会得逞了。

这种将投入打成小包的策略实际上非常普遍，因为这样一来，与现有的伙伴进行交换，比寻找新的伙伴更加有利可图。例如，很多动物都会相互梳毛，清除自己够不到的地方的虱子和其他寄生虫。然而，从这些互动中，我们很少看到一个个体会长时间地对另一个伙伴过分关怀，然后还指望对方反过来对自己呵护有加。这样做的话，很容易让自己大胆、开放的举动和投入付之东流。相反，就像哈姆雷特鱼一样，梳毛的伙伴们也会以一个一个的回合来进行投入：一个先替对方梳理片刻，然后对方回报以同样的举动，等等。即使整个互动过程从头到尾要花很长时间，其中用于交换的单位投入也会保持在小得多的水平上。

相互依存

在囚徒困境模型中，一个核心假设是：自己付出，施惠对方。囚徒困境中的人们应该尽可能地避免投入这种成本，在对方欺骗时惩罚他们，在自己能够逃脱惩罚时利用对方。这个理论很不错，但是，除了我刚才举的几个例子外，这个理论似乎与我们看到的大多数自然现象都挂不起钩来。友谊就是一种典型的、重复性的互动形式，而且，在这些友谊关系里，参与的各方无论是取是舍，貌似都采用了一种更加灵活的方式。朋友之间，无须在每一次交往中都斤斤计较，也不用坚持"因为上周我买了啤酒，所以今天轮到你来请客了"，友谊看起来像是没有附加条件的帮助或者服务，不会有什么"今天你背叛了我，将来我要报复，再也不帮你了"的情况。

帮助与你毫无瓜葛的人也可能从中获利，即便这些人并不总是能够在事后报答你。为了理解这一点，让我们穿插一个无伤大雅的小插曲。想象一下，你正在一艘已经漏水了的船上，除非你和船员们一起舀水，否则船很快就会沉没。此情此景下，你的利益和伙伴们高度一致：所有人都同意，努力舀水是当务之急，没人会想逃避责任。但是，除此之外呢？你现在对伙伴利害攸关，会影响到他舀水的能力。如果你口袋里有根巧克力棒，而且它能为你的伙伴提供达到共同目标所需的能量，把它分享出来才是明智之举。这个时候，你并没有指望着他哪天会知恩图报，相反，你在千方百计地让他能继续当下的任务，因为完成这个任务不仅对他自己有利，对你来说，也会有附带的好处。

偶尔，你自己能否生存下去还取决于伙伴的存在，即便他并没有出手帮你或者与你同舟共济。继续看看上面那个沉船的例子，假如救援努力失败了，你不得不向岸边游去，如果有人同行，跟独自一人相比，你被鲨鱼吃掉的可能性就减少了一半。

当然，这个例子太扯了，但它说明了社会行为演变中一个非常重要的主题，那就是相互依存。就是说，有时，个体与它们的伙伴休戚与共，所以个体会心甘情愿地为伙伴付出，不求回报。例如，种群的规模确实在很多方面影响了个体生存和繁殖的成功率，比方说种群规模扩大，可以降低被捕食的风险，可以提升种群间发生冲突时的获胜率，等等，而这也就意味着，群居物种内总是存在一定程度的相互依存，即便身处在一个互惠不起作用的外部环境里。

自然界里有很多合作的例子，最初都被解释成在囚徒困境博弈背景下发生的互动，但把它们当成是互相依存的案例，也许会更贴切一些。前面提到的吸血蝙蝠，为运气不佳的群居伙伴们反刍血液，不是为了遵循什么一报还一报的铁律，而是因为在不可能找到食物的晚上，吸血蝙蝠需要有同伴和它们在一起。这些以需求为基础的互助和交换体制似乎也是人类进化过程中的常态，而非什么例外。时至今日，这些体制在许多采猎者的群落和其他非工业社会中仍然很常见，它们不是要取代互惠的分享体制，而是要共存。例如，肯尼亚的马赛人使用两种不同的方式进行交换。其中一种方式被称为 esile，正是我们在以互惠互利为本位的合作模式下所期望的那种策略，即每个人都互相扶助，但所有的救济都是需要偿还的正式债务。相比之下，在 osotua（字面意思是"脐带"）关系（由整个种群中一个规模小得多的子群体组成）中，每个人都不求回报地向有需要的人提供资源。在非工业社会中，食物的供给经常是小宗的、零星的，并受到随机冲击的影响。因此，这种人与人之间相互依存的关系就很普遍，是否有人雪中送炭，可能就是活下去与饿死的天壤之别。

相互依存也可以解释，为什么在某些重要的关系中，我们甚至会试图避免互惠原则。[15] 当我还是个孩子时，我记得我们在餐馆吃饭时，大人们会争着买单，这让我觉得很纳闷。而成年以后，让我惊愕的却是相反的场景，想象一下吧，你提醒朋友上次是你付了晚餐费，所以现在该轮到他们掏腰包了。其实，假如所有的关系都仅仅建立在等价互换的基础上，那样的情形才会让我们大跌眼镜，就如同没轮到我们为什么要买单，成何体统？我们还要理直气壮地指出：这次，该轮到别人破费了。

互惠原则不是教条主义，如何解决互惠的难题，解铃还须系铃人。人们不拘泥于在每一次社会互动中都患得患失，这其实是向自己的伙伴们传递出了一个不言而喻的信号，即我们之间相互仰仗，伙伴们不需要在每次交往中都平衡收支，伙伴的利益与自己也休戚相关。如果纠结于上周你给谁买了杯咖啡，所以现在他应该还回来，那你的格局就太小了，因为这意味着一杯热饮的价格超出了你和他之间的利益关系。

这表明，我们也没把咖啡之交当成好朋友。

如今，有些应用程序允许朋友们在外出喝酒或者吃饭的时候开出费用清单。这项技术的确消除了拆分账单的麻烦，但这也许又会让人不太自在。细想一下，这种不自在有着充分的理由：我们如此讲究互不相欠，无意之中，是否破坏了我们的社会关系结构？

第11章
促进还是破坏，惩罚的两面性

早晚我们全都得坐下来,面对种种后果所组成的一场盛宴。[1]

罗伯特·L. 史蒂文森(Robert L. Stevenson)
《回忆与肖像》(*Old Mortaility*),1884 年

第 11 章 促进还是破坏，惩罚的两面性

在突袭开始之前，人们聚在一起大吃大喝，并为即将到来的任务做准备。他们计划进行伏击，杀掉敌人，抢走宝贵的牲口。胜利就在眼前，人们兴奋不已，但也有人感到紧张和害怕，因为如今战斗中使用的是枪支而不是长矛，重伤、死亡的概率都很大。

图尔卡纳人（Turkana）是半游牧民族，居住在肯尼亚北部的荒凉地区。一年中，此地大部分时间持续干旱，饥饿是这里的人的常态，而非例外。人们赖以生存的是养殖的牲畜，在资源极度匮乏的情况下，他们还会入侵临近的领地打劫牲口，以扩充自己的畜群。参与这些袭击是危险的，大约一百个人当中，就会有一个人为此丧生。同时，加入这些袭击也是一种合作：从面貌可怖的敌人那里抢来的牲口和其他战利品，将分给很多人，包括那些没有参战的人。不可避免地，总有些人会由于害怕，抛弃战友，溜回营地。

懦夫向来不受欢迎。人类学家莎拉·马修（Sarah Mathew）

与图尔卡纳人开展了深入的合作，以便发现非议和惩罚等社会规范是如何迫使人们坚持战斗、不当逃兵的。在图尔卡纳人中，许多人特别是未婚女性会严厉地批判逃兵。除了被痛斥为无用的士兵外，这些懦夫还会被当成不可靠的人，更是不受欢迎的婚姻伴侣。但仅仅恶语相向还不够，有时，抛弃同伴还要受到残酷的惩罚。在战后会议上，大家将讨论如何处理逃兵，一旦确定要对这些人施以惩罚，犯恶之人的同龄者就要跳出来执行这种粗暴的正义。在图尔卡纳人的社会中，惩罚的方式是将受罚者绑在木头上击打，然后强迫其为集体祭献一头牛。体罚的目的是要让懦夫刻骨铭心地记住这个教训，在下次战斗逃跑前三思而后行。正如一位图尔卡纳人所说的："光说没用……揍一顿才能让他改改德性。"[2]

惩罚促进合作

我们在上一章中探讨的互惠策略是不大可能鼓励大家参加大规模、高代价的集体活动的，比如战争。这不仅仅是因为参加战争的人们风险很高。恰恰相反，在涉及超过两方的互动行为时，讲究互惠就好比拿着大棒子绣花。为什么呢？想象一下，你被分配到一个项目组，与另外两个人一起工作。其中一位同事尽职尽责，为了项目进展顺利尽心尽力，而另一位同事则喜欢"搭便车"，更倾向于让别人做艰苦的事情。为了恪守互惠原则，你可能会放松自己，"回报"搭便车者的糟糕行为。但是，这么做的同时，你也顺带惩罚了那位辛勤工作的同事。互惠原则可以促进两方的合作，不过在群体中，它却可能会让集体协作土崩瓦解。

为了证实这种效果，我在自己的工作场所里进行了一项研究，并把毫无戒心的同事们当成了实验对象。实验地点是部门茶水间，主要集中在厨房水槽处。任何使用过公共厨房的人都可以证明，保持水槽干净可不是件容易事。因此，干净的水槽是一项公共产品，每个人都可以从中受益，但很难维持。每个人都同意，最好所有人都清理好自己的烂摊子，但同时每个人都可能禁不住诱惑，把脏东西一丢就溜之大吉。特别是，当看到他人偷懒的行为时，最勤勉的人也会倒戈。

为了这项实验，我连续几个礼拜都偷偷进入部门茶水间，在同事们上班之前摆弄一下水槽。在某些早晨，我会把水槽洗得一尘不染，不留一丝渣滓。其他日子里，我则刻意在水槽中留下些脏东西，并留意一天下来能多出多少垃圾。尽管任何一个住过学生宿舍的人都可以预测出实验的结果，但实验结果仍然十分有意义。在"清洁日"里，水槽往往会保持整洁，但只要多出来一口未洗过的锅，就会引发一场恶性循环。当人们看到了其他"搭便车者"的遗留物后，就会觉得自己有权如法炮制，丢下自己脏兮兮的盘子、杯子还有勺子什么的。这种模式不断地重现于实验室和现实生活中，凸显了互惠原则在大型群体里的局限性。[3]

这些实地研究的方法很有趣，但为了更好地了解在严格受控的场景下，人们如何处理个人与集体利益间的冲突，我们必须在实验室里进行类似的研究。[4]"厨房水槽"的场景可以通过一个被称为"公共产品博弈"的实验来模拟，其实，这也是另一种社会困境。它与囚徒困境博弈有很多相通之处，主要的区别在于，公共产品博弈涉及多个玩家，而不是仅仅由两个人组成。在实验开始时，所有的玩家都会收到一份资金，然后玩家们可以选择投入多少在联合账户中，以及在私人账户中留下多少。任何投在联合账户中的资金都会被实验者乘上一个系数，然后把收益分配给所有的玩家，不管其中某个玩家是否在联合账户中有贡献。就像只玩一次的囚徒困境博弈一样，"欺骗"是一种有利可图的策略。任何想在这个游戏中赚到最多钱的玩家都应该在联合账户中投入资金，同时搭上其他人投资的便车。这项实验最常见的结果与公共厨房水槽的命运类似：许多人都从合作开始，但是时间长了，集体中那些"搭便车者"所获得的资金积累往往就起到了破坏合作的作用。

因此，在推动非亲缘关系的群体合作方面，互惠原则的影响范围似乎相当有限。在团队环境下，它的作用不怎么样，而且在下一章中我们也将看到，在人们不希望反复互动的情况下，或者欺骗的诱惑特别高时，互惠原则的表现也很差。事实上，如果互惠原则是我们摆脱社会困境的唯一工具，那么我们的合作空间可能会狭窄得多，只能是一个由家庭成员和重要朋友组成的核心圈子而已。

我们之所以能够扩张合作网络，源自一些与众不同的能力：我们能用新的规则或制度来玩大自然给我们的游戏。制度，犹如锦上添花，把它置于社会困境之上，人类交往的面貌和本质都能焕然一新。制度能够改变游戏规则，使每个人的最佳选择不再是欺骗和背叛，而是合作与共赢。

在社会困境中，能够改变激励导向的最重要的制度之一就是惩罚。有了惩罚制度的威慑力，合作和欺骗背后的推动力被根本性地扭转了。在大型群体中，惩罚的表现优于互惠，因为它很有针对性：既能惩罚搭便车者，又能不伤害合作者。

在 21 世纪初期，经济学家恩斯特·费尔（Ernst Fehr）和西蒙·加赫特（Simon Gächter）进行了一系列实验室实验，以研究人类是否会利用惩罚来进行自我管理。在这项实验中，研究对象是一群瑞士的本科生，学生们玩了两个版本的公共产品游戏。标准版的游戏完全符合我刚才的描述：玩家们可以选择合作，投资公共账户，也可以搭便车，把钱留给自己。惩罚版的游戏只有一点不同，即在做出决定后，学生们可以支付 1 元的实验室货币，对另一个人实施 3 美元的"罚款"。实验结果令人震惊。在标准版本的游戏中，对公共账户的投入一开始很小，并在一轮轮的投入中稳步下降，原因是那些合作的人意识到他们正在被集体中的搭便车者们剥削。因此，作为回应，他们抽回了自己的投资。但是，在惩罚版的游戏中，从一开始，对公共账户的投资就高一些，并且在整场游戏中都保持高位。这类研究表明，没有合适的激励措施，合作是脆弱的，很容易被自私自利的个人行为侵蚀，维持合作是件很难的事。

从上述研究中得到的结论是，惩罚能够促进合作。通过改变困境的结构，合作取代了欺骗，成了有利之举。尽管这个结论在广义上是正确的，但考虑到如何在日常生活中落实惩罚的作用时，我们需要牢记一些告诫。国际象棋领域里有这么一句话，"威胁比得子更可怕"，这句谚语似乎特别适用于惩罚，无论是在经济游戏中，还是在探索刑罚体系的制度化的过程中。虽然惩罚的威慑力似乎的确是促进合作的一个重要因素，但是要注意，实施惩罚既能扶持合作，也能破坏合作。[5]

"以牙还牙"的做法可能导致最初的小纠纷演变成无休止的争吵，给所有相关的人员带来损害。在实验室进行的游戏中，给玩家一个互相惩罚的选择，也常常会激发报复，而不是合作。无论是行使还是接受惩罚，都需要付出不小的代价，因此在这些环境中，惩罚往往会摧毁财富，让所有玩家都每况愈下。不管怎样，在实验室中，玩家之间产生的宿怨充其量是影响到收入，而在现实世界中，世仇可是能毁灭生命的。一个特别极端的例子是两个邻居间有一些鸡毛蒜皮的争执，像是树叶、垃圾什么的从一家被吹到了另一家，而这场争吵始于一个村庄，一直持续了将近20年，最终结束于纽约，直到其中一个邻居被对手的儿子开枪打死。由于无法缓和冲突，此时将惩罚作为一种加强合作的工具，未必能奏效，说不定还会激化矛盾。

在历史的进程中,为了约束惩罚措施的使用场景,人类社会一再地向各种规则和机制靠拢,目的都是为了限制惩罚的作用范围,如谁可以惩罚谁,以什么理由,用什么手段。对惩罚设置管束机制,与此同时,将相关工作交给独立的机构,如法院、监狱等,可以防止大规模争议,但是,现代的惩罚制度经常无法使罪犯改过自新,进而在广义上也无法促进合作。[1] 负责改造罪犯的机构旨在修复受损的关系,补偿受害者,同时向违法者提供重新进入社会的机会。不过,这些目标往往与西方的刑罚制度不一致,因为后者的重心在于严惩而非改造罪犯。严惩,可能会使人们获得心理上的满足感,但它的社会效益还是有限的。

惩罚也是一种合作形式

考虑到这些因素,我们可以给出一个保险的说法,即惩罚的威慑力即使不能把坏人变成好人,但仍有助于鼓励合作。我们稍加注意就可以发现,这只是把一个谜题替换成了另一个谜题。施加惩罚是一种成本高昂的服务。在实验室的环境下,惩罚者们自掏腰包来制裁团队中的其他成员,而在现实世界中,惩罚是由专门机构管理的,这是一种公共产品,意味着人们需要以交税的形式来支付。如

---

[1] 有可能,刑罚制度不是通过改造罪犯,而是通过阻止其他人犯下类似罪行来推动社会合作。关于刑罚制度的"普遍威慑"存在大量文献,我在这里不做深入探讨。但是我要指出的是,从历史上和当代来看,犯罪率下降和更严厉的刑罚措施两者之间,并没有联系。

果人们想自行用私刑来惩处欺骗行为，就会产生因人而异的成本，这些成本将体现在耗费的精力和时间，以及被坏人报复的风险上。[6] 不管人们的税收是用于警察局还是用于搭便车者的身上，惩罚可以加强一个群体内部的合作，但这将是所有群体成员都可以享受到的好处。按照这种思路来考虑，惩罚的确是一种对他人的伤害行为，但同时也是潜在的亲社会行为，因为惩罚者似乎是为了群体的利益才付出了代价。因此，是否惩罚他人，是一种建筑在第一层的投资游戏之上的、第二层的公共产品游戏。出于这个原因，惩罚机制有时被称为二阶公共产品，而不愿意参与其中的人又被称为"二阶搭便车者"。

将惩罚视为一种合作形式，或者一种二阶公共产品，可以让我们看到"人类合作是因为他们想要避免受到惩罚"这一论点的循环性。也许，惩罚确实能鼓励合作，而且这可能还是人类历史的一个重要组成部分，也可以用来解释人类是怎样把自己的合作网络拓展到直系亲属之外的。但是，把"惩罚"作为"人类为什么要合作"这个问题的答案，又引来了另一个难题：我们该如何解释，惩罚机制本身似乎与合作有着完全相同的成因？

答案之一是，我们显然喜欢惩罚他人，尽管这样做要付出代价。在人们抓住机会惩罚他人的时候，大脑中针对慈善行为的奖励区域也一样会亮起。[7] 一项基于"潘趣和朱迪"（Punch and Judy）木偶戏的研究表明，即便是孩子们，也乐于看到坏家伙得到应有的报应，他们甚至愿意付钱观看一个捣蛋木偶如何挨打的场景。[8]事实上，人们惩罚那些为非作歹分子的倾向是如此强烈，以至于有时候，即便没有直接卷入某些事件中，人们还是会挺身为受害者出头，这种现象被称为"第三方惩罚"。

把那些不守规矩的人数落一番，的确会让人感到痛快，但还是那个问题，为什么我们的大脑被设计成享受这些代价高昂且具有潜在危险性的行为？在大多数情况下，进化是这样塑造我们的心理机制的：危险的或者代价高昂的行动不是好事，应当唯恐避之不及。疼痛就是一种方式，让大脑告知你身体的一部分已经受损了，这样，你就可以避免进一步的伤害，并采取补救措施。饥饿则是另一种令人不爽的感觉，提醒你是时候吃饭了。相反，符合长期利益的行为往往会带来愉悦感。这可以促使我们更多地开展此类活动，尽管短期内需要投入。性，就是一个很好的例子。与其他许多物种相比，人类更倾向于认为这是一种享受。但实际上，至少在短期内，性交是一件成本不菲的事情。如果不把时间用在这方面，你可以做其他事情，这就是时间成本。性行为还可能增加得病的可能性，而且，对很多生物来说，这是一个对特别脆弱的时刻。然而，只要有性交，就有可能直接带来成功的繁殖。我们的大脑被设计成如今的方式，让我们乐于为长远考虑，自有其道理。

合作和惩罚他人似乎有点像性行为，短期投入不少，但仍可能有长远的好处。这也许可以解释为什么我们的大脑让我们愿意合作和施加惩罚。实际上，我们现在知道，惩罚者们的确可以从他们的投入中受益。我在澳大利亚海岸附近的一个小岛上进行了一组实验，这组实验属于率先展示这种可能性的一批工作之一。与该领域现有的许多做法不同，我的实验对象不是本科生，甚至也不是人类，而是鱼类。

在大堡礁上，你会发现一种名叫清洁鱼的小鱼，它们的总数量极为庞大。自2010年以来，我一直与同事雷多安·布沙里（Redouan Bshary）一起研究清洁鱼的行为。我们的研究站坐落于蜥蜴岛，这是南太平洋上的一个小岛，距离昆士兰州北部的凯恩斯大约一个小时的飞行里程。蜥蜴岛由詹姆斯·库克船长于1770年命名，得名于岛上到处游荡的、略令人生畏的巨蜥。不过，想想其他库克船长在其艰难探险过程中所取的名字，例如，苦难角或者疲惫湾，我总觉得，他一定喜欢蜥蜴岛。原因不难理解，从空中照片中可以看到，蜥蜴岛是一小块新月形的土地，周围环绕着白沙滩、珊瑚礁和蔚蓝的大海，是一个田园诗般的地方。没花多少时间，我就觉得这也是一个开展实地工作的好地方。

不幸的是，热带岛屿上的日常生活远没有我想象得那么迷人。为了彻底了解清洁鱼的行为，我们需要在实验室中研究它们。[①]清洁鱼倒是很容易地适应了它们的临时住所，并迅速学会了以涂抹在

[①] 别担心，我们最后将清洁鱼放回了珊瑚礁！

有机玻璃长条上的碎虾为食。因此，我并没有在海滩上啜饮鸡尾酒，在蜥蜴岛的大部分时间，我要么是在捣虾，要么是把自己关在水族馆里，一边提防蚊子，一边仔细观察清洁鱼的行为。

清洁鱼就像是珊瑚礁的理发师，它们各自有一小块领地，我们称其为"清洁站"，它们在那里为"客户"提供服务。客户包括生活在珊瑚礁上的其他鱼类，服务则主要是从客户皮肤表面清除外寄生虫和其他不良物质，有时甚至还会做一次放松胸鳍的按摩。对客户而言，定期清洁对健康很重要，通常情况下，清洁鱼的服务也比较称心如意。然而，清洁鱼偶尔也会"作弊"，咬下一口客户身上的黏液和鳞片等活体组织。因为这些黏液比客户身上的外寄生虫更有营养，还含有能够吸收紫外线的氨基酸，对清洁鱼来说就是口服的防晒霜。虽然听起来不是什么让人胃口大开的东西，但黏液对清洁鱼来说显然是比外寄生虫更美味的东西，如果将一条鱼麻醉，使它对被咬没有任何反应，那么对于这样的客户，清洁鱼肯定主要吃黏液和鳞片，而不是它身上的寄生虫。[9]

这样一来，清洁鱼和客户之间就出现了利益冲突：客户希望清洁鱼清除自己的外寄生虫，而清洁鱼更想吃黏液和鳞片。为了维持合作关系，它们必须解决这个冲突。从表面上看，这些小型的、栖息在珊瑚礁中的鱼类与我们似乎没有什么共同之处，但它们所面临的问题，实则与人类在大型社会中遇到的情形相似。两个物种中都存在这样的场景：个体频繁地与来去匆匆的陌生过客交互，双方如果合作则相互利益最大化，但同时，谁也避不开背叛所带来的利益诱惑。令人惊讶的是，在人类与清洁鱼这两个物种中，进化都独立地发现了相类似的旨在加强合作的机制。进化的异曲同工，折射出一个更为普适的观点：当我们要观察"类人"的行为时，不能仅仅参考物种在进化树上的亲密程度。相反，从更广泛的生态角度出发，去征询、探究何种自然或社会环境会有利于某种行为模式，在此基础上再去比较人类和其他物种的行为，往往成效显著。

惩罚看起来是维持清洁鱼水下合作机制的重要方式。为了解其背后的奥妙，我们需要研究它们的生活方式。在它们的自属领地，清洁鱼生活在由一个雄性和若干雌性组成的群体中。[①] 客户来到"清洁站"时，通常是由一条清洁鱼独自为其检查，但如果碰上体型大的客户时，雄性清洁鱼偶尔也会与它的一名女眷一起工作。

设身处地地替客户想想，你可能并不会特别待见由两条清洁鱼共同服务的场景。为什么呢？请考虑此情此景下每条清洁鱼所面临的激励机制。我们已经知道，清洁鱼更喜欢吃黏液，而非清除外寄生虫。如果有任何一条清洁鱼禁不住诱惑咬了客户一口，客户都很

---

① 有趣的是，所有的清洁鱼出生时都是雌性。像许多鱼一样，一旦生长到一定程度，它们就能够改变性别并成为雄性。如果当前群体中的雄性不见了，或者它们能够更为强势，雌性清洁鱼就会变为雄性。交配的伴侣也可以变为竞争者，这一事实进一步加剧了雄性和雌性之间的冲突。

可能气呼呼地转身游走。这就相当于午餐没了,两条清洁鱼都会因此倒霉。这就是一个水下的囚徒困境博弈。如果每条清洁鱼都试图抢在伙伴之前获取偷咬客户的好处,那就会导致一场恶性竞争。

当然,如果这一切发生,真正的输家是可怜的客户!按理说,客户应该想得到五星级的待遇,而从一对清洁鱼那里,这种期待不仅没有实现,反而会得到糟糕的服务。所以,它要对这种情况非常警惕才对。但实际上,我们看到的恰恰相反:客户从一对清洁鱼那里获得的服务要远远好于单条鱼。为什么会这样?

初步的观察表明,在一对清洁鱼服务期间,雄鱼会密切关注整个过程。如果客户猛地抽动一下,这就表明它被咬了,或者直接从清洁站跑掉,雄鱼就会摆出一副责怪雌鱼的样子。在客户离开后,雄鱼会追着雌鱼侵扰,还会试着用利牙撕咬雌鱼的尾巴。从这些现象来看,雄鱼很像是在惩罚雌鱼。[10] 看起来有些奇怪,是不是?毕竟真正的受害者是客户,而不是雄鱼。雄性清洁鱼代表受害的客户干预、惩罚雌鱼,与人类社会中存在的第三方惩罚现象之间有很多相似之处。而第三方惩罚被吹捧为一种旨在使群体受益的利他主义行为,更被认定是人类社会之所以能够崛起成为一个规模宏大、高度合作的社会的关键因素。那么,有没有可能清洁鱼也正在做类似的事情?为了探明雄鱼是不是真的在惩罚雌鱼,我们需要在实验室里详加研究。

正如我提到的，清洁鱼很快就学会了从有机玻璃板上觅食。在实验室里，这些有机玻璃板成了我们的模拟客户，可以为清洁鱼们提供两种不同的食物，即它们喜欢的虾泥和它们不喜欢的由市售鱼片制成的糊糊。清洁鱼们挑食是件好事，因为这意味着我们可以创建一个与它们和真实客户互动时类似的场景，它们会在首选食物和次要食物之间进行选择。我们训练清洁鱼的方法是，如果它们吃了鱼片，就可以继续从模拟客户那里进食，但如果它们吃了虾泥，模拟客户就会"逃跑"，这个步骤是我作为实验者的工作。此时我会利用与有机玻璃板连接的长手柄，飞快地从水族箱中取出喂食板。于是，在我们的实验中，吃鱼片就相当于吃外寄生虫，吃虾泥就相当于吃黏液，也就是在愚弄客户。值得注意的是，清洁鱼们学得非常快，用上 6 次或者更少的次数，它们就可以根据模拟客户的行为来进食了。清洁鱼们能够一点就透的部分原因是，它们每天在礁石上面对真正的客户要做出近乎 2 000 次选择，而我们在实验室里教给它们的规则与这些决策的基本特征是一致的，也就是挑不挑首选的食物。

2010 年，我的同事雷多安捕获了 8 对清洁鱼的异性组合，并把它们带到实验室，准备测试我们的惩罚机制。过程相当艰苦，在那个夏天，我花了几个星期的时间使用医用镊子将薄薄的一片片鱼和虾放在喂食板上，然后再把它们放到水族箱中，等着清洁鱼来取食。为了模拟一对清洁鱼联合提供服务的情景，我允许清洁鱼们在同一块喂食板上觅食，一等到其中一条鱼吃掉了虾泥（相当于作弊），我就快速拿走喂食板，就好比是客户从清洁站跑掉了。

在这样的实验环境下，雄鱼和雌鱼在同一个模拟客户身上觅食，因此，当与客户的互动效果不好时，雄鱼可以选择是否实施惩罚，而它们对雌鱼作弊的反应是强烈的攻击性，因而经常在水箱里追逐雌鱼。虽然雄鱼也经常作弊，但它们可以更容易地逃脱惩罚。雌鱼比雄鱼个头小，而且处于从属的位置，从来不惩罚犯了错的雄性伴侣。因此，雄性清洁鱼有点像只许州官放火，不许百姓点灯的恶霸，命令道：照我说的去做，但别管我怎么做。可怜的雌鱼经常受到雄性伴侣的骚扰和恐吓，因此常常躲在角落里。但雄鱼的惩罚似乎真的对雌鱼的行为产生了预期的效果。在受到咄咄逼人的雄鱼的责难后，雌鱼在随后的实验中往往表现得更加合作，可以抵制住诱惑，多吃鱼片，少吃虾。

但是，为了验证来自雄鱼的惩罚是否真的是雌鱼改变行为的原因，还需要一个施加了控制条件的场景，即雄鱼和雌鱼可以在同一块板子上进食，但我可以阻止雄鱼惩罚雌鱼。于是，我制作了一些透明的塑料屏障，整齐地插入水族箱内。这些障碍将每条鱼都限制在水族箱的一半范围之内，同时还能与同一个模拟客户进行交互。这种设计意味着雄鱼和雌鱼可以看到彼此，还在同一个模拟客户上一起进食，但进食结束后，雄鱼再也不能对雌鱼穷追不舍了。不出所料，雌鱼获得了豁免权，继续作弊，想吃啥就吃啥。

尽管是堂而皇之地代表客户进行干预，但雄鱼的动机远非那么无私。在雌鱼的所作所为中，雄鱼显然有着自己的既得利益。客户除了能在清洁鱼们进食时抽身而去，还会记住它们在清洁站受到的不良待遇，如果另有选择，它们就再也不回来了。于是，雌鱼守规矩，雄鱼得好处。在实验中，雄鱼在与雌鱼合作时，能吃到更多东西，与真正的客户在礁石上互动的结果很可能也是如此。

更容易赢得信任的惩罚者

回到这个问题：人类为什么会在社会困境中惩罚他人？这项针对清洁鱼的研究提供了一个不同的视角。人们常常认为，人类社会中的惩罚机制是为了保障群体利益而特制的，目的就是为了让社会更加合作、更加成功。然而，另一个简单些的答案是，无论对群体是否有好处，实施惩罚的个人都将从中获利。显然，一种获利方式是这样能获得威名。惩罚他人将表明你不容忍作弊，而人们面对你这样的对手时，更有可能合作或者屈从。惩罚也能向旁观者发出与众不同的信号，即这个施加惩罚者是个公正的人，他随时会牺牲小我、力保大众，想想罗宾汉吧。[11]

同样，实验室的实验表明，惩罚者（在实验里，是愿意付出一些游戏币，对作弊者或者搭便车的玩家处以罚款的人）在合作性的游戏中更容易赢得信任，也更有可能由于自己的英雄事迹而获得其他人的奖励。总而言之，这些研究对如下观点提出了质疑，即惩罚机制只有在促进群体合作时才有意义。这些研究还表明，在很多时候，惩罚者可能只是在追求个人利益。声誉，不仅有助于解释人们为什么要惩罚他人，还能解释人类的很多怪异举动。在上一章中，我们遇到了斯蒂芬和莎拉，也就是电视节目《金球》大结局中的两位玩家。我们能够看到，人类经常采用合作态度以维持重要的人际关系，以及避免来自他人的潜在惩罚。但不管基于什么逻辑，是由于多次反复的互动，还是基于惩罚的威胁，都没办法解释为什么斯蒂芬会做出与莎拉分钱的选择。很明显，《金球》节目的大结局是个一锤子买卖，即斯蒂芬和莎拉互不相识，他们只要做出一个简单的"分钱或是欺诈"的决定，然后就各奔前程。选择欺诈不会有什么严惩，两人的这种特殊关系更不会因此而蒙上阴影。

这或许另有隐情。即便是萍水相逢、后会无期，还有一个原因可以解释为什么人们要合作，那就是你的声誉。《金球》节目中的这个情节之所以如此受人瞩目，让人难以释怀，部分原因是大多数人似乎都比莎拉更加看重自己的声誉。如果莎拉是在私底下做出这个决定的，别人并不知情，或许连可怜的老斯蒂芬也被蒙在鼓里，出现这种结果你可能就不会大惊小怪了。问题在于，莎拉是在大庭广众之下公开行事并接受他人评价的，这就让人们更为诧异了。大多数人不会公然做出这种自私自利的行为，而是表现得好像确实在乎别人的看法，采取扬长避短的自我展示方式。看重声誉、爱惜羽毛，是被自然选择甄选出来的人类心理机制的一部分。但这又是为什么呢？

第12章
有价值的声誉，合作的信号

现在只要一看到孔雀的尾巴,我就想吐![1]

查尔斯·达尔文
1860 年

如果像我一样，你可能就会在决定买东西之前，通过 eBay 查看卖家的店铺评分。选择一家信誉良好的店铺很重要，因为我们都假设卖家不会冒着声誉受损的风险而赚快钱。简单地说，声誉是关于另一方的信息，使我们能够根据他们过去的行为去预见其未来的行为。我们根据声誉来评判他人，同时，我们也试图管理自己的形象。当自己的行为暴露在外时，我们更多地会采取合作态度，而当不太被人关注到时，我们可能就不会那么积极地配合了。所以，一个有价值的声誉是需要策划和投入的，这更像是一种长期投资。在 eBay 上，良好的声誉意味着实际的金钱回报，因为跟那些星级没那么闪亮的店铺相比，得分最高的店铺有底气为同一商品开出更高的价格。

正如你所料，通常人们会表现得充分意识到了自己的声誉有多么重要。无数实验表明，在自己的举动为人所知时，人们更倾向于做出慷慨善举。相反，如果善行无人知晓，人们的表现就不是如此了。精明的决策者可以借助这点，以低成本来推动民众向着社会所希望的方向行动。2013 年，一组美国研究人员与一家位于加州的公用事业公司合作，研究与声誉有关的激励措施是否可以提升人们对一项计划的参与度。在能源需求旺盛期间，该计划将允许公用事业公司安装抑制能源供应的设备。此前，这家公用事业公司曾向每个加入能源需求缩减计划的家庭提供了 25 美元的现金奖励。该公司确信，这一激励措施是鼓励人们参与的最简单有效的方式。

但是研究人员们却不这么看。他们建议在公寓楼的显眼位置张贴登记表，让人们可以向公众宣告自己是这项计划的参与者，同时还能够看到邻居中都有谁也加入了。令这家公用事业公司惊讶的是，跟现金奖励措施相比，允许业主们宣扬其善举的小把戏居然获得了 7 倍以上的参与度。[2] 然而，如果人们感觉不到自己的所作所为会落在别人眼里，那么效果就会正好相反，不管对某些事情的社会期望有多高，人们踊跃参与的程度都会下降。这也可以用来解释为什么有时善意的政策反而会适得其反。瑞士曾经希望通过引入邮寄选票的方式来增加选民的投票率，但效果有限，也许就是因为当公民们不再需要去投票站时，他们无法借此来积累自己参与民主的声望。[3]

同样的行为模式

我们并非这个星球上唯一会关注自身形象的物种。再次强调，清洁鱼们似乎正在步我们的后尘，试图以积极的形象呈现自己。别忘了，清洁鱼和其客户之间存在着利益冲突，客户希望清洁鱼帮它们清除寄生虫，而清洁鱼更喜欢吃黏液和鳞片。与人类不同的是，清洁鱼和客户不能坐下来讨论，客户也无法给糟糕的服务打差评。然而最终，双方之间的紧张关系却以一种惊人的相似方式得到了解决。

客户鱼可以"用鳍投票"，敦促清洁鱼们保持本分。某些客户在其栖息范围内，可以使用好几个清洁站的服务，它们不需要忍受劣质的服务。这些"挑剔"的客户就像是耍大牌的女主角：诉求一来，就要马上响应，拒绝等待。如果它们不喜欢在清洁站的所见所闻，比如，它们看到清洁鱼正在和一名客户在那里拉拉扯扯，那它一定是扭头就走，到别处去找看得上眼的清洁站。[4]

女主角们要的是差异化的、更好的服务，那就让它们如愿以偿，往往只要这些挑剔的客户一露面，清洁鱼们就会优先侍奉它们，让其他的寻常老百姓们等着。还有更令人啧啧称奇的呢。安娜·平托（Ana Pinto）在攻读博士学位期间领导的一项研究发现，当挑剔的客户在场时，清洁鱼们会格外卖力地照顾它们正在服务的客户。[5] 这表明了一种初级的、对自身声誉的关注，而这在自然界中极为罕见。人类也是到了童年中期才会开始进行有意识的声誉管理。[6] 而且，没有任何证据表明其他类人猿知道或者在乎群体成员对它们的看法。[7]

清洁鱼在乎声誉，而其他物种却不以为意，这并不说明清洁鱼在某种程度上比黑猩猩或者人类的孩子要聪明。人类有着专门的认知机制，在儿童发育过程中也会不断发展管理声誉的能力，而清洁鱼们不可能具备这样的认知能力。对人类而言，声誉管理意味着站在他人的角度看待自己，并且推断出在各种场景下人们的判断准则，以及对自己的印象将会如何改变。甚至都不需要这些场景真的发生，我们可以通过想象和推理：如果我逃税了，或者靠欺骗手段拿了个诺贝尔奖，别人会怎么看我？然后，如果这些坏事没被发现呢？这些白日梦般的推演过程对我们来说毫不费力，但实际上得到这些结论所需的计算量却很大，任何非人类的物种都无法胜任。清洁鱼不会以这种方式来实现声誉管理，相反，它们的技能更有可能基于一种更简单的联想学习方式，也就是久而久之，它们学习到如果服务质量欠佳，或者被看到自己在咬其他客户，某些客户会转身游走。换句话说，作弊的清洁鱼可能会预测到一个旁观的客户会跑掉的现象，但是，和人类不一样，它们不知道其中的原因。

在这里，我们也可以与教学行为以及其背后的认知机制做一次深入的类比。诚然，一说到教学行为，我们就会联想到知其所知、因材施教这样的超级认知能力，但其实教学并非一定要如此。像蚂蚁、鹦鹉和狐獴这样的生物都能够充当教师的角色，然而据我们所知，它们并不具备人类的思考能力。声誉管理也是类似的情况，对人类而言，它依赖于感同身受的推理能力，但也并非全都如此，比如，清洁鱼就不需要这样的能力。这似乎是自然界中另一个殊途同归的例子，人类和其他物种的认知历程不同，但最终表现出来的行为模式却是一样的。

如果没有声誉的跟踪和监测体系，那么所有人类社会都具有的、标志性的、错综复杂的双边交易系统就不可能存在。如同在囚徒困境下合作一样，市场交易是一种冒险的举动，只有当交易伙伴是合作者，而不是想占便宜的搭便车者时，交易才会带来回报。交易个体之间必须相互信任，交易本身才有价值。大多数交易行为都无法实现实时的资源交换，实际上做不到真正的一手交钱、一手交货。相反，交易往往是异步的，而这意味不管是谁先出手，都更容易被钻空子。

在餐馆里，你不用在服务员每上一道菜时就付一次钱。相反，食物是预先提供的，餐厅"相信"食客会在最后支付餐费。而在快餐店里，形式就反了过来，顾客先付款，"相信"快餐店一定会提供食物。即便我们能够找到在每次交易中都完美同步交换资源的方法，照样无法解决风险问题，原因是交易者之间存在信息不对称的情况，人们可以拿劣质产品来哄骗顾客。这可不仅仅是什么理论上的抽象概念。2013 年，英国发生了马肉丑闻，人们发现有些超市将马肉标注为牛肉卖给客户。这个例子会让我们看到：卖家（至少是本例中的卖家）会在多大程度上拿虚假信息欺骗消费者，以及一旦东窗事发，这种事情会造成多大的信任危机。①

缺乏信任，贸易的互惠互利就无从谈起。一种解决之道是将执法的工作交付给上级机构来处理，这也是现代工业化社会常常采取的方式，由各种各样的机构，包括警察局、法院等来负责逮捕、惩罚那些违反社会契约的人。诚然，这些威权机构个个都举足轻重、值得评说，但还是暂时先把这些机构放在一边。我们知道，贸易伙伴之间的信任绝不是仅仅因为这些机构的存在就能自然产生的。首先，创造出这些更高阶的公共产品本身就是一种合作形式，毕竟，警察是由纳税人供养的。如果把它们的存在作为合作的关键支柱来看待，就必然会引发一个问题，那就是怎样首先养活这些机构？更重要的是，在解决社会困境的过程中，并不总是能看到这些威权机构的身影，清洁鱼就不需要这些机构，而人类社会中也同样存在很多无人监管的自由集市。

各种官方的声誉系统也像惩罚机制一样，它们通过人为设计出来的规则，将以前信任度低的场景转化成人人都能够确信对方是愿意合作的场景。而如果没有这样的机制，就不太可能形成像Airbnb、Uber 和 Lyft 这样的平台。其实，声誉系统并不是一项现代发明，事实上在中世纪的欧洲就已经存在着相关的政策机制，为

---

① Tesco 是涉事的主要超市之一，据估计，在这次丑闻之后，其股价下跌了 3 亿英镑。

在异域滚滚运行的商业车轮起到了润滑作用。

11世纪的贸易商们在海外销售商品时,面临着一个进退两难的境地,就是他们可以亲自携带商品出行,在海外市场自行销售,也可以将这项工作委托给国外的代理商,由这些代理商代销货物。后者当然效率更高,但随之而来的就是信任问题:一个贸易商,他怎么知道国外的代理商不会拿着货物溜之大吉呢?

于是,商人公会出现了,例如,马格里布商人。[8] 这是一个只接纳最值得信赖的成员的圈子。人们只要和马格里布商人公会的成员交易,都可以确保对方是讲究诚信的买卖人。不守规矩的人会被马格里布商人踢出公会,损失就会大得多。出于同样的原因,人们本能地信任伦敦著名的黑色出租车司机。"黑车"司机们要花两年的时间来准备一个魔鬼难度的考试,那就是伦敦街道知识测试,直到对城市里各种"从A地到B地"的路线烂熟于心以后,才能被出租马车司机同业公会(Worshipful Conpany of Hackney Carriage Drivers)接纳,成为其中的一员。获得了这个独家公会的会员资格就是一种承诺,表明如果欺诈乘客,带着他们走了所谓的"观光路线",那这个会员就会被驱逐出公会,这可是件极不光彩的事情。

好声誉的信号

借助这些系统，乐于合作的人可以展示他们积累而来的好名声，但是这样的系统也容易被狡猾之人钻空子。在礁石上，清洁鱼必须与另一种看起来和它们一模一样的物种做斗争，那就是三带盾齿䲁，一种听起来比看起来更可怕的鱼。不得不很尴尬地承认，即使作为一名经验丰富的清洁鱼研究人员，我也曾经被这些模仿物种愚弄了好几天。我一直在实验室里帮着新捕获的清洁鱼们熟悉并习惯它们临时的生活方式。一天晚上，我对雷多安提到，有一条鱼的行为很奇怪，它不像其他清洁鱼那样在水箱里四处游动，而是躲在角落里度过大部分时间。

最后，雷多安过来查看这条奇怪的鱼，随即爆发出笑声，原来，我一直在为一条三带盾齿䲁而烦恼！立刻，它鬼鬼祟祟的原因昭然若揭，这种鱼大多数都是伏击者，它们躲在礁石上的小掩体内，等着毫无戒备的受害者游过，然后冲出去并用尖牙撕下一大块肉。三带盾齿䲁得寸进尺，由于看起来很像使客户信赖的清洁鱼，它就利用了这个特点，以此接近客户实施近距离攻击。

有时候，清洁鱼本身也会不诚实地诱骗客户信任它们。[9] 之前我们已经看到，清洁鱼在摄入客户鱼的黏液时，既能获取营养，又有防晒的效果。但并非所有的客户都一样，某些高价值客户的黏液营养会更加丰富些。当清洁鱼食物紧张时，它们会给旁边一条鱼做做鱼鳍按摩，并通过这种方式偶尔骗骗高价值客户，诱使它们接受与自己的互动。它们似乎发出了这样的信号："看，我正在为客户提供优质服务。你可以相信我。"但这是个典型的虚假广告，一旦有客户带着美味黏液靠近，清洁鱼们就会看准时机，唰的一下咬下一大块来。

既然声誉可以用某种信号来表达，而这样的信号可以带来好处，那一定就有人惦记着弄虚作假。别忘了，莎拉多么轻易地就骗过了斯蒂芬，最终让他颗粒无收。老话说，"光说不做假把式"，这实际上蕴含着一个生物学领域的真理，那就是容易伪造的信号往往不可靠。本质上，制造成本高昂的信号更加可信，因为要么太难以模仿，要么太无利可图。有个富有的印度商人叫达塔·普格（Datta Phuge）[①]，他因为穿着一件全部由黄金制成的价值 25 万美元的衬衫而出名。从遮身蔽体的功能来看，这件衬衫可谓是糟糕透顶，其重量超过了一个刚出生的婴儿，又不能洗，而且每当普格先生穿上它，还得雇上一队保镖。但是，就彰显财富而言，这件衬衫就非常有效了，除了超级富豪，还有谁会梦想着购买和穿上这样的衣服呢？

华丽的外表通常就是一种昂贵的信号，这意味着身体健康，没有隐疾。在自然界中，最容易让人联想到的物种就是孔雀，其炫耀

[①] 普格先生在 2016 年的金钱纠纷中被谋杀。

之技已经到了让人受不了的地步。雄孔雀的尾巴跨度为 1.5 米，重约 300 克，但似乎除了能让雌性对它崇拜得一塌糊涂外，别无他用。但大小并不是一切，我们都知道，重要的不是你拥有什么，而是你拿它做什么。光有个大尾巴，可不见得能把所有的雌孔雀都招回家来。要这么简单就好了！一只狂热的雄孔雀为了追求雌孔雀，必须进行一场激情洋溢的表演，它不仅要以恰如其分的频率让尾羽持续震动几分钟，还要摆好姿势，以恰到好处的角度，使尾羽上色彩斑斓的眼斑在阳光下闪闪发光，让雌孔雀看得如痴如醉。这种金玉其外让它显得很诚实，因为只有你真的有底气，才会采取这种极端的手段，小公鸡就免了吧。孔雀的尾羽会让达尔文感到恶心，因为他无法将这种看似浪费的尾巴与他的自然选择进化论协调起来，但对雌孔雀来说，这可是一个关于未来夫君的关键信息。通过谨慎地挑选交配对象，雌孔雀也会获益不浅，选择羽毛最鲜亮的雄孔雀，它们就能生出质量更高的后代。

昂贵的信号并非只是体现在尾巴上，瞪羚在被捕食者追逐时的保留节目"径直起跳"也起到了类似的作用，展现了它们从危险中逃脱的高超技艺。雏鸟活力四射的乞食也有类似的原因，这本身从理论上就限制了雏鸟假装饥饿、向父母谎报军情的动机。首先是直接成本，如果为了讨要食物，所消耗的卡路里超过了从满满一嘴食物中能获得的能量，那就不合算了。其次是间接成本，只要自己多吃一口，兄弟姐妹们就会少吃一口。就算是弟弟妹妹们还没有出生，父母少吃一口，就相当于它们少吃一口。吃饱了的雏鸟或许会"宁愿"让兄弟姐妹们多吃一口,而不是拼命地、不诚实地演戏,以保住自己一口不少。对,你预料得不错,如果雏鸟们跟父母或者将来的兄弟姐妹们没那么亲近,那它们弄虚作假的可能性就会增加。

澳大利亚的造园鸟们甚至建造了微型的景观样板房来吸引雌性,邻居们要是造了什么特别可爱的亭子,它们也会统统捣毁掉,以消除竞争。雄鸟们一丝不苟地把它们造的亭子打理得整整齐齐,还装饰了雌鸟们喜欢的物品,如浆果、贝壳,甚至玻璃碎片,这些装饰品都被放置在显眼的位置,以确保能够吸引雌鸟的眼球。就跟上文中提到的没有实际用途的黄金衬衫一样,造园鸟的样板房也不是用来居住的,不管是雌鸟还是雄鸟都不会住在里面。这座奢华的宫殿仍然是一个昂贵的信号,雄鸟借此向雌鸟示好,以增加自己的繁殖成功率。

我们人类为了提升自己的声誉,也会诉诸相同的原则。我个人的大部分研究都旨在揭示人类显而易见的、对声誉的痴迷,以及这如何使我们倾向于在社会交往中展现友好的一面。我想再次强调,这绝不是在暗示人们会在合作之前总是或者经常推算好有哪些回报,就好像一个母亲在给一个哇哇大哭的孩子喂奶之前,还会算计一下这会对孩子的生存有多少好处一样。要承认,人类表现得像是对声誉很关心,但并不是说,所有乐善好施的举动都是以博取声誉为目标而精心策划的结果。

意愿比能力更重要

通过研究社会行为给声誉带来的后果，可以更容易地理解为什么人们会投入时间和精力去做一些令人费解的事情。为什么采猎者还会费心去打猎呢？只采集不行吗？对大型猎物的狩猎其实是一种高风险的觅食策略，在坦桑尼亚的哈扎人当中，据估计，猎人们出去打猎的成功率不到 3%。成功率低也就算了，猎人们很少能把捕获的肉食全部或大部分留给自己，相反，这些肉食是与其他家庭分享的，人人有份，而且很大一部分都流向了部落中非亲非故的人。澳大利亚托雷斯海峡群岛上的原住民米亚姆人中的男性会从事一种耗时长、风险大、代价高的活动，也就是在环绕海岛的浅礁上捕捉海龟，这仅仅是为了在召开公共宴席或者仪式时，将他们珍贵的猎物献给部落全体享用。[10] 假如最大限度地获取热量是决定是否狩猎的唯一考量，那么人们根本不用这么费劲，更好的选择是采取风险较低的策略，去采集或者加工那些更容易获得的食物就可以了，而不是花那么多时间在常常无功而返的狩猎上面。

分享合情合理：大型猎物的肉很丰厚，远远超出一个家庭在食物变质之前能吃掉的份量，与其全部都留在自己手里，还不如留在那些你经常要打交道的人的肚子里。你尽可能地帮助邻居，下次当他们有肉的时候，也会回报你的恩惠。这样做等于分散和降低了风险，但降低风险并不能解释一切。首先，在这样的机制里，最好的猎人往往贡献大于所得。如果完全依赖这种机制，那么到底谁打猎分肉，谁从中受益，其中存在的不平衡从本质上来说是变化莫测的。此外，即使降低风险可以部分解释分享肉食的原因，但仍然解释不了，为什么人们会优先以大型猎物为狩猎对象？

或者可能性是，狩猎这种活动，可以让猎人们拥有自己的某种信号，也许最明显的信号，就是他们作为猎人的技能，以及与此技能相关的身体素质，如上肢力量、认知能力或者视力的敏锐程度等。2018年的一项研究似乎支持了这一观点，该研究表明，在哈扎人部落中，最出色的猎人在一系列测试中也表现得更好，这些测试与狩猎技能有关，如射箭打靶、辨识不同鸟类和哺乳动物的叫声等。[11] 尽管如此，研究人员仍然不相信人们参加狩猎是为了炫耀技能。之所以产生怀疑，第一个主要的原因是，狩猎能否成功是高度随机的，很难将狩猎结果与猎人的潜在能力联系起来。第二个主要原因是，许多猎人不跟大家在一起时，会吃掉他们所捕获的不少东西，或者在天黑以后偷偷地吃肉以逃脱分享，这说明，不管他们往宿营地里带回来什么，都不能用来证明他们捕获的猎物是什么，也因此不能代表个人的技能如何。最后，尽管人们似乎的确知道一群人中最好的和最差的猎人都是谁，但要说到那些中等平庸的猎人，他们就搞不清楚。如果每天花6小时在炎炎烈日下跋涉、狩猎，但只有头等猎人能够得到好处，那么那些排在后面的中低等的猎人们图什么呢？

将肉食带回宿营地，人们发出的信号不仅代表他们的狩猎技能，还有他们的合作品质。通过宣扬他们有福同享的意愿，个人将获得尊重和声望，因此，分享能带来社会地位上的好处。地位，很可能是能换来进化优势的硬通货。来自世界各地、各类群体的数据表明，地位能够被用来可靠地预测男性的成功性交次数、后代的出生数量和存活数量。猎人们越慷慨，就越可能受益于更大的社交网络，以及从中获得的更多支持。在巴拉圭的阿切部族中，当人们生病或者无法获得食物时，其中那些曾经分享过更多食物的人，更有可能获得帮助。这点对所有的猎人来说都是一视同仁的，无论他们打猎的本事如何。人们经常会看到一种模式，那就是声誉最好的是最慷慨的人，而不是最能干的人。[12]

在西澳大利亚州的马尔图，女性们通过捕捉诸如巨蜥、野猫这样的活物，担负起了合作狩猎的重任。待她们凯旋之后，人们聚集在公共篝火旁分享晚餐。每当一块烤熟的肉从火堆中被扒拉出来后，那个捕获它的人就会首先得到。但是，接下来的不是人们将肉据为己有，而是一个仪式化的交换过程，所有的人都不断地从其他人那里收到或者分出肉，直到所有的肉都差不多均匀地分布在火堆周围，此时和谁抓住了猎物已经没有关系了。再分配之后，最常见的，也是刻意为之的结果是，斩获最多的猎手收到的肉反而比其他人略少一些。又一次，人们愿意交往的是那些最慷慨的而不是最厉害的猎手。凭着她们的大方行为，猎手们投资于社会资本，建立了自己在有需之时可以借助的人际网络。

人们关注的信号不仅是这个人是否优秀,还有慷慨与否。毕竟,在社会上,最好的伙伴不是有能力帮助你的人,而是那些愿意拉你一把的人。我与同事帕特·巴克利(Pat Barclay)合作的一些研究表明,声誉是建立在慷慨之上的,而不是基于绝对的财富或者实力。我们的研究始于上文中马尔图发生的场景:有一些猎手,自己很优秀,但很少与他人分享战利品;也有另一类人,他们打猎技能马马虎虎,但不管打到什么猎物,都与他人分享。这样的两类人,你会选择跟谁交往呢?我们把这个场景变成了一个实验室游戏,并得以证明,在这个问题上,人们优先考虑的确实是对方帮助他人的意愿,而不是他们的能力。实验中,人们必须做个二选一的选择:一个仗义的穷人,他会与参与者们分享奖金的一半;或一个吝啬的富人,他拿的奖金多而分的少。我们发现,人们更乐于与前者交往,即便选择后者作为伙伴意味着可能会在游戏中赚取更多的钱。[13] 实验室的结果与实地研究的结果是吻合的,说明在分享这件事上,人们更重视伙伴的意愿而非能力。在现实社会中,能力可能是相当多变的,所以人们有此偏好也是可以理解的。在采猎社会中,即便是最优秀的猎人,打猎的失败率也很高。同样的,财富也总是在流动,没有固定的主人。因此,手中之物是什么、有多少并不重要,尽可能地分享才是更重要的。

男性的合作信号

我还对另一种可能性很感兴趣,那就是合作的信号也许能用来吸引异性。我们已经看到，男性可以通过展示其慷慨大方的品性来提升社会地位，但是，女性真的关心这一点吗？现有数据表明，她们确实关心。20世纪80年代末以来，有一批科学家很关心男女在性伴侣选择倾向上的差异，他们从调查问卷、速配网站、个人广告甚至"邮购新娘"那里积累了大量令人印象深刻的数据。这些努力都是为了测试男性和女性寻求性伴侣的标准优先级是否一样。最后发现，无论时代、无论地域，结果都惊人的一致：男欢女爱，各有所求。有些品质是男女都适用的，如善良、忠诚，但男性通常还会重视生育能力（也就是年轻）和美貌，而女性则优先考虑对方的地位、财富，更喜欢年龄稍大的、更有钱的或者更有"钱"途的。[14]

根据上述这些已经被证实的结论，我和经济学教授莎拉·史密斯（Sarah Smith）一起启动了一个研究慈善捐赠行为的项目。慈善捐赠完全可以归于"令人费解的亲社会行为"。顾名思义，慈善捐赠涉及你的投入，而且你也肯定不想让受益人偿还。那么，在这里互惠是不起作用的。但是，就和狩猎一样，你之所以会有此种亲社会的善举，至少部分原因在于捐赠者会得到个好名声。让我们再进一步，问问人们是否会争相夺取名声，会不会因此像参加比赛下注一样，试图超越彼此？

再来看看孔雀吧，这可以帮助我们理解信号在竞争中的作用。孔雀靠着华丽的大尾巴和煽情的摇摆舞，的确吸引了雌性的注意力,但是,你可能会想,为什么要这么大的尾巴?难道就不能只留一半大小?虽然照样很昂贵,但至少没那么夸张。它真的要大费周章、昂首阔步、矫揉造作地把尾巴弄得沙沙作响吗?难道就不能简单地向雌孔雀露一下,发出"看看我"的信号,然后就收起尾巴吗?答案在于供求关系中的经济力量。一般情况下,一只雄孔雀能够与几只雌孔雀都拥有后代。这意味着,从理论上讲,一个种群里雄孔雀当中的一小部分可以获得大部分的繁殖份额,而其他雄性则一无所获。所以说,雄孔雀是否能繁殖成功,取决于能否讨得雌性的欢心,而雌性关心什么呢?你猜对了!它们就喜欢雄孔雀的奢侈秀。如果它们愿意选择尾巴最大、表演最炫的雄性,那么自然选择就倾向于能够放大这些特征的基因,直到雄孔雀的尾巴大到了极致、再也挥舞不动为止。只要存在这样的竞争机制,越是夸张的信号就越会蓬勃发展,究其原因,这与信号持有者的传宗接代休戚相关。

事实证明,人类当中也存在着选择的力量。无论是性感的尾巴,还是善心的捐赠,其背后的逻辑都是类似的,如果女性更倾向于那些能够展示自己的富有或者慷慨的男人,而这又导致了谁的慷慨名声响亮、谁的繁殖成功率就高,为善事者子孙兴,那么交配市场内的竞争就会引发场外的慷慨大战逐步升级,就跟雄孔雀的尾巴越来越大如出一辙。

为了测试这个想法,我们选择了在线筹款平台,就是那种人们为了慈善筹款挑战而使用的平台（主要是缠着他们的朋友、家人还有其他打过交道的人）。每个筹款人都会创建和维持一个个人筹款网页，在上面公告他们的挑战，如参加马拉松、铁人三项什么的，以及他们的捐款目的和预期。最重要的是，在筹款页面上可以看到已经收到的所有捐款，以及每个捐赠者的捐赠金额。因此，要寻找是否存在我们所设想的竞争，这种筹款网页是个好地方，因为潜在的捐赠者可以看到谁以前已经捐过了、捐了多少。有了这些信息，捐赠者就可以决定自己到底要拿出多少钱来。

我们预计，男性最有可能加入这场慷慨大战，特别是当看到前面有一位男士的大额捐赠纪录的时候。但是，信号可能比这更微妙些。对筹款网页上的任何一个捐赠活动来说，最受关注的人一定是筹款者本人，所以，我们猜测男性会对筹款网页的主人是男是女更在意，当筹款人是位漂亮的异性时，他们最有可能不断增加自己的捐款额。[15]

测试一下吧！我们使用了 2 500 多个在线筹款网页的数据，这些网页是由 2014 年伦敦马拉松的参赛者们设立的，每个筹款人都上传了一张自己的照片，我们将独立地根据这些照片打个"美貌分"。然后，我们再来查看筹款页面上的金额。首先要确定的是，后续的捐赠者是否会注意前期捐款的金额。是的，即使每个网页上的平均捐款额是 20 英镑，只要出现一个 50 英镑或以上的大笔捐款，也会使随后一系列的捐款出现 10 英镑左右的上升，因为新来的人都把自己锚定在一个新的基准线上了，而小额捐款起到的则是减少后续捐款金额的反作用。

到目前为止，我们猜得还不错。但是，竞争呢？别忘了，我们预测的是：男性最有可能参加这项比赛，而且当筹款人是位漂亮女性时，这点应该表现得最明显。验证一下吧，我们查看了大笔捐赠出现后的情形。所谓大笔捐赠，定义为至少捐赠 50 英镑，或者至少是该页面上平均捐赠金额的两倍。

我们设想，男性会对这种信号反应迅速，但只有当另一个男人在美貌女性的筹款网页上捐出了大笔金额的时候，其他男性才会蠢蠢欲动。结果实验验证了这点，在"雄孔雀"的场景下，男性的捐款规模几乎翻了两番[1]。重申一下，此结果不应被视为男性以刻意、算计的方式做出了这样的决定，也不应被视为慈善捐款的目的就是为了博取好处，但是，这的确让我们了解了人类对声誉的关注，以及这种关注如何塑造了助人为乐的社会氛围，还有这种现象的原因。

尽管证据表明人们会为了维护或者提高声誉而行事，但在你读

---

[1] 但是，女性呢？在研究中，我们也在寻找女性参与竞争的证据，但没有找到。这并不意味着女性不重视地位和声誉（别忘了马尔图的女猎人），而是女性采取了不同的策略来达到目的。

到这儿的时候,很可能半是惊讶、半是怀疑。当然,人们在意别人的看法,没人愿意被当成一个大混蛋。但是,对声誉的关注不能成为我们做出善举的唯一原因,不管是分享食物还是捐出善款。人们经常在别人无法知晓的情况下做好事,有时候甚至还刻意隐瞒。例如,在我刚才提到的筹款网页上,人们可以匿名捐款,而大约有12%的捐款人会这么做。[16]为一种亲社会的行为付出了代价,然后再放弃本来可以得到的声誉上的好处,这似乎不可理喻。虽然貌似有悖常理,但我认为,人们隐瞒善行的举动仍然可以用对声誉的关注来诠释。下一章中我会解释其中的原因。

第13章
隐瞒善行，声誉的提升

显然，人类已经进化到了可以拒不承认自己进化出了自私的基因的地步。[1]

理查德·D. 亚历山大（Richard D. Alexander）
《人类社会行为的挑战》(*The Challenge of Human Social Behaviour*)，2006年

2014年，humblebrag（谦虚牛皮）一词被添加到牛津在线词典中，其定义为：一种表面上谦虚或者自嘲的声明，其真实目的是引起人们对自己引以为傲的东西的关注。现实生活中，谦虚牛皮经常表现为虚伪的抱怨，就像说"减肥太多了！没衣服穿了！"或者"压力太大了！申请了6份工作，结果全给我了邀约！怎么办！"，或者假装谦卑的吹嘘，比如说"真没想到！我这种书都能成为畅销书！"。还有一种谦虚牛皮是有话不直说，但还是要告诉人们自己是多么优秀。就像下面这条真实的推文："我只是做了些非常无私的事情而已。但更重要的是，我没有吹牛，我知道从长远看，这对那个人意义非凡。"

看到这样的话语，很多人会哭笑不得。大言不惭地宣称自己多么卓越过人，通常会招致怀疑而不是附和奉承。即便是年仅8岁的孩子，也会对在公开场合自吹自擂的说法心存怀疑，反而会对闷声做好事的人大加赞赏。通过针对成年人的实验发现，当他们在社交网站上宣扬善行时,其慷慨的名声会"掉价"。奥斯卡·王尔德说得好,"世界上最好的感觉就是先匿名做件好事,然后让人们发现"。

对上述这些现象,都有一个不尽科学但容易被人理解的说法:人类生来就是谎言检测器。[2] 我们不会基于表面上的现象来采取行动,相反,我们总是想着揭开盖子,看看藏在行为下面的思想、动机、执念和欲望。人类管理声誉的能力源自我们的一项独特潜能,即我们能从他人的角度观察世界,并能够揣测别人基于自己表现出来的言行会怎样改变对自己的看法,也正是利用同样的认知技能,我们能够试图理解他人的所作所为。

这种社会认知能力相当复杂,从针对幼儿的研究中可见其端倪。人类孩子并非生来就有能力推断他人的精神状态,感到尴尬或者有羞耻感更不是什么天分。相反,孩子们是在发育的过程中逐渐学会将心比心的。在 5 岁之前或者 5 岁左右,孩子们并不真正了解或者关心他人的看法,也并不在乎自己的声誉。[3] 只有到了大概 8 岁时,孩子们才开始充分理解到言行会塑造自己在他人眼中的形象,也开始从私人动机的角度来理解他人的亲社会行为。相比之下,黑猩猩从来不会去采取什么策略来维护自己的名声,更不用说揣摩其他黑猩猩的善举背后是否有什么动机了。

不同的声誉管理体系

正如我们已经看到的,人类和清洁鱼以完全不同的方式来管理自己的声誉。清洁鱼极不可能具备人类的认知能力。但话又说回来,清洁鱼们可能也不需要,因为它们完全可以通过试错的方式学习到如何与客户打交道,而且每天都有数千次与客户的互动,清洁鱼们有很多学习机会。换句话说,清洁鱼们不用搞懂客户的心思,也能够学到偷奸耍滑没有好处这一点,它们只要两两在一起,就能知道如果偷吃黏液的话,某些客户就会游走。人类会读心,清洁鱼不会,认知机制上的差异带来了两个物种不同的声誉管理体系。

例如,因为我们知道善行同时也会给行善之人带来好处,所以我们才会去推测,这些善举是不是为了追求好口碑或者更高的威望,当然如果是这样,人们也常常不会明说。有时,奉行社会合作的人占据了道德制高点,尽管他们背后的动机毫无问题,他们也会遭受抵触和嫌弃。例如,纯素食主义者遭到肉食者的无情嘲笑和贬损,甚至还有挖苦性的死亡威胁。的确有一个很多人都知道的笑话[1],但纯素食主义者不太可能会出于混个好人缘的目的来选择素食。减少肉食,在道义上是站得住脚的,不仅仅是因为这样可以减

---

[1] 2018年,维特罗斯(Waitrose)旗下杂志《食物》的前编辑威廉·西特韦尔(William Sitwell)因发送的一份内部电子邮件而辞职。他在邮件中开玩笑说,他想刊出一篇专题文章,名为《杀掉纯素食主义者,一个接一个》。问:你怎么知道谁是纯素食主义者?答:简单,他们会自己告诉你的。

少动物的痛苦，还因为不吃肉食被认为是有助于减少个人碳排放最有效的一个可改变生活的方式。那么，为什么人们不但不为纯素食主义者们叫好，反而乐此不疲地诋毁他们呢？

不过，纯素食主义者们可以感到一些宽慰的是，我们在实验室这种高度抽象的场景中也发现了"做好事被嫌弃"的现象，这可跟人们吃什么、不吃什么一点关系都没有。[4] 例如，在公共产品游戏中，规则是人们可以把自己的钱投到一个属于集体的储钱罐来合作，也可以通过把钱留给自己来欺骗他人，而组员们经常会反映他们不喜欢投钱到集体储钱罐最多的人，还说如果可能的话，他们想把这个人踢出小组。当被问到为什么会对这样的人心怀敌意时，人们会说，"其他人和他都不一样，他让我们看起来都像坏蛋"，还有，"如果还有其他人和他一样，那很好，但如果只有他这么干，那就是他错了"。当有机会时，有些人甚至会付钱惩罚他们团队中最为合作的成员。最初，这种"反社会的惩罚"被看作一种实验中的异常现象，因而研究人员未对之加以考虑。[5] 但是，在世界各地的各种实验条件下，程度不同的此类现象被一再发现，还被当成了实施惩罚者在游戏中提升个人地位的一个工具。唉，无论怎么玩游戏，说来说去还是事关地位。

善行背后的动机

考虑到这一点，像匿名捐赠这样的事情就变得合情合理了，因为在网页上，远超过其他人的捐赠可能会引起不必要的关注。[6] 在 2014 年，我也使用了在线筹款网页进行研究，发现匿名捐赠的现象并不是均匀分布的。相反，也许你已经想到了，相比网页上已经捐赠的数额，当人们进行非常小额或非常大额的捐赠时，更有可能选择匿名。为了避免被视为吹牛皮，人们也会选择不说出自己捐款的事实，即便人人都知道，把捐款纪录发布到社交媒体上，可以从捐赠者的社交网络中引来大批新的捐赠。回到 2010 年，筹款平台 JustGiving 就发现，在分享到该平台的筹款网页上，每一个 Facebook 的"赞"都大约相当于 5 英镑的额外捐款。受这些统计数字的鼓舞，JustGiving 团队试图推动捐赠者们在捐赠后立刻向他们的朋友分享筹款页面，但是人们似乎觉得分享他们的善举有些尴尬，并不愿意在这样一个公共论坛上自吹自擂。

为了鼓励捐赠者们在社交媒体上分享，JustGiving 团队进行了一项实验。他们暗中控制了向捐赠者展示的信息。最无效的提示信息是邀请捐赠者公开祝贺自己，如"你很了不起，分享你的捐款吧""你还有其他朋友也在关心此事吗"，这类提示同样也是应者寥寥。想知道效果最好的提示语是什么吗？"分享网页，帮你的朋友筹集更多的钱"这个信息之所以有效，是因为它既允许人们宣扬自己的善行，又给出了一个正当的理由，让人们觉得自己是在帮助朋友，而不是在炫耀。简单的措辞变化，就使得捐款者分享到 Facebook 的可能性提升了 28%，一年内就带来了 300 万英镑的善款增量。这个投资回报比真不差。

因此，我们看到，做好事并不是提升声望和地位的灵丹妙药。人们往往会去推断善行背后的动机，有心行善，虽善不赏，过分的慷慨会被视为争名夺利，而不是心底无私。这种"动机不纯的利他主义"效应，可能会产生一些严重偏离最佳结果的后果，特别是那些将盈利和慈善相结合的个人或公司。[7] 以 Pallotta Teamworks 为例，这是一家筹款公司，宗旨是"让人们尽其所能"。该公司由丹·帕洛塔（Dan Pallotta）于 1982 年创立，开创了为慈善事业筹集资金的新方法。帕洛塔并不是要筹款人去尽力筹集任何可能的金额，而是要求人们参加独特的为期多日的活动，如"乳腺癌三日行"，并承诺为此筹集四位数的金额。在 9 年时间里，这种方法为慈善机构净筹集了惊人的 3.05 亿美元。然而，Pallotta Teamworks 存在一个严重的公关问题，那就是它是一家盈利性公司，本身并不是一家慈善机构。2002 年，随着丹·帕洛塔 6 位数的薪水、公司收入等信息的曝光，公众的强烈抗议迫使慈善机构断开了与 Pallotta Teamworks 的来往，该公司也随之倒闭。具有讽刺意味的是，慈善机构的收入也因此大幅减少。JustGiving 作为盈利性组织，同样也遭到了公众的诘难，尽管它已帮助公益慈善事业筹集了数亿英镑。

这并不是在替像 Pallotta Teamworks 或 JustGiving 这样的公司说话。我用这些例子是想说明，人类心理上的怪癖如何引发了某种形式的道德伪善。我们先是声称喜爱行善之人，然后再取笑或排挤他们。我们先是声称为慈善或是保护环境而筹款是件义举，然后就反对那些试图实现这些目标的公司，更不用说这些公司还从中牟利。我们难以调和这样的事实，即某些东西既可以盈利又可以为善，所以我们就常常选择无法真正有利于公益的结果、个人或公司，对那些有利于公益的个人或公司，却接受不了他们要分一杯羹的事实。我们对这些场景的本能反应，有时候会导致客观上更糟糕的结果。知道了这点，可能会促使我们停下来，评估一下我们对待各种善举的态度，而不是条件反射般地诅咒那些致力于亲社会商业行为的个人和组织。

我最喜欢的一个例子是人类学家理查德·李（Richard Lee）写的一篇短文《在卡拉哈迪沙漠吃圣诞大餐》，其中说明了有时宣扬善行反而会适得其反。[8] 李曾经一直和卡拉哈迪沙漠的桑人一起工作，研究他们传统的采猎方法。在这段时间里，李获得了一个小气的名声，部分原因是他要收集数据，所以他不会与他正在研究其生存模式的人分享食物和其他物品。为了弥补这一点，李决定在圣诞节的时候为一场集体宴会提供肉。他找了头最大的牛，并买下它，确信这下桑人会大大赞赏他一番，特别是在这个资源非常缺乏的环境中。但是，桑人非但没有表现出对他的尊重和感谢，反而傲慢地拒绝了这份礼物，并告诉李，这头牛太瘦了，远不足以供给整个部落。他听到有人抱怨说，如果这就是全部，大家肯定要饿着肚子悲惨地上床睡觉了。还有人警告他，一头牛太少了，肯定会引发部落内抢夺牛肉的争斗。

李花了好几天时间，疯狂地为宴会找第二头牛，但无济于事。直到圣诞节那天，他才意识到自己到底什么地方搞错了。在与一位桑人朋友交谈的时候，他才明白为什么他如此隆重地准备礼物，得到的却只是嘲笑而不是感激。

"这是我们的方式，"他笑着说，"我们总是喜欢愚弄别人。假设有一个桑人一直在打猎。他不能直截了当地跑回家然后像吹牛皮一样地宣布：'我在树丛里干掉了一头大野兽！'他必须先慢慢坐下来，直到我或者其他人走到他跟前问：'你今天看见啥啦？'他仍然要平静地回答，'啊，我不擅长打猎。今天没看到啥，就这么一点点'。"他继续说，"然后我就偷偷笑了，因为我知道他今天打了头大野兽"。

"是的。如果一个年轻人，打猎打了很多动物，他会自认为是个大人物，其他人都是他的仆人或者下级。我们不能接受这点。我们拒绝接受一个自吹自擂的人，因为总有一天他的骄傲会让他杀人。所以，我们总是说他的肉不值钱，这样他的内心就变得会平静、谦逊。"

我的同事埃莉诺·鲍尔（Eleanor Power）在印度南部农村研究获得声望与被控吹牛之间那条微妙的界限。[9]特别有趣的是，村民在一年一次的庆祝活动里，要遵照誓言感谢女神 Māriyamman 对村子和村民的保护。信徒们可以自由起誓，与之相关的祭拜方式因此也五花八门。很多村民会加入游行队伍，携带着装满牛奶的陶罐或者填满燃煤的火锅，完成这种感谢女神的仪式。其他人，通常是男人，则要履行更为严格的誓言，其中最令人眼花缭乱的是"paravai kāvadi"。"paravai"的意思是"鸟"，非常恰当地描述了这种祭拜行为。信徒通过几个肉钩悬挂在起重机上，而这几个肉钩穿过了他背部和腿部的皮肤，信徒就这样被吊起来，一边上上下下地在起重机上摆动，一边在村子里游行，胳膊上还挂着一堆树叶。

履行这种虔诚行为的人会在"perumai"中受益，这个词可以大致翻译为"大人物"或"声望"。但是，获得"perumai"的过程本身就仿佛是在走钢丝。而且，在泰米尔语中，用于表达自吹自擂或自我夸大的词"tarperumai"在词源上与"perumai"紧密相连。当祭拜誓言履行完毕、信徒们接受祝贺的时候，他们不会承认自己做了件了不起的事情，而只是用一句公认的话来回应："只不过是一个誓言罢了。"虽然通过这些炫耀般的展示，他们会得到声誉上的提升，鲍尔的研究也表明，保持低调、微妙的社会信号也是非常重要的。无论是定期在庙里朝拜，还是做一些可能只有受恩者才知道的小善举，都可以帮助每个人建立和培养重要的人际关系，而且不会带来吹嘘、浮夸这样的指责。[10]

The Social Instinct

第四部分

更大的社会，合作造就伟大壮举

到目前为止，我在大部分时间里都只是把人类当作生命之树上的一种动物而已。人类可以言传身教，但蚂蚁、猫鼬和斑鸫鹛同样如此。人类惩罚欺诈者，关注自己的声誉，而清洁鱼的行为也如出一辙。人类生活在紧密联系的家庭之中，共同养育后代，裸鼹鼠、白蚁又何尝不是这样呢？

我们可能与其他物种有着超乎想象的共同之处。但是，在本书最后一部分中，我想聚焦于人类和其他物种之间最重要的差异之处。正如我在前几章中提到的那样，做什么不重要，怎么做才重要。形成同样的行为模式，生物在进化的过程中可以有很多种方式，而很多时候，正是人类所特有的认知方式使得我们与众不同。

在本书的尾章，我们将了解到人类从众多猿类中脱颖而出的经过和原因。首先要思考一下人类在更新世的狂暴气候中经历的独特进化史，其次是对合作的强烈要求如何加速促成了人类的大起义。而这反过来又为人类独特的心理机制的产生铺平了道路，从专制到平等的生活方式的转变，意味着我们开始关注自己和他人的私有财产。人类有了公平观。

这是人类物种历史上的一个关键时刻，即联盟的形成，这既帮助我们颠覆了占主导地位的社会秩序，又创造出了一种不同的社会压力。权力和地位不再由肌肉决定，而是紧紧地绑定在人类的社会网络中。这意味着，与其他任何类人猿相比，我们的财产在很大程度上取决于个体所处的群体，而不是个体的体能。正是这种对社会的依赖性塑造了我们的心理机制，可以用来解释我们的很多信念从何而来（否则将非常奇怪），甚至为何会让我们患上精神错乱这样的心理疾病。

第 14 章
公平与关切，人类独特的合作机制

有些作者主张,在人类和低于人类的动物之间的一切差异中,道德观念,即良心是最重要的。我完全同意这一判断。[1]

查尔斯·达尔文
《人类的由来》(*The Descent of Man*),1871 年

如果有人问你，用钱能否买到幸福，你会说什么？现在的数据似乎支持两种截然不同的立场。在针对全员人口的调查中经常发现，社会上较富裕的人比穷人要快乐一些，这说明答案可能是用钱能买到幸福。然而，尽管许多西方国家的人均收入在过去 50 年左右的时间里出现了飙升，但其公民的平均幸福感几乎没有变化，这又说明答案可能是钱不能买到幸福。这种显而易见的矛盾就是所谓的伊斯特林悖论（Easterlin paradox），以第一个描述这种奇怪模式的教授的名字为其命名。出现悖论的原因可以解释如下：幸福不是用金钱本身买到的，而是这个人只有在知道自己比同类人高出一等时才会感到幸福。推而广之，如果你认为自己比同龄人拥有的财富要少，那这就是你对生活满意度下降的最重要原因之一。在加拿大开展的一项研究中发现，当有人中彩票时，他们的邻居欠下更多债务、申请破产的可能性就增加了，这似乎是因为邻居们试图与幸运的同龄人攀比，却失败了。[2] 同样，很多收入水平能跻身前 1%的美国人，他们的年收入超过 50 万美元，却自称为中产阶级，这大概是由于他们总是把自己与更富有的人相比。[3]

这就是为什么属于黑猩猩的社交网络永远不会出现的原因。这不仅仅是因为黑猩猩不会使用计算机或者智能手机。社交网络对很多人来说有着无穷无尽的魅力，因为它助长了我们对社会比较的痴迷。[4] 尽管我们自己总是试图向别人展示光鲜的一面，但现在已经相当确定的是，如果我们总是被动地耗在观看其他人对完美生活的各种展示上，那会对幸福感和心理健康产生破坏性的影响，特别是在我们感觉自己的生活貌似不像其他人那么成功的时候。

事实上，这种不如同龄人的感觉太差了，以至于我们宁愿放弃掉自己的一些资源，也要阻止社会中的其他人变得更好。在实验室中，衡量人们追求公平程度的标准方法是最后通牒博弈（ultimatum game）。这是一个双人游戏，其中一个人被称为"提议者"，他将得到一笔钱，并可以提议把钱分给合作伙伴，也就是"响应者"一部分。问题是，响应者拥有否决权，如果他们拒绝这个提议，那么两个玩家都不会得到任何东西。如果人类的行为符合古典经济学的模型，并且只是想在游戏中将自己的收入最大化，那么响应者应该接受任何非零的报价，而且，提议者应该提供非零的、最小金额的分配方案。当然，这样的情形很少发生①。我们大多数人并不是理性的利益最大化者，反而不可救药地受困于社会比较的习性和公平的观念中。凡是被认为不公平的提议通常都会被拒绝掉②，虽然这意味着双方都会空手而归。[5]从经济学上讲，这样的行为是不理性的，但是显然，宁愿自己一无所获，在感觉上也好过你的伙伴比你强。[6]

对公平的渴望似乎在人类发育的早期就出现了。[7]为了评估这种渴望的程度，研究人员通常采用一种儿童们最看重、最有动力去争取的"货币"，那就是糖果。在一项针对世界各地儿童进行的实验中，成对的孩子坐在一个奇异装置的两端，装置上放着两盘糖果，每个孩子一盘。其中一个孩子作为"决定者"，握着一对可以控制糖果托盘倾斜方向的手柄（一个绿色、一个红色）。当孩子拉动绿色手柄，可以将糖果倒入每个孩子各自的碗中，而拉红色手柄，将会导致托盘远离孩子们，糖果会掉入装置中央的一个碗中，

---

① 其中要排除掉经济学的本科生。各种研究表明，与其他专业的本科生相比，经济学学生的行为更加像"经济学意义上的理性"参与者，他们提出的和接受的都是份额较低的提议。目前尚不清楚，是否经济学家群体都存在这种倾向，还是教育改变了他们的行为。

② 在西方社会里，响应者通常会拒绝任何低于20%份额的提议，而且，由于考虑到了这一点，提议者通常会提供40%～50%的份额。然而，到底怎样才算公平，以及对应到提议者该提出多少份额，响应者拒绝提议的门槛是多少，等等，在不同的文化背景下，有着显著的差异性。

然后糖果就会被拿走，谁也得不到。通过这种装置，研究团队可以借机询问儿童们在面对不公平的分配时会如何反应。如果"决定者"的碗中有一颗糖果，而伙伴们的碗中有四颗，"决定者"会拉动绿色手柄来接受，还是拉动红色手柄来拒绝呢？

和成年人一样，孩子们也倾向于拒绝不平等，为了不让伙伴们拿得太多，他们索性让大家都拿不到糖果。[8] 在上述研究中，研究人员发现，年龄较大的孩子更有可能拒绝不平等的现象，但即使是年龄最小的孩子（4岁），如果觉得不合算，也会愿意拉动红色手柄。事实上，这些模式在不同的国家、不同的社会中被反复发现，这表明，人类的心灵中早就融入了这样的理念：不甘落后，甚至不甘到了宁为玉碎，不为瓦全的地步。这样的理念，绝不是人类在发育过程中通过学习后天形成的。

但是，这种跟别人较劲的焦躁作风，是人类独有的小怪癖吗？或者，还有更深层次的进化根源吗？尽管早期的研究表明，对公平的关注可能的确是我们和其他非人类的灵长类动物所共有的东西，因此，社会比较这种现象也可能在人类和其他类人猿之间的最后一个共同祖先身上已经存在了。但是，当其他研究者想复现这种场景时，结果并不太好。另外，在非人类的灵长类动物中表现出来的许多厌恶不公平的现象，也都有更简单的解释，那就是实验对象总是渴望获得奖励，一看到低劣的东西总归要不高兴。如你所知，公平偏好是社会性的，它一定会涉及将自己的收益和他人的收益进行比较。非人类的灵长类动物并没有"社会比较"这一说，相反，它们只是将手里拿到的东西评估一下，看看和理论上应该拿到的东西是否一样。[9]

人类与黑猩猩的生存机制

我们看起来像是唯一一个对攀比乐此不疲的灵长目物种。相反，黑猩猩们才懒得管这事。到底是出于何种原因呢？我们需要研究一下人类的进化历史，看一下早期人类所面临的选择压力与其他类人猿近亲到底有什么不同。虽然很难确定，但是人类和黑猩猩的最后共同祖先[①]在长相和生活方式方面可能更偏于黑猩猩，而不是人类。如果想更多地了解人类与猿类近亲之间的区别究竟是什么，多去了解一下黑猩猩的世界总是有用的。

可以看到，推崇核心家庭的西方社会，无论是从跨文化的角度来看，还是在物种进化的大历史背景下，都很特别。人类在存在于地球上的绝大多数时间里，都在一个更大型的群体中生活，若干个家庭彼此并存。和人类一样的是，黑猩猩也是多只雄性雌性混居生活在一起，而和人类不一样的是，它们的内部没有家庭一说。

[①] 当我们说到人类和黑猩猩最后的共同祖先时，指的是作为人科一部分的灵长类动物，它们在黑猩猩属和人属出现之前生活在地球上，并最终产生了现代黑猩猩和人类。

对人类农业社会前的古代社会的经典看法是，他们是小规模的、封闭的群体，只有区区几十个成员，"实际上，我们的每一个祖先都生活在一场持续一生的野营旅行中"。[10] 但这种观点早就过时了。那时的人类很可能和现在一样，已经融入了庞大的社交网络中，而他们很多最亲近的朋友和家人们都不住在近处。尽管雄性黑猩猩一生中可能平均只与其他 20 只雄性有过互动，但最新的看法认为，采猎者的社交网络规模平均约为 1 000 人。因此，最早的人类社会是一种独特的、混搭的群体，既包含各种裙带式的大家庭关系，正如我们在其他合作繁殖的物种中所看到的那样，也包括亲缘与非亲缘关系夹杂在一起的情况，正如黑猩猩不太稳定的社会。[11] 但是，我们比黑猩猩更进了一步，就好比在直营模式之外又增加了特许经销模式，把同处的左邻右舍和远方的亲戚朋友，都联系了起来。

黑猩猩群体的生活并不简单，每只黑猩猩都必须管理很多纷扰的社会关系，其中有一些良好融洽，另一些则冲突不断。雄性对社会地位极其渴望，而社会关系可以助其一臂之力。于是，一只雄性黑猩猩首领的追随者们会帮助确保它的统治地位，而另一只雄性黑猩猩如果和其他那些狠角色们联手，就可以增加推翻雄性黑猩猩首领的可能性。雄性黑猩猩首领紧握王权，潜在的篡位者们则虎视眈眈地盯着任何显示它控制力减弱的信号。只要是这位雄性首领病倒了、受伤了，或者太老了，被它野心勃勃的下属们组成联盟，一举废黜的风险就会大增。因此，坚定不移地维护自己的优势地位，并组建联盟来作为实现这一目标的手段,很可能是人类和黑猩猩的最后共同祖先所共有的特征,而且这一特征至今仍是人类的心理工具之一。在下面的章节中,我们会更多地聚焦于人类社会中的联盟,以及它对我们心理健康的意义所在。

成功驾驭复杂社会关系的需求越是强烈,大脑的尺寸就越是不断进化,于是黑猩猩的脑袋就大到了和人类一样。大脑会耗费大量能量,贪婪地消耗了大约 20% 的身体能量储备,如果以重量计的话,大脑消耗的能量是骨骼肌的 10 倍。[12] 这一点在一项传统的棋盘游戏中表现得特别突出,那就是国际象棋。两个人坐着一动不动,盯着一块木板看上几个小时,看起来跟网球或者足球比赛对体力的要求根本没法比。然而,在比赛中,国际象棋大师们的呼吸和心率都会升高到和长跑运动员一样的水平,这意味着他们在一场比赛中燃烧了高达 6 000 卡路里。[13]1984 年,卫冕世界冠军阿纳托利·卡尔波夫(Anatoly Karpov)对阵加里·卡斯帕罗夫(Garry Kasparov),在长达 5 个月的决赛中体重急剧减轻,以至于比赛被组委会主席出人意料地终止了,因此还引发了不少争议。

所以,什么叫聪明?聪明就是你需要富含卡路里的饮食,而这就是人类和其他类人猿开始分化的地方。我们人类那些至今现存的类人猿近亲们,生活在终年林木常绿、四季并不分明的环境里,今天和明天的食物都不是问题。例如,大猩猩们算得上是生活在一个巨大的沙拉盆里,周围树上的叶子和其他植物都可以吃。黑猩猩的饮食则更丰富些，主要由成熟的水果组成，但也相对比较容易获得。人类则不同。首先，我们的大脑相对于身体的尺寸来说，比黑猩猩或大猩猩的要大得多。正如我们之前看到的，人类进化所处的生活环境使得养活这个大脑袋变得更困难了。在地球上的大部分时间里，人类都生存在一个既干燥又难以捉摸的环境里，大部分食物都要靠辛辛苦苦地打猎、觅食甚至翻捡垃圾才能搞定。为了食物，人类必须齐心协力、互相依靠，而黑猩猩则没这个必要。[14]

鉴于每个人能否生存成功和繁衍后代都与他人息息相关，人类开始进化出一套专门用来监测和评估社交伙伴的社会认知特征，以及展示自己的最佳方式，即拥有公平处事的声誉，将帮助我们引来合作者，共担风险、同舟共济，而这对生存至关重要。相较于黑猩猩，相互依存的关系也有助于人类更加有效地狩猎。假如只靠肌肉和蛮力就够了，那么黑猩猩早就把人类打趴下了。黑猩猩在一个关键领域的短板，恰恰正是人类之所长：合作。

众所周知，黑猩猩会捕食红疣猴。尽管常常是单只雄猩猩发起狩猎，但其他伙伴往往也会响应，而且一群黑猩猩猎杀的成功率要比一只黑猩猩单打独斗高很多。[15] 狩猎的时候，黑猩猩们的角色各有不同：一个负责把猴子从藏身之地赶出来，另一个则会挡在猴子的逃生路线上，而在其他地方，还藏着一个潜伏者，随时准备着一击毙命。这听起来很像是团队合作，但最新的研究结果给出了一个更简单的解释，那就是黑猩猩们更愿意成群结队，原因只是团伙越大,每个个体都能分得一杯羹的机会就会变大。它们在意的,并不是集体的目标。在狩猎中黑猩猩出现了分工其实也是种错觉,实际没那么复杂,每只黑猩猩只是待在它自己最有可能逮住猴子的位置上,毕竟别的位置都已经被占了。黑猩猩的行事方式是"人人为我",人类则独辟蹊径,采用了黑猩猩们没有的合作机制。对黑猩猩来说,在意的是"我",对人类来说,关注的是"我们"。

同样是为了挣得一份奖励,如果可以从一起干活或者独自做事两者之间选择的话,人类孩子们往往更喜欢合作。相反,黑猩猩则更喜欢独来独往。造成这种差异的原因,似乎与黑猩猩社会的等级制度有关,还和黑猩猩们不喜欢分享有关。[16]一个下属,本来想通过与占支配地位的黑猩猩合作以确保自己也能分点好处,但最终很可能一无所获,因为地位较高的黑猩猩完全有能力、有可能窃取到利益。所以,不管谁猎捕到了红疣猴,都会想着自己独占,它也许会把小块的残羹剩饭分给重要的盟友或者将来的性伴侣,但大多数情形,要么是从某个不情不愿的黑猩猩那里抢走了肉食,要么就是被某只最亲近的黑猩猩央求,烦不胜烦之后交出一块肉。在没有乞讨或是骚扰的情况下,几乎很少有黑猩猩自愿分享食物的案例。

另外,人类的团队合作是按照论功行赏的原则组织起来的。在觅食者社会中,猎人们根据谁捕获了猎物和每个人角色的重要程度来分配肉类。在 Efe 族的俾格米人①中，射出第一箭的猎人会拿到猎物的大部分，追逐猎物的狗的主人则排在其次，以此类推。在多米尼加的渔民中，卖鱼的收入将先拿来抵充船主的汽油费，剩下的则在所有船员之间平分。即便是刚学会走路的孩子们，在"一起挣奖励"的实验中，也愿意在事后分享这些奖励。相比之下，黑猩猩们似乎并不在乎是不是还要给一同打猎成功的伙伴补偿点什么。尽管最近在科特迪瓦塔伊国家公园里，针对黑猩猩的一项研究发现它们似乎也有这种苗头，但是对圈养黑猩猩的后续实验表明，谁离打到肉的黑猩猩最近，谁就最有可能分到一块肉。[17-18] 想要分到肉的黑猩猩，一定要在合适的时间出现在合适的地方，至于是否参与了合作狩猎活动，反而并不重要。鉴于合作带来的收益很少，黑猩猩们更喜欢独自行动也就不足为奇了。

合作的沟通信号

合作要靠沟通，这也是人类和其他猿类的不同之处。这不是因为我们拥有语言，尽管这无疑会有所帮助，但即便限定在非语言交流的场景里，如手势和眼神，也会看到人类在使用和理解这些方式上与黑猩猩截然不同。关键的区别似乎在于，人类将手势理解为用来帮助他们的信号，而黑猩猩则不然。[19] 在一项实验中，孩子们要

---

① 俾格米人，泛指所有全族成年男子平均高度都较低的民族，如生活于非洲中部的 Efe 族。——译者注

找到一个隐藏的玩具，当他们看到一个成年人用手指着或者刻意地看着一个翻倒在地的桶时，孩子们就会本能地反应出：这就是玩具的位置！人们很容易就可以联想到，在团队行动（如狩猎）的时候，发送和接收此类信号的能力该是多么有用。手指一下或者用眼瞄一下，都可以用来表明猎物的位置，或者告诉另一个人该在哪儿藏身，而且还不会惊动到猎物。有趣的是，家犬在这种事情上要胜过黑猩猩，它们可以理解人类的很多信号，所以说狗的合作性强、沟通性好。狼则没有这些能力，这说明狗是在和人类长期合作的过程中，才共同进化出了这些社会认知特征。

黑猩猩如果要使用这些有用的信号，将面临一个根本性的障碍，因为它们不会将其理解为某种能够提供帮助或者信息的东西。在与上述相同的实验范例中，实验人员指出了藏奖品的地方，但黑猩猩很难理解这是在告诉它们位置。对黑猩猩而言，要明白"你正在试着帮我找东西"这个意思比登天还难。这不是因为黑猩猩不会使用手势，其实，它们比人类拥有的手势还要丰富，这也许是因为人类的很多手势都被语言取代了。但它们的这些手势是用来向其他黑猩猩提要求的，例如，"给我点儿那个""滚开"，等等，而不是用来帮着让它们注意某个目标，或者表明也想要什么东西的。

用手指东西就是一个很好的例子。在野外的黑猩猩们一般不会这么干，但是人类饲养的黑猩猩可以学会这个技能。不过，黑猩猩和人类婴儿不一样，它们指指点点的目的不是强调什么，只是表明它们想要什么。用手指着东西叫别人看是一种叙述性的动作，正是孩子们想让大人看一架飞机或一只鸟，抑或是其他任何有趣的东西的时候做的事情，而这是一个非常关键的里程碑，是大多数婴儿在9个月大时自发产生的动作。如果一个婴儿没有做出这样的动作，没有用手指指着东西与大人分享他们看到的美妙世界，那么他将来被确诊为自闭症的可能性也会增加，这种病症的特征之一就是不大考虑别人的精神感受。如果你指着某样东西给其他人看，这意味着你至少具有一个基本的认知，即知道其他人也是有情感的，而情感是你可以去影响的东西。相反，如果你说"嗨，把那个给我"，这表达的是一种命令的含义，并不需要你理解或者分享他人的情感，反而是可以通过简单的试错过程来加强的，例如，你发现，只要不断地指向你想要的东西，得到它的可能性就会变大。

从上述诸多不同的研究中可以看到，人类是从"我们"的角度进行思考的，而其他的类人猿想的更多的则是"我"。人类不甘落伍，特别是在涉及财物安全的时候，但黑猩猩们不玩社交比较这一套。正是我们对公平与否的敏感、对同伴意愿的关切，塑造了人类独特的合作机制，使人类关心他人、自愿付出、助人为乐。

实际上，人类心存助人为乐的愿望，并将其作为认知工具的一部分，这在人类发育的早期就可以被测量出来。例如，大约从18个月起，婴儿们就会自发地给成年人帮忙，即使没有命令，也没有奖励。[20] 如果圈养的黑猩猩接触到与人类婴儿相同的环境，它们偶尔也会提供帮助，但远不如人类婴儿们那么频繁。其他的研究工作也表明，黑猩猩们真的很少关心同伴们的福祉。在一项实验中，黑猩猩可以选择到底是把奖品交给自己以及熟识的伙伴，还是仅仅留给自己，结果发现它们只是进行随机决策。[21] 就和其他的非人类的灵长类动物一样，黑猩猩们似乎对其他群体成员的利益麻木不仁，它们只为自己打算。

人类的合作，造就出了优秀的猎人。但是，狩猎技能的进步还带来了一个意外的后果——对社会秩序的颠覆。占据优势地位的雄性黑猩猩以武力施展统治，它依靠身体力量和强迫手段来强取豪夺。远古人类则不然，在一个任何人都可以使用石头或者长矛来实施远程攻击的世界里，为了掌权，身体力量并非可取的手段，因为反击可以来自任何弱小的敌人。就这样，叛乱开始了。

第15章
内群体与外群体，人类的社会能力

人是天生的政治动物。[1]

亚里士多德
《政治学》,公元前 350 年

第 15 章 内群体与外群体，人类的社会能力　　255

1787 年的一个寒冷的星期天，慷慨号（HMS Bounty）离开了朴次茅斯，执行一项冒险使命：环游南半球。船员们前往塔希提岛，打算在那里收集面包树，再将它们漂洋过海运往西印度群岛。人们认为，这种植物能在这片英国殖民地上生根发芽，并为那些被英国人奴役的岛民们提供廉价食物。

慷慨号到了塔希提岛，就再也没能继续其旅程。在热带岛屿上生活了 5 个月后，船员们不愿意再回到海上那种严酷艰苦、纪律严明的生活中。尽管在前往塔希提岛的路上基本上没有发生什么冲突，但船长威廉·布莱（William Bligh）实际上采取了越来越严苛的政策来迫使他那群桀骜不驯的船员们守规矩。鞭笞、羞辱和克扣口粮的行为变得司空见惯，船上的气氛也开始剑拔弩张。在离开塔希提岛不到 3 周后，船员们就哗变了。深夜，布莱的前得力助手弗莱彻·克里斯蒂安（Fletcher Christian）率领几名船员抓住了船长，然后把他和少数死忠分子扔上了一艘小划船。在留下了几把弯刀、仅够几天的食物和水之后，哗变分子们就把他们以前的同事和朋友们抛弃了。

慷慨号可能是最著名的叛乱故事，但在18、19世纪的商船上，叛乱的威胁一直存在，而且很可能源自这些商船本身的运作方式。商船的拥有者通常是富有的商人，他们可不想亲自在茫茫大海上进行漫长而危险的旅程。但是，把船只和贵重货物扔给一帮群龙无首的船员，能放心吗？他们怎么能确保船员们会妥善照顾他们的资产？有什么能阻止这帮人偷船、越货？又有什么能保证这帮人不隐瞒利润、中饱私囊？

解决这些问题的办法之一是为每艘船任命一位领导人，也就是一名像布莱这样的船长，船长和他的经济利益一致，并被赋予了施行铁腕管理的权力。如果船员行为不端，船长可以用各种方式施行惩罚，而很多船长会滥用这样的手段。经济学家彼得·利森（Peter Leeson）的论文《海盗组织的法律与经济》可以称得上是有史以来的最佳学术论文，其中就描述了船长们如何经常被权力腐蚀，如何以大欺小、贪婪成性。这样的船长作恶多端，让船员们的生活变得悲惨无比，其方式五花八门，包括强迫船员们去那些合同中未提及的地方探险，限制配给，停发或者扣留工资，把他们扔出船外，进行殴打，有时甚至将船员打死。难怪这一时期被称为"大叛乱时代"。

但叛乱并不是这个时代的唯一标志,这个时代也是海盗的黄金时代。如果在公海上遇到一艘海盗船,一定很可怕,因为海盗船上人员众多,经常会有超过150名男子①,而商船上一般只有20名左右的水手。人们可能会认为,要控制住这么大一群无赖和流氓会困难得多,海盗船上一定会充斥着各种叛乱。但事实恰恰相反,大多数情况下,海盗的生活跟商船上比起来,更稳定、更有秩序。

海盗们似乎是通过分权的方式来解决这个问题的,权力要掌握在多数人手中,而不是少数人,换句话说,就是海盗们发明了自己的民主。海盗船通常由船员共同拥有,因此所有人都有动力来维护这艘船。虽然海盗船也有船长,但他的职权范围被严格限定了。船长在战斗中充当决策者,在其他事务中和船员们处于平等地位。关键之处在于,他是由民主选举产生的,如果船员们觉得这个船长没有为全体的最大利益尽力,就很容易被罢免。

海盗民主的另一个关键之处在于将对船员的控制权和对财物的控制权分离。掠夺而来的任何收获,都由另一个民主选举出来的海盗进行分配,这个角色被称为司务长。和船长一样,司务长如果假公济私,也会被罢免。为了维持海盗船的秩序,所有成员都必须遵守一套明文规定的、一致同意的规章制度,大概是某种海盗法典。

---

① 尽管大多数海盗都是男性,但也有一些值得注意的例外。事实上,公认的历史上最成功的海盗就是一位名叫郑一嫂(Ching Shih)的女性。

海盗法典包括了有助于让船上的生活还过得去、不依靠暴力解决问题的规则,如"晚上8点熄灯和吹灭蜡烛""船上禁止打斗,动刀动枪必须上岸,且一定要在岸上把争端解决掉"等。重要的是,法典中还描述了如何分配抢来的财物,"凡是在战斗中冒风险大的,或者受了重伤的人,理应分得更多的战利品"。民主、分权、正式而有效力的法典,正是这三块基石奠定了海盗船上的秩序,而在商船上,依靠暴政和专制是根本做不到这点的。[2]

友谊与合作

通过将商船和海盗船上的社会组织进行比较,我们可以发现人性之中一些相当普遍的特征。渴望凌驾于他人之上,企图占用略高于公平比例的财物,尽可能地攫取权力,这些都是基本的人性使然。然而,就像海盗发明的民主制度一样,文明的产物可以将最残忍的个体也置于监管之下。所有的反抗、叛乱,都能揭示出人类社会生活中更加原始的那一面,这些冲突告诉我们,多个朋友多条路,权力和地位多么依赖社交网络的支持。

客观的事实就是,所有的合作、友谊与联盟,都是帮助我们实现目标的社交工具,即使我们并没有有意识地这样看待它们。[3]在第10章中,我们已经看到朋友之间是如何互相帮助的,特别是当人们所需的资源本身就踪迹无常的情况下,这一点尤其重要。记住马赛人的osotua式的友谊,牧民们会向他们最重要的伙伴提供没有任何附加条件的帮助,因为他们明白,当自己需要帮助的时候,他们也会获得类似的支持。其他一些研究表明,友谊可以提高幸福感和快乐感,降低压力,增强免疫力,甚至还有助于延长寿命。针对刚果和中非共和国 BaYaka 部落的采猎者的实验表明,朋友较多的人 BMI(身体质量指数)较高,女性的生育能力也较强。[4] 在这个社会中,拥有最强社交网络的男性有机会迎娶更多的妻子,而这会直接影响到男性的繁殖成功率。当人们面临逆境时,朋友的作用就会凸显出来。在美国的安德森维尔战俘营①,囚犯的死亡率将近一半。在如此恶劣的环境中,朋友是一个人能否活下来的最重要因素之一。[5]

除了能够帮助我们度过逆境,友谊对巩固乃至改善社会地位也有益,这体现在友谊既可以为我们提供庇护,也可以让我们如虎添翼。雌性狒狒与无亲无故的雄性狒狒建立关系之后,也会得到好处,因为这些盟友将有利于保护雌性及其后代免受群体中其他雄性的伤害,如杀婴。[6] 在黑猩猩的群体中,友谊似乎对雄性格外重要,无论是提升在群体内的等级,还是获得接触雌性的机会,友谊都起着举足轻重的作用。雄性黑猩猩首领的王位能坐多长时间,往往也取决于其亲密盟友的支持。这些盟友会帮助雄性黑猩猩首领抵御对手的攻击,而它们得到的就是雄性黑猩猩首领的宽容和繁殖机会。[7]

---

① 美国南北战争时南方设立的战俘营之一。

但是，并非所有的友谊都地久天长。联盟是在冲突中茁壮成长起来的，然而，不同个人或群体之间的利益冲突会发生变化，各种社会关系之间的力量对比也不是一成不变的。请记住，领头反对布莱船长的叛乱者弗莱彻·克里斯蒂安，以前是船长最亲密的盟友之一。在叛乱之前，布莱船长赋予他高级海员的特权，在慷慨号上，布莱船长甚至不顾争议，将他的等级提拔到了更有经验的船员之上。然而，正是克里斯蒂安——船长的得意门生和朋友，组织了叛乱，还把布莱船长流放到了南大西洋上。

20世纪70年代初，人们对坦桑尼亚的黑猩猩种群进行了一系列的考察，揭示了友谊的转移是如何影响到财富的。故事的核心冲突围绕着雄性黑猩猩展开。这里的主角是卡松塔，一只非常具有侵略性和力量的黑猩猩，这样的外形与性格使得它能够在6年的大部分时间里统治着领地。在这段时间里，它遭遇了来自直接下属索邦戈的多次挑战。而面对这么多挑战，卡松塔之所以能够保持这么长时间的首领位置，是因为它得到了排名第三的雄性黑猩猩卡梅曼夫的支持。[8]

与众不同的是，卡梅曼夫是一只体型较小的黑猩猩，它不能通过一路战斗到底的方式来获得与雌性黑猩猩的交配机会。但是，力量不够，头脑来补。随着时间一点点过去，卡梅曼夫设法加剧了交战的雄性黑猩猩之间的冲突，局势对它越来越有利。卡梅曼夫的策略是反复无常，它不依附于任何一只雄性黑猩猩，而是经常变换它的支持对象。这在削弱等级制度的同时，又加剧了两个对手之间的冲突。由于这两个对手势不两立，它们谁也不能疏远卡梅曼夫，因为一个潜在的盟友，往往就能决定战斗的输赢。通过这种制造分歧的策略，卡梅曼夫得到了更强大的雄性黑猩猩的体谅，为自己赢得了与雌性交配的权利，这些都是因为更强大的雄性黑猩猩要换取它的支持，无论这些支持是多么出尔反尔。诚然，这项研究成果更像是大自然中的轶事，但后续的研究已经证明，在黑猩猩的社会中，政治策略的确对首领地位的兴替起着关键作用。

群体效应

在一个这样的世界里，忠诚反复无常，朋友反目成仇，每个个体都需要对来自同伴的威胁保持高度警惕，时刻监控群体中其他成员之间的关系，苗头一旦出现，就马上加以消灭。例如，最近一项针对野生黑猩猩的研究发现，一只旁观的黑猩猩会经常干预其他黑猩猩之间的梳毛行为，这并不是因为它自己想被梳理一番，而是它只是想破坏在梳毛的紧密接触过程中形成的新关系。尤其是，当其中一只参与梳毛的黑猩猩本来就附属于自己的时候，这个旁观的黑猩猩特别容易跳出来加以干扰。正如前面的例子那样，两个低等级的雄性黑猩猩凑在一块儿，能给上一级的黑猩猩带来毁灭性的后果。[9]

人类也特别关注这些社会生活的细节。人会像条件反射一般，把他人归为两类,即"内群体"和"外群体",哪怕这种划分仅仅是基于完全任意的线索。早先的研究发现,这种群体效应完全可以利用一些因素被诱导,比如,名牌的颜色,或者对毕加索与莫奈的不同偏好。[10] 具有讽刺意味的是,人类着迷于群体心理甚至到了过分的地步,而这其实来源于我们极其重视合作的天性。人类的祖先们通过协同合作,一步一步地克服、缓解了大自然带来的挑战,例如,食物短缺、水资源不足,还有危险的吃人动物。但与此同时,"他人"反倒成了人类的主要威胁。我们不再与天斗,而是与人斗。

在这样的背景下,进化一定会高度重视人类的社会能力,包括培养、策划社会支持网络的能力,监控与他人的友谊和联盟的能力,还有,也是最重要的,识别、防止社会威胁的能力。如果由这些能力构成的威胁检测系统运作良好,我们就可以免遭危险。但如果不尽人意,我们将自取其祸。

The Social Instinct

第16章
偏执思维，联盟引发的心理机制

即便是偏执狂也会有敌人,疯子也有人敢惹。[1]

果尔达·梅厄(Golda Meir)

1973 年

第 16 章　偏执思维，联盟引发的心理机制　265

詹姆斯·蒂利·马修斯（James Tilly Matthews）是最早被诊断为精神分裂症的记录在案的病人之一，他自述受到了"喷气织机帮"的迫害，还给出了成员的名字，然而这一切其实都是他的幻想。[2] 根据他的说法，这帮罪犯和间谍可以使用喷气织机，通过其发射的射线来获得各种超能力，比如，"龙虾剪"可以切断人体内的血液流动，瞬间导致极其痛苦的死亡；"迷幻大法"可以植入、控制他自己的思想，还有当时政府的那些头头脑脑的意识。

马修斯所经受的令人不安的想法是精神病谱系障碍（psychotic-spectrum disorders）的常见症状[①]，对人体有很大的损害，实际上，马修斯的妄想，例如，其他人可以控制他的思想，或者可以远程攻

[①] 不要把精神病（psychosis）和精神变态（psychopathy）混淆。精神病是在患者失去对现实世界的控制时发生的。精神病谱系障碍的两个最典型的症状是幻觉（hallucinations），通常表现为幻听，以及偏执的想法或妄想。

击他等，在患有此类疾病的患者中很常见。尽管马修斯的想法很怪诞，但这些想法所基于的、内心深处的妄想与多疑，实际上在一般人群中也相当普遍，只不过严重程度不同，未必会被定性为精神障碍而已。[3] 在日常口语中，当人们真的感觉到担心或者焦虑的时候，还是经常会说出"我变成偏执狂了！"或"我越来越怀疑要感染那种呕吐病毒①了！"这样的话，但是在临床意义上，"偏执狂"有着不同的含义。担心、焦虑某事都意味着相信某些不好的事情可能会发生，但偏执狂还要多一个特征，即相信他人有意要伤害自己。

偏执狂通常出现的形式有两种，即轻度放大了社会评价，例如，总觉得别人在说自己的闲话或者总觉得别人不信任或怀疑自己。然而，在某些极端的情况下，偏执狂们会变得像马修斯那样病态。我们可以使用调查问卷来衡量偏执思维在各方面的倾向性，其中被调查对象将会被问及在多大程度上认为他人有加害的意图。问卷中包括"我相信人们正在对我另眼相看"，以及"某些人总是跟我过不去"之类的话。在一个足够大的、一般性的人群样本中，比如随机挑选1 000人，超过一半的参与者会表现出轻度偏执的症状，或者干脆就没有。大概有150个参与者（15%）可能会经常表现出不信任或者怀疑他人的情绪，其中有30至40个人（3%～4%）会被这些偏执的想法严重困扰，这些人在调查问卷中的得分与被确诊为精神病谱系障碍的患者处于同一范围。

① 一般指诺如病毒，呕吐是这个病的一大特点。——译者注

如何看待偏执狂？人们可以将其仅仅视为一种病态，即一种精神障碍的不良症状，应当加以治疗，理想情况下应当根除。然而，在过去的几年里，我与伦敦大学学院的临床心理学家沃恩·贝尔（Vaughan Bell）合作，提出了一种不同的观点，即偏执思维可能是人类心理机制中的一个特点，而不是一个错误。[4]强调一下，我们并不是说伴随精神分裂症等精神障碍而来的极端偏执狂症状会受到进化的青睐。尽管偏执是正常运作的人类心理机制的一部分，但不可否认的是，对一小部分人来说，妄想出现的频率和严重程度会逐渐累积，演变为对患者来说显然非常痛苦的后果。然而，在较低的强度下，偏执心理可能会在帮助人类检测及管理社会威胁方面发挥重要作用。偏执，对人类来说，主要是保护性的，偶尔才是有害的。与其他类型的身体保护机制类比一下，可以让我们更好地理解这一点。发烧就是一个很好的例子，免疫反应的重要一部分就是核心体温的提高，它使身体能够抵抗感染，但有时，发烧本身也可能带来身体失调，弄不好还会危及生命。同样，疼痛令人不快，但它也提醒我们身体受伤了，督促我们采取行动避免进一步的伤害。有时，尽管最初的身体损伤已经消退了，但疼痛还会持续很长时间，变成了慢性疼痛，这种情况下，疼痛就没有什么好处了。我们也可以这样来看待偏执心理，对大多数人、大多数时候来说，偏执是一种能起到保护作用的心理机制。但少数人会因偏执思维酿成大错。

那么，不信任、怀疑他人又有什么潜在的好处呢？我们已经知道，人类是在复杂的群体内不断进化的，而个人受到的一些最重大的威胁则来自群体内的其他成员。在这种环境中，自然选择应当有利于以下这样的认知机制，即个人可以监测到潜在的威胁，并对心怀叵测的人做出反应，躲开他们或者干掉他们。为了实现这个机制，发展出一个具有偏执思维能力的大脑势在必行。重要的是，就算是偏执的倾向经常发出假警报，自然选择也会钟情于它。这就是所谓的"烟雾报警器原理"，宁可信其有，不可信其无，为安全多操些心，总比将来后悔好。这条原理体现了偏执思维的能力和倾向，它是一个运作良好的认知工具包的重要组成部分，为了保护自己的安全，防人之心不可无。

偏执到底应该是什么样的呢？让我们从进化的角度来看一看。具体来说，偏执应当灵活机动、适应环境，有点像音量的旋钮。当感知到社会威胁很严重时，偏执的程度应该增加；反之，则应该降低。这也有点像你体内的葡萄糖缺乏与随之而来的饥饿感之间的关系。我们的身体不断监测内部的葡萄糖水平，通过饥饿或饱腹的主观感受来觉察内部环境的不断变化。与此类似，我们还有一个"社会安全指数"，它跟踪社会环境，监测社会支持和社会威胁的迹象。[5] 经过主观的安全评估后，偏执的想法和感受就会时不时地冒出来了。

就像禁食加剧饥饿、进食减轻饥饿一样，人们指望着通过社会安全指数对来自其他人或安全或危险的风吹草动做出反应。人们估计,那些一直暴露在社会威胁中的人在日常生活中会产生更多偏执的想法。在大规模的流行病学研究中,人们研究了患精神病的风险因子,其中偏执狂就是其中的一种症状。这项研究证实:虽然精神病有遗传的因素存在①,但环境对一个人的精神病易感性的影响也很大。如果仔细地看看那些使人们易患精神病或妄想症的环境因素,就会发现社会威胁的确是很关键的因素。[6] 如果人们有被欺负或者受伤害的经历,或者其社交网络很小,也就是说,社会支持程度低,他们就更容易报告说自己产生了妄想。同样,社会地位低下的人,以及隶属于少数民族或者宗教团体的人,也是精神病的易感人群。人们发现,在伦敦东南部的一个地区,黑人的精神病谱系障碍的发病率是居住在同一社区白人的3倍。

一旦有了被边缘化、低人一等的感觉,或者社交网络太小,社会安全的警钟就应该响了。另一个貌似矛盾的发现是,当这些少数群体与他们的种族一同生活在人口更稠密的地区时,他们患精神病的风险就可以得到缓冲,这大概是所谓的"种族密度效应"。这也正是我们根据对偏执思维的社会安全解释所预料到的,毕竟人多了安全感就高,落单了就人人自危。而在伦敦东南部进行的研究发现,在黑人至少占到四分之一的社区里,精神病与种族之间的联系就没那么显著了。[7]

---

① 与几乎所有的表型一样,精神病风险与很多微效基因有关。

但是，尽管这些流行病学的研究都很有建设性，但它们还是无法告诉我们社会威胁与偏执思维之间是否存在因果关系。换句话说，这些研究无法告诉我们，感受到社会威胁是否会导致人们变得更加偏执，或者可能正好反过来。比如，因果关系可以这样逆转：如果更多偏执的人倾向于退出社交活动，这将导致他们的社交网络进一步萎缩。如果是这样，那么小规模的社交网络就是一种结果，而不是原因。

为了找出因果关系，我们需要利用实验的方法来操纵社会威胁，并且衡量人们的偏执倾向。为此，我们开发出了一套实验方法，使我们不仅能测量，还能操纵普通人群中的偏执思维。[8] 如果真的是监测社会威胁的认知机制导致了妄想症，那么它应该也随之变动，这意味着我们应该能够在实验室的环境里拨弄那个"音量旋钮"。

通过让人们暴露于轻度的社会压力中，我们可以衡量在真正的社交互动中的偏执倾向。我们采用的实验范式是独裁者博弈（dictator game），即两个玩家，其中一个是"独裁者"并得到一些钱，他可以选择要么分一半给合作伙伴，也就是"接收者"，要么什么都不给。在这种实验范式中，接收者完全无能为力，必须接受独裁者给他的任何金额，这也是独裁者博弈这个名称的由来。在大多数独裁者博弈中，人们的焦点都集中在独裁者身上[①]，而我们的实验则更关注接收者的视角。独裁者送出的钱为什么是这么多，或者为什么不给钱，都是很难捉摸的事情，而我们想知道，接收者是如何推断独裁者的动机的。

我们的做法是询问人们是怎样解释他人行为的，即意图归因。接收者收到独裁者送出的钱后，我们会去问他，他认为独裁者送出（或者扣留）任何金额的动机是什么。要害在于，独裁者的真正动机实际上非常模糊：有些人把钱留给自己，可能只是因为贪婪，纯粹出于自身利益考虑。但是，一个接收者却可能认为独裁者就是为了让他们什么都拿不到，如果出于这种想法，接收者就会判定他们的伙伴有害人之心。模糊，在这种场景下是个关键点，因为它恰恰反映了在现实世界中，人们的真实意图在大多数时候（如果不是任何时候的话）都是不可知的。只要有模糊存在，人们在解释他人行为的时候就存在着误差和变异。换句话说，人类之所以会以截然不同的方式来解释他人的行为，就是因为有太多不确定因素的存在。

在我们的研究中，大多数接收者都认为，一个自私的独裁者之所以把所有的钱都留给自己，就是因为贪婪；相对较少的接收者会

[①] 这是因为独裁者博弈似乎违反了人类行为的理性行为模型，该模型预测个人会把所有的钱留给自己。

觉得独裁者心存恶意。然而，你又猜对了，那些在日常生活中有偏执倾向的人，更容易把不怀好意的帽子扣在独裁者头上，而且偏执程度越大，他们所推断出来的恶意程度就越大，这一点不用花太大力气就可以证明。对这项研究来说，真正的考验是我们是否有能力操纵人们的偏执倾向性，也就是通过在实验中引入社会压力，使人们更可能以偏执思维来进行意图归因。

有好几种方式。例如，我们可以要求实验对象告诉我们一些他们的私事，例如，在政治上是保守派还是自由派，或者，他们是否认为自己拥有相对较高或者较低的社会地位。然后，我们利用这些信息来改变独裁者博弈中的社会威胁。研究对象来自美国，于是我们就要求他们回答，是否强烈地支持共和党或者民主党。如果你知道游戏伙伴和你的政见不同，跟与游戏伙伴在政治上志同道合比起来，这就属于一种轻微的社会威胁。同样，如果告诉你要打交道的人比你的社会地位高，这应该就比与社会地位跟你一样或者较低的人结对游戏更具有威胁。

不出所料，我们发现，当人们感知到这些社会压力时，就会引发偏执思维，人们更可能认为"跟我玩游戏的这个家伙不地道"。而这意味着，偏执并不是人类大脑一成不变的部分，也不是得了什么毛病，而是可以被更好地理解为应对社会威胁的灵活多变的反应，而且这种反应是有好处的。

阴谋论思维

在现实生活中,偏执最常见的表现是相信阴谋论,相信一伙强大的邪恶代理人正在行动。例如,"疫苗导致自闭症"这个错误的认知,是目前全球麻疹病例激增的主要原因。世卫组织最近报告说,2019年上半年出现的相关病例,比10年来的任何一年都多。关于新型冠状病毒疫苗,类似的阴谋论也已经出现,而这可能成为阻碍通过疫苗接种来实现群体免疫的重大障碍。阴谋论经常显得很奇怪,例如,"蜥蜴人"理论指出,诸多著名的权威人物,包括乔治·布什和伊丽莎白女王,实际上都是蜥蜴,在它们企图统治世界的过程中,这是多么完美的人类伪装。显然,这些人会认为,蜥蜴人拥有的典型特征,如绿色或蓝色的眼睛、畸形的瞳孔,还有低血压等,不都是人的特点吗?

有偏执思维的人可不是小众群体,超过一半的美国人都相信至少一种阴谋论,而且"爱屋及乌",既然相信一种阴谋论,就很可能也会相信另一种阴谋论。[9] 尽管民间有很多说法,但阴谋论和一个人在政治上处于左派还是右派无关,相反,那些极端左派或者极端右派的人都最有可能持有阴谋论的信念。此外,阴谋论思维不是我们可以归咎于社交媒体或其他新兴信息传播渠道的新潮时代病。一项针对从1890年至2010年写给《纽约时报》和《芝加哥论坛报》编辑的12万封信件的研究发现,在各个历史时期,对阴谋论表示支持的舆论热度在很大程度上是一致的。[10] 一些人相信有不法人员正在设法颠覆社会秩序，这种倾向并不是最近的发明，而是人类集体思想的一部分。

但这似乎提出了一个悖论，那就是我们怎么就成了一个能分裂原子、登陆月球的物种，同时又如此容易地受到这么多被认为毫无理性、毫无根据和毫无意义的信念的影响呢？

要回答这个问题，我们首先要先退一步，问问我们自己，产生信念到底是为了什么。很多时候，我们的信念就像地图，显示着关于世界的准确信息的描述。根据这种观点，信念可以帮助我们有效地驾驭生活，为达目的而采用正确的行为。尽管有些信念的确起到了这样的作用，但很多，甚至是大多数的信念，在现实中都几乎或干脆就没有任何基础。我们很容易接受那些只存在于人类共同幻想之中的信念，而这些信念既很难证明，又不基于任何明确的、可验证的事实。我们相信，英格兰和苏格兰之间有条边界，但是，如果将地球上所有人类活动过的踪迹全部抹去，我们能向一个来自外星的观察者展示这条边界在哪里吗？大多数人认为，金钱具有外在价值，但是我们能否说服外星人，一张 10 英镑的钞票，仅仅这一张纸片，是真正有价值的东西？世界上，有相当多的人崇拜一个无处不在的超自然，它注视着我们的一举一动，如果我们犯下了罪行，就会随时被扔进永恒的地狱之火。那么，对上帝的信仰，和相信你正在遭受"喷气织机帮"的迫害，或者相信中央情报局已经把你化骨为汽，又有什么区别？

信念的力量

部分答案在于，我们相信的大多数"奇事"，都是我们与他人分享的信念，而这就是阴谋论和赤裸裸的迫害妄想之间的区别。妄想，通常是私人持有的信念，针对的也是个人。阴谋论则通常被更大的群体所接受，而且涉及强大的邪恶代理人，针对的不是信众自己。

真正的妄想会让我们觉得不可思议，因为没有人认可它们。[11] 这表明，我们将信念分为两类，即合理的与不合理的，这一分类依据的不是理性、科学的方法，而是某种社会评估过程。当有了足够多的人相信一件难以置信的事情是真的，那它就变成了"理性的"，而要是只有个别人相信，那它就是"非理性的"，甚至是疯狂的。

因此，从某种意义上说，信念类似于制度，像是社会规范、行为标准，如果大多数人都遵守，那最符合个人利益的选择是也去遵守。就像是你相信金钱的价值，只要社会中其他人当下也相信这点，那它就是合理的。而只有当人们对金钱的集体信念动摇时，货币的价值才会崩溃。信念，虽似镜花水月，但对促成事务运作的集体共识却大有裨益，并让我们人人参与其中的生活锦上添花。

进而，信念也可以成为群体的标签。[12] 不相信气候变化的人，是保守派。认为两性之间没有生物学差异的人，更像是左翼分子。

对于为什么特定的信念会依附于特定的群体，现在还没有明确的共识，但一旦形成了这种依附，信念就成了个人对群体的承诺标志。这意味着，只要信念是加入一个群体的先决条件，那么持有一种信念，哪怕是假装持有一种信念，都可能是对你有益的，或者能用来评估你到底可以获得多少社会支持。持有社会认可的信念，就是打开了社会福利的大门，而捍卫那些异端邪说，就会导致被社会排挤、流放，甚至还可能被谋杀。纵观历史，无数人因宗教原因而被监禁或处决，就是因为他们的信仰和现实中的其他信仰相抵触。最近，在社交媒体上也发现了类似的趋势：谁发表与多数观点相左的意见，谁就可能被注销账号。

信念，更像是一种群体成员的标志，其中容纳的并不都是真理。基于此，我们可以更好地理解，为什么人类大脑中似乎装满了各种各样的软件，让人类不遗余力地捍卫自己的信念，即便面对着大相径庭的证据，也置若罔闻。[13] 有意无意之间，信念就渗透到了你对证据的感知、记忆和评估等各种认知过程中。[14] 例如，在一项基于美国的研究中发现，一个人的政治倾向影响到了他对奥巴马肤色的看法，共和党人比起民主党人，会认为奥巴马的肤色更深一些。跟克林顿的支持者相比，特朗普的支持者更可能将奥巴马的就职典礼误认为是特朗普在 2017 年的就职典礼，而民主党人更有可能误认为小布什在卡特里娜飓风期间去休假了。在中立的前提下，保守派和自由派解决数学问题的能力没有什么差异，但当面对同样的难题时，比如，要他们分别确定枪支管制对预防犯罪到底是有效还是无效的时候，他们就犹豫不决了。[15]

因此，那些引起"非理性"的信念或者错误逻辑的认知怪癖行为，如证真偏差、动机性推理、选择性记忆等，都可以被视为一种适应性的临近机制（proximate mechanisms），这种机制帮助人类采用和捍卫在当前的社会环境中最为有利的信念，而不是追求客观正确的信念。这种倾向，也就是相信无法证实的东西并以此来塑造世界观，在人类成功的故事中占据了举足轻重的地位。但是，这也有可能带来很大的伤害。在个人层面上，当一个人什么地方出错时，就会出现强烈的偏执妄想。在社会层面上，也存在着这样的可能性。信念的社会属性会让我们拒绝他人的观点，分不清事实和自己选择相信的事实，甚至在需要团结一致的时候挑起争斗。举一个最近突出的例子，在新型冠状病毒刚开始流行的时候，一些有保守倾向的媒体机构兜售错误的信息，即新型冠状病毒并不比季节性流感更致命，阴谋论的说法对保守派的吸引力要大于自由派。几个月后，这些误导性信息所带来的后果开始凸显了。一项在美国进行的研究收集了1 500万部智能手机的位置数据，发现保守主义媒体的浏览量与身体距离的差异性直接相关，而从病毒感染率和死亡率上来看，保守气氛浓厚的地区受到了不可避免的影响。

在本章中，我们已经看到联盟的出现塑造了我们的心理机制，还可能导致了人类对精神病谱系障碍的易感性。我们也看到，联盟也影响了人类感知和信念的发展。在下一章中，我们将看到联盟的作用不仅在此，它们更改变了我们的社会结构。人类本是类人猿，这意味着我们来自一个漫长的物种谱系，其社会秩序是建立在专制和等级制度之上的。但是，人类的合作精神使我们不走寻常路：联合起来、颠覆秩序，从少数人手中夺取权力，并将权力分给大众。

这种对社会秩序的颠覆就是人类学家克里斯托弗·博姆（Christopher Boehm）所说的"反向等级结构"（reverse dominance hierarchy）。实践这种颠覆，可以说是人类这个物种能够走出自己独特道路的最重要的因素，没有之一。而是否能够扭转社会等级制度，取决于人类打造大型联盟的能力，即群体层面的、以集体利益为先的联盟。只要协调一致、万众一心，就能挫败任何暴君和恶霸的野心，大型联盟就能创造出一种公平的竞争环境，并遏制住群体内的任何一支强大的力量，使其不会不受约束地直达权力顶峰。

第17章
人类的合作精神，社会结构的改变

团结则存,分裂则亡。[1]

伊索
《四头公牛和狮子》(*The Four Oxen and the Lion*)

站在现代的角度看，任何试图描述人类社会特征的努力都像是在做傻事。在我们的社会中，各种可能性太多了。从规模上看，有几十个人的游牧民族，有数十亿人的国家。有些由酋长、独裁者或民主选举的政府来统治，有些则甚至没有正式的领导者。花点时间想想吧，人类是多么与众不同。在自然界中具有普遍意义的社会安排体系随处可见。例如，尽管我研究过的斑鸫鹛群体都住在南非的北开普省，但就算是我到了博茨瓦纳、纳米比亚甚至津巴布韦，也会发现那里的斑鸫鹛的生活方式与群体规模都和南非的斑鸫鹛差不多，群体内的等级关系也是如出一辙。

人类社会的多样性极不寻常，而且这很可能是 5 000 年前才涌现出来的状况，当时，第一批复杂社会刚刚出现。这并不是在说在那之前所有的人类群体都是一样的，即便是最早期的人类，或许也生活在彼此不同的群体中，其差异性超过了今天的狐獴、鹛鸟或黑猩猩的群体。然而，最早的人类社会有着一些相当重要的共同特征。人类在地球上的大部分时间，都生活在人口稀疏的社会里，居无定所，以打猎或采集为生，而不是种植或者购买。与其他类人猿相比，人类在几个重要方面上显得特立独行，其中很多在上文中已经讲述过了，例如，人类更加擅长合作、群体成员灵活、家庭结构明显，但这些还不是全部。不论与黑猩猩、大猩猩还是倭黑猩猩相比，最早的人类社会还具备另一个关键特征，那就是人人平等。

将人类社会归为平等的社会，可能多少会让人惊讶，特别是如果我们纯粹从金钱和财产的角度来定义平等的话。但是，金钱、财富都是人类相对较新的发明，而人类最早的祖先们并没有自己的房子，更不会积累很多个人财产。要衡量社会平等，更有意义的标准是繁殖成功率。按照这个标准，在人类出现以来的大部分时间里，我们的社会应该是相对公平的，因为大多数人的后代数量是差不多的。与此形成鲜明对比的是等级森严的类人猿社会，在它们的社会中，雄性首领可以独揽资源并垄断雌性，从而将群体内地位较低的个体排除在外。在某些物种中，如大猩猩，繁殖的机会可以说是赢者通吃，群体中几乎所有的后代都来自雄性首领。在黑猩猩中，低等级的雄性不是说不能繁殖，而是成功率远低于雄性首领，后者的后代占了群体的三分之一，并且是其最大的竞争对手的两倍多。尽管没有人类祖先社会的繁殖平等程度的数据，但我们可以依据在当代采猎社会中的测量结果来做些估计。相当多的研究表明，在采猎社会中，男性的地位和繁殖成功率之间的确是有关系的，但远不如猿类社会那般的层次分明。在人类男性中，繁殖机会的平等程度要比我们任何现存的近亲物种高得多。[2]

雄性黑猩猩首领会采取各种手段来对付对手们，比如，施压、恐吓和霸凌，以此来获得它们想要的东西。但是，在人类祖先群体以及许多当代的觅食社会中，这种做法行不通。在许多觅食社会中，若是谁想充当大人物来作威作福，他得到的往往是嘲笑、排斥，而不是权力和荣耀。个人自主权高于一切，群体生活的真谛在于人人可以做自己喜欢的事情，只要不伤害或者欺凌他人。或者，正如一位人类学家问到一个 Ju/'hoansi 人①："你们为什么没有首领呢？"这个 Ju/'hoansi 人回答道："我们当然有。每个人都是自己的首领。"[3]

在平等社会中，更高的社会地位是通过威望和尊重来获得的，而不是靠武力和恐吓。[4]以理服人，而非以力服人。地位高的人往往受人尊敬、慷慨大方，事事以集体利益为上。不管是谁，为了维持良好的声誉，都要表现得并不在意这种地位，更要避免别人指控自己自吹自擂、以势压人。如果有谁无视这种潜规则，可能就会受到同伴们的声讨。在 Ju/'hoansi 人中，谁要是目中无人、颐指气使，谁就可能会被称为"大首领（Big Chief）"，这可不是什么好词，而是一种讽刺性的谴责，如果听而不闻，接下来就是进一步的制裁了。无数的人类学报告都详细描述了那些耀武扬威、欺男霸女的人，如何被排斥、驱逐，甚至被杀死。下面这段文字就描写了在

---

① Ju/'hoansi 人，桑人或布须曼人的一个分支。——译者注

圭亚那的 Kalina 部落用来对付恶霸和"大人物"的方法。这些方法在非工业社会里都很普遍，同时也可能是早期人类群体的共同特征：

> 村落的人会跟他谈话，但如果他没有什么改过的举动的话，别人会叫他离开。如果他一定要留下，那么他会发现自己和家人都被社会抛弃了：没人会请他们喝酒聚会；没人会借东西给他们；打猎、打鱼、收割、造船等需要男人间协作的事情，没人会给他搭把手，他的妻子不管忙什么活计，都不会有人来当帮手；取水、洗澡的地方，也不会让他们全家人再进入了。简而言之，他将失去群体生活所带来的一切好处。有了这么明确的信息，如果他还是不思悔改，惹恼了众人的话，其他人或许会殴打甚至干脆干掉他。[5]

重要的是，在人类祖先群体和现代的觅食者社会中，并没有人处于强权保障的优势地位，而这一点并非源自对等级制度固有的厌恶：与他人争夺配偶、食物和其他资源，这是大多数动物大脑中的所思所想，也是所有类人猿的共同特征，人类也不例外。

相反，我认为，还是把人类社会中的分权现象视为一场巨大的拔河比赛，这样解释更有道理。绳索的一端是所有人身上或多或少都存在的冲动，这种冲动使人们希望凌驾于他人之上，利用任何天赋、技能、能力，或者任何的机缘巧合来比其他人高出那么一点点。绳子的另一端是由其他所有人的集体利益所组成的一种力量。与拔河一样，任何比赛总有胜方。在某些社会中，代表集体利益的一方似乎更加强大，或者在某些历史时期占了上风，但有时，"个人利益"似乎更加有力，一小撮精英，像暴虐的君主、皇帝和独裁者们，成功地制服并统治了比他们多得多的人群。

这个拔河比赛的比喻说明了两个重要原则。首先，人类在本质上并不反对攫取权力的过程和结果。事实上，大多数人关心地位和财富，而如果能够在社会中处于优势地位，其中的好处可是相当可观的。其次，如果在社会中看不到强权的影子，这不是什么疏忽，也没有人错失良机，更不说明从未有人心存此意。相反，权力的真空是双方持续角力的结果，通过多数与少数的对峙，才积极维持住了这种紧张的关系。

更谨慎的策略

说到这儿，如果你有一种似曾相识的感觉，那是因为我们以前提到过这些社会原则。之前，我们已经看到"基因议会"如何防止在精子和卵子中出现偏向自私基因的份额，我们还看到在社会性的昆虫部落中，劳工们如何相互监督，以阻止其姐妹们偷偷产卵。现在，我们再次看到，从最初的专制主义向平等的人类社会过渡的过程中，这些机制同样在发挥作用。

为什么个人会为了追求平等的集体目标而抛开自己的野心呢？为了回答这个问题，先来想一下比赛中的利害关系。我们可以有把握地假设，每个基因、每个个体都会力图成功，达到这个目标有两条路径。一条路是高风险、赢者通吃的群殴。看看第 3 章中我打过的那个比方，自私的遗传单元就好比是插队者。如果所有的基因或个体都以这种方式采取行动，那结果就是一场混战，每个人都想挤到队伍最前面，但只有一个赢家，那就是最终站在最前面的人。假如你赢得了比赛，你就能拿大奖，但更可能的情况是你输了。如果你最终排名最末、第三，甚至是第二名，你也一样什么都得不到。

另一条路是不再各玩各的彩票游戏，而是加入一个团队，就像许多人组成一个辛迪加一样。作为集团的一员，每次彩票抽奖你都有更大的机会赢得一些东西，即使你必须和队友们分享奖品。因此，组团是一种更谨慎的策略，即牺牲掉个人拿大奖的小概率机会，同时最小化什么都得不到的概率。而且，随着时间的推移，实行更谨慎策略的人往往会笑到最后。

制度的转变

既然我们有能力控制住那些占据优势地位的强权人物，那么你是不是很好奇，那些暴君和恶霸又是怎样爬上去的呢？人类出现在地球上的时间并不长，但就在这短暂的时间里，我们似乎从一个极端走到了另一个极端,从平等的觅食者社会转变到了文明曙光出现时的极度专制的政权。皇帝和君主,侯赛因和希特勒,都是怎样出世的?为什么人类的祖先们拒不接受别人的胁迫,而那些生活在最早的专制国家的人们却接受了这点?

为了勾勒出这种情况发生时的场景,我们需要回到人类开始定居生活的时代。那是在大约 12 000 年前,这一时期有时被称为农业革命,因为这是人类开始种植农作物和驯养牲畜的时期。人类从漂泊不定的游牧生活到不再迁徙的定居生活,这种转变是由气候变化促成的,当时的气候条件变得比之前上千年都要稳定得多。气候稳定的时候,作物不太会在环境的冲击下被摧毁殆尽,而且,最早的农民们也不必总是在天气的剧烈波动中疲于奔命,他们有机会尝试不同的耕作方法,从而找到最适合大规模生产的耕作方式。所以气候稳定是有利于农业的。

和所有的集体行动一样,人类这些早期事业的成功取决于能否协调一致。因此,这就是领导者的用武之地。我们已经看到,即便是在人人平等的采猎社会中,领导者照样存在,但仅限于特定情况,比如,在狩猎过程中需要有人充当协调角色,或者需要有人出来调解群体成员之间的争端。[6] 在这些社会中,领导者掌握的任何权力都是与具体的需求息息相关的,这意味着在一件事上的领导者往往在其他领域里没什么特权。例如,在埃塞俄比亚的查布人(Chabu)当中,谁拥有一群猎犬,他就可能跳出来决定什么时候、到哪里去打猎，他还会在狩猎过程中负责战术制定。如果猎人们足够幸运，能捕获到一些猎物，狗主人也会负责从猎物身上分肉。打猎时，这个人领导着狩猎队，但当遇到其他事情时，他的权威就不复存在了，他是打猎队长，但也仅仅是打猎队长。然而，生活在农业社会中的人就不同了，狩猎是一个起止分明、时间有限的活动，而农业不是这样，照料庄稼和家畜是一种日常生活方式。于是，具备一个领导者就变成了一个让社会更加持久的特征。

起初，制度化的领导体系大概是包容和民主的，人们需要的领导者是最能建立共识和协调行动的人。因此，这些早期的领导者们或许与那些流动的觅食社会中地位显赫的人有很多共同之处，他们得众人拥护、为众人所容。可是，这些早期的人类文明基本上全是始于平等，终为专制，尽管方式不一样，但领导者们都渐渐变得掠夺成性、霸道成瘾，征服、统治了大量农奴，同时大肆榨取他们的劳动力剩余价值。这显然不是一夜之间发生的，而将是一个历经几代人的渐进过程，慢慢地，普罗大众们失去了越来越多的资源，进而放弃了对领导者的制衡。

那么，大众为什么会接受这样的交易，这明明看起来很吃亏。让我们来看一个发表于 2014 年的理论模型。[7] 该模型先假设存在"顺从于等级制度"这样的特征，然后用数学术语描述这个特征是如何在一个偏爱平等的人群中传播的。别担心，我不会用数学方程式填满这本书，只把主要的结论简单讲一下就可以了。因为我们没办法回到过去，亲自测量不同的生活方式对人类繁殖和生存所带来的影响，所以理论模型对于理解人类进化的过程特别有帮助。模型就像一个数字化的培养皿，让我们得以设定一些假想世界的起始条件，然后静待事情发展。不过，必须记住的是，在评估这个模型或者任何其他模型的时候，结果从根本上取决于我们给出的世界的起始或者假设条件，或者换句话说就是"垃圾进、垃圾出"[①]。

建构该模型的目的是试图理解对等级制度的顺从程度是如何变化的，但你也可以将其视为对生活方式如何转变进行的探索，尤其是从平起平坐的觅食社会到等级分明的农业社会的转变。人类本来在更平等的觅食社会中活得好好的，为什么要采用农业生活方式？这种方式是如何进行的？带来了怎样的不平等？这种研究方式可以让我们对此加以探索。该模型中的"生态货币"是繁殖成功，如果我们想评估生活在农业社会的人们是不是比生活在觅食社会的对等人群拥有更多的后代，就可以利用这种货币来衡量。借此，我们就能将人类的心理特征与进化的结果，即不同的繁殖成功率，联系起来。

这个模型是建立在一些公认的假设之上的。首先，我们假设领导力能够促进行动的协调性，也就是说农业社会比觅食社会生产力

[①] 在数据分析中有一个说法叫"垃圾进、垃圾出"，意思是用不准确的数据做分析，也会产生不准确甚至毫无意义的结论。——编者注

更高。其次，我们假设通过集体行动获取的资源，例如，打猎得来的肉类，种植得来的作物，在觅食社会中都比在农业社会中得到了更公平的分享。如果说到不公平，我们说的不是那种彻头彻尾的专制形式，而是一种更加合情合理的场景，即一个农业集体的领导者为自己多保留了一点点的资源。最后一个假设是，农业群体和觅食群体在地理上是共存的。这意味着一个人的繁殖成功率不仅是相对于他本人所在的群体而言的，还是相对于整个人群而言的。这很重要，因为从绝对值来看，一块大馅饼（农业生活）的较小份额可能比一块小馅饼（觅食生活）的同等份额还要大。因为资源可以转换为繁殖力，所以"农业人"恐怕比"觅食人"的后代要多。用该模型的话来说，这意味着，尽管对等级制度的容忍会带来一定程度的不平等，自然选择还是会倾向于它。

诚然，或许我们可以理解在第一批定居生活的人类中，为什么某种程度的不公平是可以被容忍的，但是，比较难理解的是，为什么过去和现在，在人类历史的进程中，我们能看到那么多的人甘居下位，逆来顺受地接受了那些极端的专制制度？这种极端不平等的后果最容易通过观察得到，看一看人类祖先的觅食社会和人类已知的第一个文明社会之间的悬殊差异就知道了。据估计，在人类走出非洲之前的那个时期（大约10万至20万年前）里，在人类祖先的种群中，每有一个生殖能力成熟的男性，大概就有三个同样性成熟的女性。这说明，拥有后代和没有子嗣的男性比例是1∶2。到了全新世中期、农业革命如火如荼之时，这一比例增加到了

1∶16，无子无女的男性数量急剧增加。虽然等级制度并不是造成这种繁殖偏差的唯一原因，例如，在战争期间，男性的死亡率更容易高于女性，但是社会地位在决定谁能获得繁殖机会上还是起着重要作用的。在最早的文明中，其他人可能没资格生育，一些权力最大的皇帝和国王们却生了数百个孩子。许多男人在童年的时候就被阉割，被迫在皇宫里当太监。一方面为了展示威权，另一方面为了祭祀神灵，杀戮变成了司空见惯的仪式。[8] 同时，随着等级制度的兴起，我们也目睹了最具压迫性的主从关系的出现，即奴隶制。

极端专制下的人生怎么可能会比觅食社会的日子更可取？显然不会。人们不是选择了这种生活方式，而是人们被这种生活方式困住了。这是如何发生的呢？让我们回到数字培养皿，在那里我们可以观察到社会进化到底是如何发生的。我们知道，早期的农业群体比邻近的觅食群体生产力水平更高，人们为了换取更大的繁殖成功率，可能已经容忍了一定程度的不平等。但人群很少是静态不动的。在我们的数字培养皿中，农业群体开始扩张，这显然是群体成员的繁殖成功率提升的结果。随着扩张的进行，农业群体开始侵占可用空间，并将觅食群体逐渐推向边缘，直到后者从种群中完全销声匿迹。这是一条不归路，而且意义非凡，因为到了这个阶段，农业社会中的那些处于从属地位的人们已经只剩下这一种生活方式了。领导者们以前只是稍微侵占一点便宜，现在则可以堂而皇之地拿走大部分，其他人只能迫不得已地接受，谁让他们现在被困在当下了呢。

这个模型非常抽象，但它的确可以反映出不平等的程度在随着时间推移而不断增加。历史记载可以证实，追随者无处可去之时，就是等级制度最为强盛之世。一系列古埃及国家就得益于其地理位置，这些王国沿着尼罗河岸建立，四周都环抱着环境恶劣的沙漠。神一般的法老统治着农民和奴隶，不管哪个小民有了不满，想要出走和迁居，都会面临让人望而却步的代价。同样，在秘鲁，早期的国家出现在适于农业发展的狭长、肥沃的山谷之中，里面的人想要离开也是难如登天。在历史上，奴隶制也常见于定居部落中，如太平洋西北岸的夸库特尔人和奇努克人，这表明，即便农业没有出现，只要那些被征服的人不能轻易逃离和加入其他群体，社会转向专制也不是没有可能。

等待集体行动

沙漠和其他的荒蛮之地的确成了人们摆脱专制政权的障碍，甚至是插翅难飞的天堑，但下层人民可以通过起义来反抗、推翻政权。这尽管有可能，但尤其令人费解的是，明明下层阶级的人口数量远超过高层精英，但革命似乎并不常见。在一小撮专制首领和一大群下属组成的同盟之间的决斗中，明智的做法应该是每次都站在拥有数量优势的一方才对啊。一般情况下，数量上的优势可以被用来有效地预测战斗结果，这种观点的普遍性已经被总结成为一个被称为"兰彻斯特平方律"的数学证明。[9] 就连还不会说话的婴儿都能直观地理解它。这条定律表明，一个团队的战斗力不是与其成员数量成正比，而是与数量的平方成正比。也就是说，在2对4的战斗中，战斗力的比值是4∶16。如果把这个计算扩展到国家层面，那就是几百名政治精英对数百万人口，从中不难体会到两个群体在力量上令人生畏的不对称性吧。

那么，在独裁者掌权的国家里面，普罗大众们为什么不利用他们的人数优势来对抗暴君呢？为什么有数百万人都不赞同已实施的政策，也有数百万人并不拥护在台上的掌权者，而他们都不去攻击政府办公室，从而真正地夺回控制权呢？答案是，革命是一个必然涉及合作问题的集体行动。如果万众一心，那么集体就是强大的，但既然是叛乱，就会有风险。因此，每个人都面临着一种诱惑，也就是袖手旁观，让其他人冲锋陷阵、付出代价，同时自己坐收渔翁之利。

举一个令人不寒而栗的例子，奴隶贸易期间，经常有运奴船载着数百名非洲人横跨大西洋，让我们看看在这些运奴船上以极低频率发生的叛乱。[10]考虑到运奴船上的恶劣条件，以及在船上的男女俘虏们即便能在航行中幸存下来，到岸后等待着他们的也是悲惨的命运，很难想象，每一百艘运奴船中只有两艘出现了暴动。当然，发动起义实际上很困难，因为俘虏们被锁在甲板下面，成对成对地被串在了一起，而且通常是和一个完全陌生的人锁在一块，他们可能来自不同的地区，说着不同的语言。这可不是偶然，船长们是在处心积虑地阻止俘虏们交流，因为他们知道，语言障碍会严重阻挠任何叛乱的企图和策划。

但是，铁制镣铐和语言障碍并不是俘虏们鲜有反抗的唯一原因。相反，正如 2014 年一项研究表明的那样，坐以待毙或许也是一项明智的决定，参加为自由而战的联合行动，既有好处也有代价，卷入了叛乱，一旦败露，代价巨大，船长会以儆效尤，对叛乱分子实施野蛮的惩罚。同时，组织叛乱需要奴隶们相互信任，因此船长会许诺给一些人自由，只要他们肯监视其他人并及时告发任何的叛乱苗头。通过这种方式，船长在俘虏中间也播下了猜疑的种子，这进一步增加了集体行动中的挑头人面临的风险，因为如果你无法确定同伙是不是正盘算着要告发你，协调叛乱的事情就将难上加难。

诸多因素相互制约，导致了一个相当违反直觉的结果：尽管我们知道，人越多力量越大，但增加运奴船上奴隶的数量反而会有助于平息而非煽动叛乱。例如，一艘船上多载一百名俘虏，估计可以将叛乱的风险降低多达 80%。想知道为什么吗？重新想一下参与危险的集体行动所产生的成本和收益吧。如果群体规模较大，每个人对起义的贡献都只会对成功的概率产生很小的影响。与此同时，要是被发现正在密谋叛乱，代价仍然非常严重。基于这样对胜算的估计，最好是等着别人出头，枪打出头鸟嘛，叛乱一旦成功，自己还能指望着分享起义所带来的自由。而在较小的群体中，每个人的贡献度会增大，每个人都会对任务的成败起到更关键的作用。同样，也是在较小的群体中，个人也容易看到他人的贡献度，还能通过说服或激起羞耻心的手段来动员每个人都参与其中。

越来越多的个人和组织都在从破坏和开采地球的活动中获利，这将会给我们这个星球上的大多数人带来严峻的危害。在全球性的社会困境中，风险或许不像运奴船上的俘虏们那么高，但心理机制大致相同。应对气候变化，需要集体行动，全球承诺，而这就带来了风险，你可以做出个人的牺牲，决定不坐飞机，不生另一个孩子，或者只吃素食，但这种牺牲很可能是徒劳的。面对这样的形势，要想重获自主的控制权，让大多数人受益，唯有另寻他法，采取空前规模的集体行动。

第18章
合作的两面性，与时俱进还是作茧自缚

每一项罪恶都是合作的产物。[1]

斯蒂芬·克莱恩（Stephen Crane）
1898 年

第18章　合作的两面性，与时俱进还是作茧自缚

每天晚上，当飞机降落在华盛顿里根国家机场时，乘客们从大门内涌出，而这时，一群等候在外面的优步司机集体关闭了应用程序中显示的"待载客"状态。他们耐心等待着，随着时间的流逝，价格随着需求攀升：12 美元、13 美元、15 美元。最终，带头的司机发出信号，其他出租车司机齐刷刷地重新打开应用程序，这样，乘客们需要多支付一些额外费用才能到达目的地。[2]

人为地减少供应量以产生价格飙升的情况，这听起来可能不像是一件跟合作沾边的事情，然而事实恰恰相反！合作和竞争只是同一枚硬币的两面，从一个角度看起来像是合作的事情，往往换个角度看就是竞争。关闭应用程序的司机们或许正在敲乘客的竹杠，但他们必须齐心协力才能做到这一点。结果皆大欢喜，所有司机都关闭了他们的应用程序，价格果然也飙升了，但也有另一种可能，那就是司机比乘客的数量还要多。因此，每个司机都会面临一种自私的诱惑，那就是比其他司机早一点点打开应用程序，以确保他不会错过生意。

这个故事让我们面对的可能是一个令人不安的真相，到目前为止，这个真相一直躲在幕后蠢蠢欲动。从本质上讲，合作是提高自身地位的一种手段。换言之，当且仅当合作提供了更合理的竞争方式时，才会受到人们的青睐。由此推论，合作往往会产生受害者，实际上，所有人都得益、没有受害者的合作是最难实现的。

从这个角度来看待合作，我们可以将腐败、贿赂和裙带关系等现象重新归类为一种合作形式，在这种合作形式中，利益往往落在个别人的亲戚或伙伴身上，却同时由社会中的其他人为此付出代价。[3] 优先雇用家庭成员，给相关负责人塞些好处以确保利润丰厚的合同，这些都是合作型的人际互动，没有帮助和信任是做不到的。如果我们痛恨这类事情，那是因为这些个别人之间的合作常常会给社会带来危害。癌症就是个好例子，值得我们再次回味一番。在第 3 章中，我们已经看到癌细胞形成了合作伙伴关系，并且通过联盟的形式打败了我们体内的其他细胞。但是，癌细胞之间的合作会给宿主带来严重的后果，弄不好还会致命。因此，要判断合作是有益的还是有害的，完全取决于我们的立场。

更亲密的社会关系

如果有人问你，在法庭上为一个家庭成员开脱罪责而撒谎是否可以接受，你会怎么回答？如果有人问你，你是否有道德义务雇用最称职的候选人，而不是一个不太合格的朋友，你应该怎么处理？

这类问题的答案既不是直截了当的，也没有统一答案，因为某个范围内的合作往往与另一个范围内的合作相抵触。我们对于道德或不道德的判断，取决于我们认为应该如何去平衡利益冲突。换句话说，人们可能会不信任一个"只帮自己朋友"的人，但是，同样也会咒骂那些"连自己朋友都不帮"的人。[4]

接下来，让我们想象自己在一个圈子里，而这个星球上的所有其他人都与你一起待在这个圈子里的某个地方。我们对那些最亲近的人，包括家人和密友，抱有最大的道德义务，他们也是我们最关心的人。这并不奇怪，而且我们已经看到，在跟与自己有关的人打交道的过程中，以及在持久的人际关系中，合作与依存的程度更高。所以，社交圈子中的核心成员的福祉和成功与否，才与我们有着更加根深蒂固的利害关系，任何亲社会的行为首先会惠及核心成员，也是合情合理的。[5]

但是，这个圈子里还有其他人，尽管他们站在稍远的地方。这种较疏远的联系，使得他们无法等同于我们的亲友，但他们从来都不是或有或无的，也和我们同呼吸、共命运。如果需要，我们也应该向他们提供一定程度的帮助和信任。人类在世界观上最具争议的那部分，以及人类之间最深的一部分分歧的根源，都在于我们到底应该在多大程度上优先考虑我们的至亲至爱之人。

为了能把故事讲清楚，在这里我将用一些概括性的语言来解释。但是，请不要误认为我们可以根据一个人政治旗帜的颜色，或者基于其出生地或居住地，就给他打上道德狭隘或大仁大义的标签。打个比方，我们知道男性平均身高比女性高，但即使知道了某个人的身高，你也不会把赌注押在瞎猜一个人的性别上。反之亦然，知道了一个人是男是女，也并不能让你准确地预测出这个人的身高。同样的方式也可以解释我将要描述的模式，即普遍的趋势不能用来对任何特定的个体做出判断，但这些趋势确实影响了人类社会的运作和结构，以及人在社会中的关系。

应该把合作保持在较小的社交圈内，还是扩展到更为遥远的联系？如何掌握其中的分寸，在一定程度上这会随着每个人的政治派系差异而有所不同。近年来，美国总统的就职演说很好地说明了这一点。2009 年，奥巴马宣布"美国是所有国家、所有男人女人和孩子的朋友"，并承诺与"贫穷国家的人民一起……喂饱饥饿的身体，滋养贫瘠的心灵"。2017 年，特朗普围绕国家而不是地球的利益画了一个更小的圆圈，哀叹"在海外（花费了）数万亿美元"，并承诺"从这一刻起，将是美国优先"。

大规模的行为实验证实了上面的模式，人们发现，那些自称政治保守派的人更看重家庭，对全人类的关爱要少一些，而自由派人士则正好相反。在同一项研究中，保守派将保卫国家、防止外侵视为比建立一个远离战争和冲突的世界更为重要的事情。同时，保守派也倾向于对自身所处的社区有强烈的认同感，而不是将人类视为一个整体。当被问及假如有一笔资源,如何在不同的类别中进行分配的时候,这些类别包括家人、朋友、全体人类、非人类的动物,保守派与自由派相比更倾向于在一个更加局限的范围内进行资源分配,而且更加不情愿分配给非人类的动物。在一项由我和剑桥大学研究员李·德威(Lee de Wit)进行的共同研究中,我们发现人们对疫情影响的关心程度也与政治派别有关。[6]虽然所有人都为自己及亲友担忧,但是自由派表现出了对其他社会群体更加广泛的关注。总结一下,这些实验说明,保守派的道德关怀圈子更小一些,他们的情感、同理心以及关切程度,都更多地分给了相对亲近的关系,而非相对疏远的关系。

普遍主义与集体主义

在更广泛的范围内,道德关怀圈子的大小也存在着差异,也就是说,合作是优先扩展到亲密的关系,还是对每个人都平等对待,在各国之间也是各有不同。[7]这些跨文化的模式有时被描述为普遍主义与集体主义派别的差异。一方面,集体主义的社会倾向于围绕着家族群体,在这样的社会里,社交圈子相对较小,但是其中的联系纽带非常强,个体在很大程度上需要彼此依赖以维持生计。人们有很强的道德责任感去帮助小圈子里的人,但是不需要将这种照顾延伸到核心圈层以外。另一方面,在普遍主义的社会中,像西欧的很多国家,以及美国,人们倾向于更大的社交网络,包含了很多不大联系的社会关系,但对亲密家庭的责任感相对低一些。虽然人们仍然优先帮助和信任亲友，但并没有帮助这个核心群体的道义责任。相反，在普遍主义的社会中，道德规范强调的是不偏不倚的亲社会性，也就是说，应该以同样的做法对待每一个人。

社交圈子规模的大小可以解释社会运作方式中的一些比较明显的差异。例如，集体主义的社会中可能有着更多的腐败、贿赂和裙带关系，所有这些都可以被理解为人们需要优先考虑道德圈层之内的人的需求，而不是来自外部的需求。任命朋友和家人担任行政职务，而不是唯贤是用，在强调家族关系的文化中更为常见，同时，集体主义还预示着某些行为更有可能获得认可，比如，如果能够帮上朋友的忙，一个人就可能在法庭上撒谎。

正如你所预料的那样，集体主义的社会或一个强大的家庭关系，与对陌生人的信任度降低也有某种关系，这一点可以通过调查问卷来量化，也可以直接测量人类在现实世界的行为。一个特别的例子是意大利。意大利南部地区的家庭关系要比北部紧密[1]。南部

---

[1] 一些研究人员认为，教会的参与可能导致了这些地区差异的产生。早在公元500年，教会就禁止在近亲和远亲之间通婚。这意味着年轻人在达到适婚年龄后，经常需要搬迁才能找到适合结婚的丈夫或妻子。这些强制的婚姻模式从生理和基因上都稀释了大家庭网络，并且也被认为促进了相当孤立的核心家庭的出现，而核心家庭恰恰就是今天许多西方人的生活状态。在意大利，教会在北部比在南部更早地实施了亲属通婚的禁令，这一事实也许可以解释这些地区之间的当代文化差异。

意大利人对机构的信任度较低，他们习惯将更大比例的家庭财富留作现金，而不是投资于银行或股票。在接受贷款方面，南部意大利人更愿意从朋友或家人那里借钱，而不是从银行贷款，交易时也更愿意使用现金，而不是支票或信用卡。集体主义还预示了帮助陌生人的意愿会减弱，意大利南部的人的献血量低于北部，最近有一个叫"丢失的信"的实验，实验者将信封上留有邮戳、地址的信件留在街上，然后统计有多少信件最终被投递了。实验发现，北方的信件返回率高于南方。由此得出的一般模式是，牢固的家庭关系增加了核心社交圈内的合作和信任，但超出这一圈子的信任和合作却呈减少趋势。[8]

这类影响也可以在跨国的大型研究中观察到。在2019年进行的一项超级实验中，一组科学家在全世界的350多个城市里丢弃了超过17 000个钱包，钱包内含钞票、姓名和地址，此举旨在研究在什么情况下公众能把钱包还回来。把装着真金白银的钱包还给你从未见过，并且将来可能永远不会再遇到的失主，是一项合理、稳定的标准，专门用来衡量人们帮助陌生人的意愿。该实验的一个关键发现是，与亲属纽带更为紧密的国家相比，在普遍主义的国家，钱包被归还的数量更多。[9]

合作是一种社会保险形式

我们应当避免用道德含义来解读这些发现，信任亲情或是在一个小圈子里合作，并不一定比信任亲戚群体以外的人并和他们合作更糟糕。恰恰相反，如果这就是你所处的社会中其他人的行为方式，那么把合作聚焦在亲友身上，是一个非常理性的策略。

其他消除道德含义的方法是，找出道德关怀差异性的基础是什么，来源又是什么。让我们从三个生态变量开始，它们从人类出现以来就与我们的物种相关，那就是威胁、生存和疾病，这三个问题是真正重要的。如果我们能避免被攻击或伤害，还能获取保证我们健康所需的食物，人类最基本的需求就得到了满足，这就是所谓"物质安全"的本质。[10] 为了实现这个目标，人类从根本上需要合作。因此，合作是一种社会保险形式，万一人类最基本的需求得不到满足，合作就是一种缓冲风险的方式。

人类在地球上的绝大多数时间里，这种社会保险是以紧密的社会网络的形式出现的，其中就包括朋友和家庭。对许多人来说，这些本地的、个人的关系仍然是缓冲生活风险的基本手段。在许多非工业化社会里，人们按照惯例和邻居朋友们分享食物，而分享食物就是一种缓冲生活中起起落落的方式，特别是在人们无法从外部市场买到东西的时候。你可能还会记得马赛牧民的 osotua 关系，失去牛的风险被分散到了一对绑定的伙伴关系之中，每个伙伴都承诺在对方需要时伸出援手。人类在进化的过程中，利用互相高度依存的关系分散风险，是在严酷恶劣的、不可捉摸的环境中生存和发展的主要手段，对于许多人来说，直到今天，这种关系仍然是社会保险的主要形式。

但是，对我们这些生活在现代工业化社会中的人来说，情况看起来有所不同，因为国家在很大程度上取代了这些相互依存的关系，并提供了基础设施和支持，以确保我们的基本需求得到满足。通过提供军队和医疗保障等公共服务，国家保护我们免受威胁和疾病的侵害。通过贸易规则和规范的执行，国家允许市场经济蓬勃发展，并由此产生资源盈余。国家发行的货币使我们能够将这些盈余作为货币存储在银行中，而这些储存下来的财富使我们的供应链留有缓冲余地，这意味着我们能可靠地获取资源，而不必依赖他人的帮助。

物质安全从根本上改变了我们居住的社会的形态和规模。物质安全性低，社会网络规模往往就不大，而当需要对彼此提出更多要求时，我们仅会培养少量的、高度可靠的关系。当物质安全性提高时，人们也可以承受稍大一些的社会网络，在风险不那么高的地方建立新的伙伴关系，并寻找由此带来的机会。[11]

这凸显了国家在塑造我们的社会生活方面发挥的根本作用。如果国家能够确保最基本的社会需求得到满足，那么我们就不再需要依靠少数高度相互依存的关系来提供物质上的安全感。摆脱了基本需求上的威胁，我们也能承担一些社会风险，社交圈子的界限就能放松一些，并扩大到亲友核心网络之外的人。国家可以执行禁止行骗的规则，并在大多数情况下促进互惠互利的交流，从而进一步支持核心群体以外的互动。通过为人类的基本需求提供安全保障，以及建立一套促进相互交流的规则，一个功能健全的国家使得每个人都能够在自己的周围画出更大的道德关怀圈，并支持普遍主义、公平公正的合作规范。功能健全的国家，以及它所体现的制度，是现代民主国家赖以建立的基础。

物质安全

物质安全在国家内部和国家之间的差异都很大。其中一些差异是由基本的地理因素决定的，例如，病原体流行程度随纬度变化，最高值出现在赤道，而离赤道越远，病原体的流行度越低。这意味着，越靠近赤道生活的人往往更会受到病原体传播疾病的威胁，物质安全程度也会相应下降。其他的自然威胁，如极端天气事件和粮食短缺，也会随着纬度的变化而变化，这使问题变得更加复杂了。即使在地理位置相同的地方，我们也能观察到由于个人情况不同而在物质安全方面的差异，富人可以将钱储存在银行中以确保稳定的食物供应，但还有许多人无法用这种方式给他们的供应链留下缓冲余地。

在大多数情况下，物质安全的差异是相对稳定的，因此我们可以通过过去的情况预测来年的情况。在美国，南方各州发生极端天气事件的风险总是更高，而今年在贫困线上的某个人很可能到了第二年仍然很不幸地待在贫困线上。但是，我们时不时会经历猝不及防的物质安全上的冲击，这种冲击可能会使整个国家失去平衡，并危及我们的生存。这样的事件就发生在 2020 年，一种致命的冠状病毒开始出现，跨越国界，在几周内就侵染了全球近 50 万人。

尽管与近期的其他流行病，如埃博拉病毒、SARS 相比，COVID-19 的死亡率相对较低，但庞大的感染人数使医院不堪重负。保证医疗系统的正常运转不仅对感染病毒的人很重要，对那些需要紧急和意外住院治疗的人来说也很关键，因为如果医疗系统处于崩溃点，那么它的医疗护理能力将受到严重损害。

在这种情况下，典型的保障物质安全的方法就不那么奏效了。面对身患疾病在家隔离的前景，人们开始囤积物资以备在足不出户的情况下生存下来。曾有人观察到人们恐慌地抢购卫生纸，这反而成为真正的焦虑来源，因为我们都担心"纸到用时方恨少"。政府官员信誓旦旦地保证"每个人都有足够的食物"，这句话很容易被推翻，因为这与我们自己的经验相矛盾：超市货架被抢购一空，食品配送服务不堪重负，光是进入商店就需要排连续几个小时的队。由于重症病例的数量有可能超过医院的重症监护负荷力，国家提供的医疗保健服务也将受到质疑。如果我们病了，再也没人能保证我们能得到充分的照料。

然而，我们在危机之后看到的是合作的复苏。[12-14] 本地的社交网络如雨后春笋般涌现，合作的幼苗发芽了。人们在邻居的门上张贴纸条，并留下自己的电话号码，承诺在需要时提供帮助，邻居们再次开始分享食物。当地商店团结起来为社区中的弱势群体提供服务，许多商店为那些因健康原因不能出门的人提供免费送货服务。我家附近的一家书店停止了线下零售业务，但转而通过电话提供图书销售。当我打电话准备为我最小的儿子购买一些小玩意儿的时候（他很不幸地在 3 月下旬过生日时摔倒了），店主不仅打了礼品包，还感觉到我需要一些开心的事来转移注意力，所以免费赠送了她自己最喜欢的小说给我。面对极端的困难和不确定性，我们没有转向冷漠旁观，而是相互扶持，人人都在力所能及地给予。

这些合作的故事温暖人心，但它们也是有限的，而且是极其本地化的。面对威胁，道德关怀范围会随之缩小，我们很可能愿意帮助邻居，但继续旁若无人地在商店内抢购囤积，抢得越多，给他人留下的就越少。而在危机中，其他来自不同社区的购物者们，更有可能因为超出了我们业已缩小的道德关怀圈而遭到漠视。[15]

从国家的范围来看，也出现了类似的模式。在"United States（美国）"这个词中，"United"的意思是"联合"，其价值在于不同的州可以在需要的时候互相帮助，而不是只有"States"。州是集体的一部分，不应该是 50 个独立存在的实体。被火灾或龙卷风袭击的州可以依靠其他州的帮助来摆脱困境，而且这往往也是有效的，因为这些灾害通常不会同时袭击所有的州。病毒的大流行却极大地改变了现有情况，因为各州要么已经身在其中，要么正在准备不可避免的紧急状况。因此，州与州之间的合作逐渐减少，因为没有一个州会冒着自己最终出现物资短缺的风险，去为另一个州的医务人员提供呼吸机、防护装备或检测试剂盒。在国际范围内，欧洲国家不愿出手帮助已经被疾病压垮的邻国，而特朗普也因买断了瑞德西韦[①]的全球库存而受到批评。随着疫苗的出现，我们可能会继续看到类似的、只顾自己国家利益的狭隘做法不断出现，因为各国都在争先恐后地为本国公民争夺有限的资源。

放眼全球，立足本地

全球问题要靠全球合作。流行病根本算不上唯一的，甚至也算不上最严重的问题，真正的问题似乎无穷无尽：气候变化、栖息地消失、物种灭绝、越发严重的污染、有限资源的过度消耗以及核裁军，这些都是我们还没能做到合作共赢以获取更大利益的明证。世界上超过30%的渔场已被过度捕捞，以至于现在面临着崩溃的风险。有些物种，如蓝鳍金枪鱼，很可能在我们的有生之年灭绝。2019年夏天，亚马孙地区共发生了3万多起大火，据报道，其中许多火灾是由农民和伐木者故意为之，目的是清理土地，为种植农作物或养殖牲畜做准备。人类对棕榈油贪得无厌的需求，意味着等到2080年，猩猩们赖以生存的森林将有80%被摧毁，而这种标

[①] 一种能帮助患者从COVID-19中康复的药物。

志性的猿类，我们人类的表亲，也将加入因人类而灭绝的物种名单中。

解决全球问题困难重重，原因也在于全球合作。此外，全球公共产品应该是面向每个人的，无论他们是否曾经对这些产品做出过贡献。我们在减少伦敦市中心的空气污染的同时，总不能去阻止SUV的司机们上路。我们不能一边防止温室气体排放超过危险阈值，一边去阻止航空飞行的旅客享受飞行的好处。这是个社会两难困境，个人可以从他人的付出中免费蹭到好处，而且实际上，对于任何集体行动所带来的福利都能够从中得到好处。搭便车问题凸显了为全球公共产品寻求合作解决方案的难度，尽管人人都知道，我们在这个星球上还能存在多久，很大程度上取决于我们将如何选择。全体人类正在一起玩一个全球性的游戏，然而，对个人而言，合作的回报不如自私，合作看不到锦绣前程和比较优势。即便是放眼向前看，人们对合作失败可能会导致灾难这件事心知肚明，但灾难到来的时刻远到超过了一般人的想象。这种严峻的进化逻辑似乎正让我们冲向悬崖边缘，明知结局不妙，却也无力回天。

全球合作的障碍在于自私所带来的短期利益。例如，在2019年1月，一条稀有的、重达270公斤的蓝鳍金枪鱼在东京的丰洲海鲜市场被卖到310万美金（约合3.336亿日元）。[16] 这是一大笔钱，足以让人背弃原则，特别是如果你相信即便不是你抓住并卖掉它，其他人也会这么做。从小处看，我们每天都会面临这样的两难抉择。如果别人都照飞不误,我为什么要避免坐飞机?我好喜欢这些新牛仔裤,为什么还要考虑生产它们需要付出的环境成本?诸如此类,令人遗憾,还可能会导致所谓的"公地悲剧"。问题要解决,但是谁之过?又应该怎么做?

通过这一切,我们可以意识到,仅凭不冷不热的口号来激发人类更美好的天性,指望这样就可以解决重大问题是多么的天真和危险。例如,"大社会"是由英国保守党在 2010 年提出的一种政治理念,旨在将生产公共产品的权力从政治家手中转移给大众,主要的方法之一就是鼓励志愿服务。现在我们知道,这个努力壮烈地失败了,本书已经给出了一些对失败原因的分析。如我们所见,人类不是完美的、无条件的合作者。进化也从未偏爱不加区别、一视同仁的帮助行为。反而,我们会小心谨慎、审时度势,根据将来可能得到的好处来调整付出。如果得不偿失,没人会在合作上投入那么多。

2020 年的新型冠状病毒肺炎大流行是个发人深省的例子,让我们看到了合作中的难度所在。迄今为止,很明显,年轻人及健康人群的死亡率相对低,而有基础性疾病的人及老年人的死亡率要高得多。与任何传染病一样,控制传染的策略依赖于合作,即人们愿意减少他们的正常活动,并调整他们的日常生活和出行计划。如果大多数人愿意坚持这些做法,那就能减少社会中弱势群体所付出的代价。但是恰恰因为这要求我们做出集体行动,合作很难达成。为什么自己就要屈就改变日常生活,而别人可能不愿意这么干呢?为什么惊慌失措的购物者们要忍着不去囤积卫生纸和意大利面条,那万一被社会遗忘掉,该怎么办呢?为什么自己要戴口罩或遵守隔离措施,以此来保护他人,而同时又看到或相信其他人无视这些原则呢?在英国,早期的相关建议和请求并没有得到民众重视,果不其然,几周后等着我们的就不再是请求,而是告知了。政府采取了更严格的措施,并警告要对不遵守规定者进行处罚。这些措施是必要的,而且或许应该早点出台,因为只依靠人们的善意,不啻是一种幼稚的做法,而就全球泛滥的流行病来说,这更是要以生命为代价。

看到人类对这一大流行病在全球范围内的反应后,我们很难对人类解决另一个更棘手问题的能力保持乐观。流行病有很多特征,本质上相对容易解决:威胁就在此时此地;人人都有动力采取强有力的手段来保护自己,因为没人想得病;尽快根除疾病的经济动机也非常强烈。同时,一些后来才受到打击的国家,可以通过观察病毒是如何传播的,有机会从不同政策的得失中吸取教训,尽管有些国家还是没能明智地利用这些机会。

对人类解决像气候变化这样的问题来说,新冠疫情可以起到警醒的作用。气候变化的前景存在很大的不确定性,某些地区遭受的损害要大于其他地区,但是不管采取什么行动,都是现在付出、将来收获,即使能看到好处也是很久以后的事了,到那时,我们很可能已经不在人世了。我们真正需要的，是将全球各地的努力协调起来，而不是像应对 COVID-19 一样，各个国家各行其是，各搞一套。

事实上，我们解决全球公共产品问题的最佳机会可能是"放眼全球，立足本地"。[17] 这个口号由已故的诺贝尔奖获得者埃莉诺·奥斯特罗姆（Elinor Ostrom）提出，它既承认自上而下的治理和协调对于解决大规模复杂问题的重要性，也强调了自下而上或"多中心"方法的美好前景。2015年12月正式签署的《巴黎气候变化协定》就是这个口号的一个很好的例证。特朗普总统在2017年宣布他打算退出该协定。与特朗普形成鲜明对比的是，美国3 800多名领导者，从州长到首席执行官、市长、大学校长等，联合签署了一项承诺书《我们还在》，他们承诺遵守巴黎协定中规定的目标。最新的数据显示，该承诺的签署者约占美国总人口和经济总量的一半。自下而上的方法建立在我们知道合作成功需要些什么的基础之上，在这个方法框架下，各方要进行沟通，发展关系并建立信任，为不同的本地问题开发不同的解决方案。至关重要的是，各国还要形成本地的法律法规，明确利益相关者形成的共识，确立执行和处罚行为的合法性。

在渔业配额的设计中，"放眼全球，立足本地"这一口号的重要性可见一斑。渔获量分享的制度可以激励渔民们进行合作，可持续地捕捞鱼类资源储量，由专家们计算可持续捕捞的鱼量，每个渔民平均地获得配额。只有大家都认同这一制度的合法性，它才是有效的，而如果配额分配不均，或者在设计的时候没有利益攸关方的参与，如欧盟的共同渔业政策，这一制度成功的可能性就要低很多。要防止搭便车现象的出现，必须具备监测和制裁手段以保证人人遵守规定。同样，是否具备合法性是关键，相互制约行之有效，相互协商必不可少。[18]

2020年的新冠肺炎大流行也提供了另一个"放眼全球，立足本地"的例子。令许多人错愕的是，英国政府最初对制定严格的政策法规敷衍塞责，没有强制要求保持社交距离或采用其他手段延缓疾病的传播。在英国出现第1例病例后的几个星期里，酒吧和餐馆仍然营业，大型活动和音乐会继续进行，人们随意进出该国，没有采取措施对人们进行症状检测或限制来自高感染率国家的抵达者。然而，尽管缺乏自上而下的指导，许多机构和个人很早就采取了单边行动，他们践行了"放眼全球、立足本地"。主要的零售商们在被迫关门之前就停止了营业，公司要求人们在家工作。有几所大学（包括我自己的大学）暂停了所有的面对面教学，英超联赛取消了所有剩下的足球比赛。这些自下而上发起的早期行动，无疑挽救了生命。

人类的社会本能

我们可能喜欢把自己想象成自主自立、自给自足的生物，但是大规模危机的出现再次彰显了人类从根本上是相互依存的。危机也提供了一个机会，一个停下来、重新评估社会的时刻，并借机想想看，我们是否还有其他的选择。第二次世界大战是人类故事中最具破坏性的篇章之一，但这一可怕的事件也为一些非凡的成就铺平了道路。在很大程度上，不同的政党为了更大的利益而搁置了分歧，"战后共识"是英国国民医疗服务体系的坚实基础，国家承诺照顾所有公民，为所有人而不仅仅是那些负担得起的人提供医疗保健。战争也推动了性别平等的社会进程，男性出去打仗，空下来的工作岗位往往由女性填补。在美国，大约 600 万女性在战争期间进入了劳动力市场，经过了一番周折，这种模式在战后得以继续存在。女性既然能够在战时胜任工作，在和平时期就更没有什么理由不让妇女们追求职业抱负。

就可能引发的社会动荡而言，一场流行病就好比是一场战争，其变革引起的涟漪可以持续到很远的未来，某些涟漪可能非人所愿。世界各地的专制政权利用人们无暇顾及的机会，拼命扩充自己的利益，在民主制度中塞进了各种障碍，而这些障碍可能需要数年才能瓦解。但是，还有其他一些涟漪带来的是将来的希望。在最严格的封锁期间，随着人们对"必不得已的旅行"的观念迅速得到了改变，城市中心的空气污染迅速下降。随着原本忙碌的飞行航线陷入沉寂，温室气体的排放量出现了暂时下降。据估计，在 2020 年 2 月和 3 月的 4 周内，中国的煤炭使用量下降了约 25%。[19] 在撰写本书时，我们要想判断这些强制措施是否会成为人们新的习惯还为时过早。但是，我们会继续在家工作吗？在长途旅行之前，我们会三思而后行，转而坚持虚拟会议的形式吗？

一些研究表明，这些是可能的。动荡时期是改变生活方式的好时候，在一项研究中，瑞士的司机被要求在两周的时间里，放下汽车钥匙，换成电动自行车，结果发现，即使在试验结束的一年之后，汽车的使用量还在持续减少。[20] 一项涉及伦敦地铁通勤者的类似研究表明，当罢工迫使通勤者改变路线时，他们当中的很多人甚至在罢工结束后，仍然坚持走那条改过的路线。这说明，他们之前只是一直陷在次优习惯里而已。[21] 危机让我们重新审视自己的生活和社会，而这也许是困境中的一线希望吧。

人们不禁有些惶恐，对人类和地球上的其他居民而言，未来会是个什么样子，对我们自己的孩子和未来的人而言，生活又会是个什么样子。我认为，我们的担心是对的，宣布紧急情况并要求大家采取措施也是对的，但是我们不应该因此失去希望。人类与地球上的其他物种不同，我们有能力找到摆脱社会困境的方法。天赐游戏，我定规则。我们不只是被游戏所困，还可以改变规则。在这个领域里有着无数的例子，凸显了人类的聪明才智。无论是采猎者决定如何分肉，儿童们决定轮流使用玩具，还是国民们决定投票选举掌权的政治代表，我们都是在创建和改变规则，目的就是为了成功协调个人利益，通过合作生产出更多的公共产品。

为了保持住解决全球问题的希望，我们需要利用人类的聪明才智来创建有效的制度，制定各种规则、协议和激励措施，这些制度将助长合作与长远的眼光，而不是鼓励自私和短浅的视角。我们可以预见更有效的方案，可以设想更光明的世界，也可以为我们的社会设计章程规则，让人们充满动力地进行合作。

如今，全球人口接近 80 亿，对一个只不过是"公认的猿类后裔"①的物种来说，这是一项非凡的成就。[22] 为此，我们可以感谢人类的社会本能，那种与家人、亲友和所爱之人相互扶持的动力。合作，无疑是人类成功的关键因素。但是，鉴于人类在地球上的巨大存在和非凡影响，我们需要超越本能，打破常规、破旧立新才能别开生面。大多数时候，与亲人合作，或者与已经有关系的人合作，都很容易，但是，要把信心寄托在我们素未谋面的人身上，可就困难得多了。而这正是全球问题需要我们做的事。

毫无疑问，我们有能力、技术和专业知识来应对这些挑战。但是，历史上社会崩溃的故事警告我们不要自满，失败是现实的可能性。我们应该记住，人类并没有天降的使命，更没有注定的结果。我们当然还有机会正确处理全球问题，但再也不会有第二次机会了。

---

① 又是达尔文的妙语。

在人类故事中，合作起到了神话般的作用。如果方式得当，合作会带来财富，但若落入坏人之手，或者方式不当，合作就如同抱薪救火，带来的则是毁灭。在人类的旅程中，合作已经和我们一起走了这么远，但如果我们不能找到更好的方法来驾驭合作，并将其扩展到我们所面临的全球问题中，人类就有可能变成自己所取得的成功的牺牲品。所以，这个神话故事是否能有一个美好的结局，取决于我们自己。

致　谢

　　我要在此隆重介绍几个关键人物，没有他们的帮助，读者们根本不会看到这本书。非常感谢萨拉-杰恩·布莱克莫尔（Sarah-Jayne Blakemore），我的导师和挚友，她在过去5年中以无数种方式给予我帮助。我的编辑贝娅·海明（Bea Hemming），在我感到疲惫和厌倦的时候，给了我有益的反馈和鼓励，戴维·米尔纳（David Milner）在文字编辑方面创造了奇迹。还要感谢我的经纪人威尔·弗朗西斯（Will Francis），他从一开始就看到了这本书的潜力，最后还要感谢这本书在美国的编辑安娜·德·弗里斯（Anna De Vries）。

　　一些人试读了这本书的部分内容或勇敢地读完了整本书，这也使得最终呈现的成品要比他们看过的半成品好得多。感谢雅典娜·阿克提皮斯（Athena Aktipis）、凯瑟琳·鲍尔（Kathleen Ball）、妮可·巴巴罗（Nicole Barbaro）、沃恩·贝尔、奈杰尔·贝内特（Nigel Bennett）、乔纳森·伯奇（Jonathan Birch）、西内德·英吉利什（Sinèad English）、海伦·哈吉（Helen Haggie）、丽贝卡·杰伊（Rebecca Jay）、帕特里克·肯尼迪（Patrick Kennedy）、戴夫·拉格纳多（Dave Lagnado）、埃利·利德比特（Elli Leadbeater）、洛朗·莱曼（Laurent Lehmann）和艾丽西亚·梅利斯（Alicia Melis）。许多人帮助我对书中的具体观点进行了事实核查，非常感谢查理·康沃利斯（Charlie Cornwallis）、李·盖特勒（Lee Gettler）、尼克·莱恩（Nick Lane）、迪特尔·卢卡斯（Dieter Lukas）、凯文·米切尔（Kevin Mitchell）、埃莉诺·鲍尔、埃尔瓦·罗宾逊（Elva Robinson）、乔纳森·舒尔茨（Jonathan Schulz）、丽贝卡·西尔（Rebecca Sear）和冈特·瓦格纳（Gunter Wagner）。当然，如有任何错误，都是我自己造成的。

以科学为职业有点像买彩票，失败是常态，我自己的职业生涯也不例外。然而，我能够非常幸运地在几个关键场合做出了正确的选择。2003 年，曼迪·雷德利（Mandy Ridley）邀请我担任研究助理，帮助她建立斑鸫鹛研究项目。鉴于我当时唯一相关的技能是吹口哨，真的很感激她在我身上下了赌注。我的导师蒂姆·克卢顿-布洛克（Tim Clutton-Brock）随后鼓励我申请博士学位，继续研究斑鸫鹛。他充满智慧地用红笔写下简洁的批注"下次说大白话"，他教会我如何绞尽脑汁地写出人们可能想读的东西。2008 年，在一个美国会议中，我遇到了雷多安·布沙里，在这个会议上他就清洁鱼研究发表了演讲。他的第一张幻灯片是一张惊艳全场的蜥蜴岛的照片，就像高端假日杂志中的摄影作品一样。事后，我特意去找布沙里，并提到我不介意在这个热带天堂待一阵子。最初只是一句随意的调侃，现在已经发展成为一段跨越十多年的硕果累累的合作和友谊。我的研究得到了英国社会科学院、Leverhulme 信托基金会（The Leverhulme Trust）、英国自然环境研究委员会（NERC）、英国皇家学会和伦敦动物学会的慷慨支持。特别是，我的皇家学会奖学金给了我追求研究兴趣的学术自由，我将永远感激成为该奖项的获得者。

科学让我乐此不疲的原因之一，是可以结识与自己合作的人。除了上面提到的那些，我还要感谢以下导师、合作者和朋友，他们中的许多人都能找到本书中对他们工作的描述：昆汀·阿特金森（Quentin Atkinson）、帕特·巴克利、露易丝·巴雷特（Louise Barrett）、沃恩·贝尔、桑德拉·宾宁（Sandra Binning）、罗伯特·博伊德（Rob Boyd）、露西·勃朗宁（Lucy Browning）、迈克·坎特、杰玛·卢卡斯（Gemma Clucas）、英尼斯·卡斯尔（Innes Cuthill）、尼克·戴维斯（Nick Davies）、彼得·达扬（Peter Dayan）、乔·德夫林（Joe Devlin）、李·德威、马克·戴布尔（Mark Dyble,）、简·恩格尔曼（Jan Engelmann）、贡萨洛·法里亚（Gonçalo Faria）、汤姆·弗劳尔（Tom Flower）、露西·福克斯（Lucy Foulkes）、西蒙·加赫特、安迪·加德纳（Andy Gardner）、克雷斯蒂娜·戈拉贝克（Krystyna Golabek）、安东尼娅·汉密尔顿（Antonia Hamilton）、尤里·赫兹（Uri Hertz）、安迪·希金森（Andy Higginson）、莎拉·霍奇（Sarah Hodge）、安妮·霍格特（Anne Hoggett）、凯特·琼斯（Kate Jones）、尼尔·乔丹

（Neil Jordan）、桑吉夫·坎博伊（Sunjeev Kamboj）、贝基·基尔纳（Becky Kilner）、莎拉·诺尔斯（Sarah Knowles）、乔治娜·梅斯（Georgina Mace）、露丝·梅斯（Ruth Mace）、玛尔塔·曼瑟（Marta Manser）、凯蒂·麦考利夫（Katie McAuliffe）、邦妮·梅瑟雷尔（Bonnie Metherell）、凯莉·莫耶斯（Kelly Moyes）、米尔科·穆索莱西（Mirco Musolesi）、迈克尔·穆图克里希纳（Michael Muthukrishna）、玛莎·纳尔逊-弗劳尔（Martha Nelson-Flower）、安娜·平托（Ana Pinto）、多米尼克·罗奇（Dominique Roche）、彭妮·罗斯（Penny Roth）、安迪·拉塞尔（Andy Russell）、琼·西尔克（Joan Silk）、莎拉·史密斯（Sarah Smith）、山姆·所罗门、安妮·萨默菲尔德（Anne Sommerfield）、赛瑞安·萨姆纳（Seirian Sumner）、亚历克斯·斯图尔特（Alex Stewart）、罗里·萨瑟兰（Rory Sutherland）、亚历克斯·桑顿、阿恩·特劳尔森（Arne Traulsen）、杰尼·特里基（Zegni Triki）、莱尔·维尔（Lyle Vail）、加布里埃拉·维格里奥科（Gabriella Vigliocco）、斯图·韦斯特（Stu West）、波莉·威斯纳（Polly Wiessner）、莎朗·威斯默（Sharon Wismer）、安迪·杨（Andy Young）。

多年来，我还与一群非常有才华的学生和博士后研究人员一起工作。虽然所有这些人的贡献都有助于塑造我的想法，但我还是特别想感谢吉姆·艾伦（Jim Allen）、杰克·安德鲁斯（Jack Andrews）、瑞亚·阿里尼（Rhea Arini）、乔·巴恩比（Joe Barnby）、托马索·巴蒂斯托尼（Tommaso Batistoni）、乔纳森·博恩（Jonathan Bone）、保罗·德奇曼（Paul Deutchman）、安娜·格林伯格（Anna Greenburgh）、加布里埃尔·哈德森（Gabriel Hudson）、奥德·凯南（Oded Keynan）、爱丽丝·利夫格林（Alice Liefgreen）、亚历克斯·汤普森（Alex Thompson）、特里塞夫根尼·帕帕康斯坦丁努（Trisevgeni Papakonstantinou）、伊莉莎维特·帕帕（Elisavet Pappa）、凯丽·王（Keri Wong）、埃琳娜·卓纳（Elena Zwirner）。

在完成本书的最后阶段，我妈妈去世了，她最终屈服于折磨了她7年的疾病，我很难用言语表达这给我们的家庭带来的损失。过去的几个月难以想象得艰难，如果没有那些提供保障的关键人物，情况会变得更糟，感谢你们：金·比兹利（Kim Beazley）、杰基·布朗（Jackie Brown）、汉娜·达灵顿（Hannah Darlington）、莎莉·格鲁科克（Sally Grewcock）、乔·哈丁（Jo Harding）、凯特·贾曼（Kate Jarman）、贝桑·马伦（Bethan Mallen）。

我现在对抚养孩子所涉及的成本感同身受，在这里要感谢我的父母和继父母对于我们和孙辈们的持续支持和关爱。在过去一年左右的时间里被忽视的孩子们，我很抱歉，我保证不会再有下一本书了。我的意思是，2021年，我不会再写一本书了。致戴夫，我那拥有无尽耐心的丈夫，一千个谢谢你，你总是放纵我做我想做的事，而且从不让我为此感到内疚，还要谢谢你为我端来早上的第一杯茶。

注 释

引 言

1. Charles Darwin, in correspondence to John Morley 14 April 1871.
2. Tofilski A., Couvillon M. J., Evison S. E. F., Helanterä H., Robinson E. J. H. & Ratnieks F. L. W. 'Preemptive Defensive Self-Sacrifice by Ant Workers'. *The American Naturalist*, 172, E239–43, 2008.

第一部分

1. Bianconi E., Piovesan A., Facchin F., Beraudi A., Casadei R., Frabetti F., Vitale L., Pelleri, M. C., Tassani, S., Piva, F. & Perez-Amodio, S. An estimation of the number of cells in the human body'. *Annals of Human Biology,* 40, 463–71, 2013.
2. Dawkins R. *The Selfish Gene*. Oxford University Press, 1976.

3. Bourke A. *Principles of Social Evolution*. Oxford University Press, 2011.
4. Szathmáry E. & Smith J. M. 'The Major Evolutionary Transitions'. *Nature* 374, 227–32, 1995.
5. Van Wilgenburg E., Torres C. W. & Tsutsui N. D. 'The Global Expansion of a Single Ant Supercolony'. *Evolutionary Applications* 3, 136–43, 2010.

第1章

1. Richard Dawkins, foreword to John Maynard Smith's *The Theory of Evolution*, Cambridge University Press, 1993.
2. Pointer M. R. & Attridge G. G. 'The Number of Discernible Colours'. *Color Research & Application* 23, 52–4, 1998.
3. Charles Darwin in correspondence to Asa Gray, 8 or 9 February 1860.
4. 达尔文之所以发抖，可能不仅仅源自这个眼睛的复杂性问题，还源于另一个棘手的问题，即父母一代中如果出现了有益的性状，如何传递给后代。遗传信息中有什么，它们又是如何传播的？达尔文的宏大理论可以解释"没有设计师的设计"，但仍然存在一个很大的缺失部分，那就是自然选择所依赖的遗传机制。

当时最著名的观点由法国博物学家拉马克提出。拉马克认为，父母在其一生中获取了改进性状，并将这些改进传递给后代。典型的例子是长颈鹿总是努力去够树上较高处的叶子，并将拉长后的脖子传递给它们的孩子。虽然达尔文知道拉马克的想法，但他不相信，认为拉马克的书是"拙劣的，我从中一无所获"。相反，达尔文提倡一种"混合"的遗传，将母系和父系特征混合在一起，以产生兼具父母特征的中间版本的后代。这也有问题，因为在这种逻辑下，在自然选择采取行动之前，新的有益的变化已经被平均化了。混合性的遗传不能产生适应性，相反，它起到了稀释的作用。最终，达尔文放弃了这个想法，尽管他也没有其他答案，他至死没有理解遗传的机制。

然而，达尔文并不知道，一位名叫格雷戈·孟德尔的奥地利僧侣发现了性状传递给后代的方式。通过一系列在豌豆身上做的巧妙实验，孟德尔推断出遗传信息是某种微粒的形态，以离散的、指令集的方式，从每一个亲本传递给后代，这个指令集后来被称为基因。通过他的繁殖实验，孟德尔发现他可以根据父母和祖父母的特征预测后代的外观特征，如叶子的形状和颜色。他推断，这些可观察到的性状必须通过一代又一代传递的、不变的信息包来预测。不幸的是，达尔文从未听说过孟德尔的实验（可能是因为这些实验是用德语在一本相当晦涩的杂志上发表的），更没能亲眼目睹孟德尔的见解和他的理论结合起来，形成了现代的综合进化论，即关于进化是如何运作的、统一的描述。

5. 这不应该被理解为进化是一种方向性的力量，也不意味着复杂的眼睛比简单的眼睛"更好"。许多生物物种长着简单的光感细胞，比如单细胞藻类，就使用这些细胞检测并游向光线。
6. 某些基因可以起到像开关一样的作用，单个变异会导致携带者外观和行为上的离散变化。例如，血型就由单个基因的变异控制，而且血型是不连续的，并无任何中间形式。然而，这类情况是例外而不是铁律。大多数性状，从身高、鞋码再到个性，都会受到许多基因的控制。因此，影响连续（或多基因）性状的基因发生了变异，可以被看作在转动一个决定该特定性状"音量"的旋钮，每种变异都将旋钮向上或向下转动一点，而且与所有其他变异同步起到作用。这不是说基因是影响个体表型的唯一因素：基因表达可以并且经常取决于环境因素，这意味着基因可以被打开和关闭，或者上下调整，这取决于它们所处的环境。此外，环境本身会对个体产生巨大的影响，有时甚至会淹没掉基因的影响。例如，如果一个人的父母都是高个子，那么他可能会继承"个子高"的基因变异，但是如果这样的人在发育过程中遇到了食物短缺，他们又可能长得不是特别高。诸如智力、肥胖倾向等性状，同样也有遗传上的基础，但如果不考虑这类人成长的环境，我们无法预测出个体是否会成为一个"超重的天才"。
7. Darwin, C. *On the Origin of Species by Means of Natural Selection*. John Murray, 1859.
8. Dawkins, R. *The Selfish Gene*. Oxford University Press, 1976.
9. 显然，斯蒂芬·霍金曾被警告说，每个方程式都会让他的读者数量减半。考虑到这一事实，我从正文中删除了方程式。对于那些想更多地了解支持广义适应度理论的方程式（神奇而简单）的人，我列在这里，并附上一个简短的解释。主要参考文献是 Hamilton W. D., 'The

Genetical Evolution of Social Behaviour. I', *Journal of Theoretical Biology* 7, 1-16, 1964; Hamilton W. D., 'The Genetical Evolution of Social Behaviour. II', *Journal of Theoretical Biology* 7, 17-52, 1964.

汉密尔顿公式指出，只要 $rB - C > 0$，代价高昂的帮助行为就会受到自然选择的青睐。这个式子的衡量标准是基因，我们可以通过一个简单的思想实验来理解其含义。地鼠们成群生活在一起，它们如果发现了一个捕食者，常常会发出警报，彼此警告危险的来临。为简单起见，我们假设这种搜索捕食者并发出警报的倾向是由"吱吱叫"基因控制的。这种基因会导致其携带者执行一种动作（后腿站立着搜寻捕食者），这种行为对自己来说代价高昂，但对附近的其他地鼠们有好处。

为了理解"吱吱叫"基因是如何在种群中持续存在和传播的，我们要考虑一下，某只地鼠体内的这种基因发生作用后，其他地鼠体内这种基因的拷贝可能会得到什么好处。汉密尔顿公式告诉我们，只要 $rB - C > 0$，自然选择将支持"吱吱叫"的利他行为。B 表示接受者（们）得到的好处：可以将其视为，由于放哨这种利他主义的行为，另一只地鼠将会多出来多少后代。C 是放哨者自己的成本：由于它要实施放哨这种利他主义的行为，它自己的后代数量（也代表了"吱吱叫"基因的后代副本个数）将会减少多少。最后，r 是亲近程度：在同一染色体位置上，相对于"吱吱叫"基因被种群成员所共享的平均概率这一基准，在提供利他行为的个体中存在的"吱吱叫"基因同时也存在于其受益者体内的概率是多少。按照这个规则，我们可以预计到，像放哨这样的利他行为在亲缘关系紧密的群体中最为常见：这个预测，在包括地鼠在内的很多物种的研究中，都得到了证实。

让我们代入一些数字，以便更好地理解这个式子。进化生物学家霍尔丹有一个著名的笑话，"我很愿意为了2个兄弟或8个表兄弟而放弃我的生命"。这种骑士精神的背后，有其进化上的逻辑。假如你和你的兄弟是同父同母的，那么你平均和他共享一半的基因，所以 r = 0.5。你要为他而牺牲生命，所以带来了数量为2的成本（C）：每一个你少掉的后代都会带来成本1（因为你死了）。幸运的是，你正在拯救两个兄弟，而他们每人（平均）有两个孩子，所以他们得到的好处（B）是4。把这些数字代入式子中，可以得到以下等式：$r(0.5) \times B(4) - C(2) = 0$。我要挑点儿刺，我认为在这种情况下，霍尔丹是否应该对他为了两个兄弟献身别这么热心，尽管我承认，如果有3个同父同母的兄弟姐妹，这将是一个明智的选择。

10. Leedale A., Sharp S., Simeoni M., Robinson E. & Hatchwell B. 'Fine-scale genetic structure and helping decisions in a cooperatively breeding bird'. *Molecular Ecology* 27, 1714–26, 2018.

11. Frank E. T., Wehrhahn M. K. & Linsenmair E. 'Wound Treatment and Selective Help in a Termite-Hunting Ant'. *Proceedings of the Royal Society B: Biological Sciences* 285, 20172457, 2017. Miler K. 'Moribund Ants Do Not Call for Help'. *PLOS ONE* 11, e0151925, 2016.

12. Pollet T. V. & Dunbar R. I. M. 'Childlessness predicts helping

of nieces and nephews in United States'. *Journal of Biosocial Science* 40, 761–70, 2008.

第2章

1. Rudolf Virchow, *Atoms and Individuals*, 1859.
2. Queller D. C. & Strassmann J. E. 'Beyond Society: The Evolution of Organismality'. *Philosophical Transactions of the Royal Society B: Biological Sciences* 364, no. 1533, 3143–55, 2009. Gardner A. & Grafen A. 'Capturing the Superorganism: A Formal Theory of Group Adaptation'. *Journal of Evolutionary Biology* 22, 659–71, 2009.
3. 选择这个例子，可以和道金斯所引入的"复制子"（replicators）、"运载工具"（vehicles）等保持术语上的一致。Dawkins, R. *The Selfish Gene*. Oxford University Press, 1976.
4. Powell S. 'Ecological Specialization and the Evolution of a Specialized Caste in *Cephalotes* Ants'. *Functional Ecology* 22, 902–11, 2008.
5. Heinze J. & Bartosz W. 'Moribund Ants Leave Their Nests to Die in Social Isolation'. *Current Biology* 20, 249–52, 2010.
6. Pull C. D., Line V. U., Wiesenhofer F., Grasse A. V., Tragust S., Schmitt T., Brown M. J. F. & Cremer S. 'Destructive Disinfection

of Infected Brood Prevents Systemic Disease Spread in Ant Colonies'. *ELife* 7, e32073, 2018.

7. Ostwald M. M., Smith M. L. & Seeley T. D. 'The Behavioral Regulation of Thirst, Water Collection and Water Storage in Honeybee Colonies'. *Journal of Experimental Biology* 219, 2156–65, 2016.

8. Wiessner P. 'Collective Action for War and for Peace: A Case Study among the Enga of Papua New Guinea'. *Current Anthropology* 60, 224–44, 2019.

9. Sender R., Fuchs S. & Milo R. 'Revised Estimates for the Number of Human and Bacteria Cells in the Body'. *PLOS Biology* 14, e1002533, 2016.

10. Fukatsu T. & Hosokawa T. 'Capsule-Transmitted Gut Symbiotic Bacterium of the Japanese Common Plataspid Stinkbug, *Megacopta Punctatissima*'. *Applied and Environmental Microbiology* 68, 389–96, 2002.

11. Salminen S. G., Gibson R., McCartney A. L. & Isolauri E. 'Influence of Mode of Delivery on Gut Microbiota Composition in Seven-Year-Old Children'. *Gut* 53, 1388–9, 2004.

12. Lane N. *Life Ascending: The Ten Great Inventions of Evolution*. Profile Books, 2010.

第3章

1. George C. Williams, *Evolutionary Ethics*, SUNY Press, 1993.
2. Laberge A. M., Jomphe M., Houde L., Vézina H., Tremblay M., Desjardins B., Labuda D., St-Hilaire M., Macmillan C., Shoubridge E. A. & Brais, B. 'A "Fille Du Roy" Introduced the T14484C Leber Hereditary Optic Neuropathy Mutation in French Canadians'. *The American Journal of Human Genetics* 77, 313–7, 2005.
3. Trivers R. & Burt A. *Genes in Conflict: The Biology of Selfish Genetic Elements*. Harvard University Press, 2009.
4. Zanders S. E. & Unckless R. L. 'Fertility Costs of Meiotic Drivers'. *Current Biology* 29, R512–20, 2019.
5. Leigh E. G. *Adaptation and Diversity*. Freeman, 1971.
6. Leong S. P., Aktipis A. & Maley C. 'Cancer Initiation and Progression within the Cancer Microenvironment'. *Clinical & Experimental Metastasis* 35, 361–7, 2018.
7. Tabassum D. P. & Polyak K. 'Tumorigenesis: It Takes a Village'. *Nature Reviews Cancer* 15, 473–83, 2015.
8. Aktipis A. *The Cheating Cell*. Princeton University Press, 2020.

第二部分

1. Eisenberger N. I., Lieberman M. D. & Williams K. D. 'Does Rejection Hurt? An FMRI Study of Social Exclusion'. *Science* 302, 290–2, 2003.
2. Holt-Lunstad J., Smith T. B., Baker M., Harris T. & Stephenson D. 'Loneliness and Social Isolation as Risk Factors for Mortality: A Meta-Analytic Review'. *Perspectives on Psychological Science* 10, 227–37, 2015.
3. Gilbert C., Robertson G., Le Maho Y., Naito Y. & Ancel A. 'Huddling Behavior in Emperor Penguins: Dynamics of Huddling'. *Physiology & Behavior* 88, 479–88, 2006.
4. Boraas M. E., Seale D. B. & Boxhorn J. E. 'Phagotrophy by a Flagellate Selects for Colonial Prey: A Possible Origin of Multicellularity'. *Evolutionary Ecology* 12, 153–64, 1998.

第 4 章

1. Charles Darwin, in correspondence to Neil Arnott, February 1860.
2. Kim K.-W. & Horel A. 'Matriphagy in the Spider *Amaurobius Ferox* (*Araneidae, Amaurobiidae*): An Example of Mother-Offspring Interactions'. *Ethology* 104, 1021–37, 1998.

3. Finnie M. J. 'Conflict & Communication: Consequences Of Female Nest Confinement In Yellow Billed Hornbills'. PhD thesis, University of Cambridge, 2012.
4. 这被称为"cruel bind"假说，首次由道金斯与卡莱尔在1976年提出。此假说尚存争议，尽管有若干研究支持其基本假设。Dawkins R. & Carlisle T. R. 'Parental Investment, Mate Desertion and a Fallacy'. *Nature* 262, 131–3, 1976. Czyż B. 'Do Female Penduline Tits *Remiz Pendulinus* Adjust Parental Decisions to Their Mates' Behaviour?'. *Ardea* 99, 27–32, 2011. Kahn A. T., Schwanz L. E. & Kokko H. 'Paternity Protection Can Provide a Kick-Start for the Evolution of Male-Only Parental Care'. *Evolution* 67, 2207–17, 2013.
5. Dunsworth H. M., Warrener A. G., Deacon T., Ellison P. T. & Pontzer H. 'Metabolic Hypothesis for Human Altriciality'. *Proceedings of the National Academy of Sciences* 109, 15212–6, 2012.
6. Lukas D. & Clutton-Brock T. H. 'Life Histories and the Evolution of Cooperative Breeding in Mammals'. *Proceedings of the Royal Society B: Biological Sciences* 279, 4065–70, 2012.
7. Muller M. N., Marlowe F. W., Bugumba R. & Ellison P. T. 'Testosterone and Paternal Care in East African Foragers and Pastoralists'. *Proceedings of the Royal Society B: Biological Sciences* 276, 347–54, 2009.

8. Kuo P. X., Braungart-Rieker J. M., Lefever J. E. B., Sarma M. S., O'Neill M. & Gettler L. T. 'Fathers' Cortisol and Testosterone in the Days around Infants' Births Predict Later Paternal Involvement'. *Hormones and Behavior* 106, 28–34, 2018. Gettler L. T., McDade T. W., Feranil A. B. & Kuzawa C. W. 'Longitudinal Evidence That Fatherhood Decreases Testosterone in Human Males'. *Proceedings of the National Academy of Sciences* 108, 16194–9, 2011.
9. Foellmer M. W. & Fairbairn D. J. 'Spontaneous Male Death during Copulation in an Orb-Weaving Spider'. *Proceedings of the Royal Society B: Biological Sciences* 270, S183–5, 2003.
10. Lukas D. & Clutton-Brock T. H. 'The Evolution of Social Monogamy in Mammals'. *Science* 341, 526–30, 2013.
11. Hopwood P. E., Moore A. G., Tregenza T. & Royle N. J. 'Male Burying Beetles Extend, Not Reduce, Parental Care Duration When Reproductive Competition Is High'. *Journal of Evolutionary Biology* 28, 1394–402, 2015.
12. Grosjean P. A. & Khattar R. 'It's Raining Men! Hallelujah?'. *SSRN Scholarly Paper*. Rochester, NY: Social Science Research Network, 2015.
13. Schacht R. & Borgerhoff Mulder M. 'Sex Ratio Effects on Reproductive Strategies in Humans'. *Royal Society Open Science* 2, 140402, 2015.

第 5 章

1. Royle N. J., Hartley I. R. & Parker G. A. 'Sexual Conflict Reduces Offspring Fitness in Zebra Finches'. *Nature* 416, 733–6, 2002.
2. McNamara J. M., Székely T., Webb J. N. & Houston A. I. 'A dynamic game-theoretic model of parental care'. *Journal of Theoretical Biology* 205, 605–23, 2000.
3. Engel K. C., Stökl J., Schweizer R., Vogel H., Ayasse M., Ruther J. & Steiger S. A. 'Hormone-Related Female Anti-Aphrodisiac Signals Temporary Infertility and Causes Sexual Abstinence to Synchronize Parental Care'. *Nature Communications* 7, 11035, 2016.
4. Harcourt A. H., Harvey P. H., Larson S. G. & Short R. V. 'Testis Weight, Body Weight and Breeding System in Primates'. *Nature* 293, 55–7, 1981.
5. Haig D. 'Maternal-Fetal Conflict, Genomic Imprinting and Mammalian Vulnerabilities to Cancer'. *Philosophical Transactions of the Royal Society B: Biological Sciences* 370, 20140178, 2015. Haig D. 'Genetic Conflicts in Human Pregnancy'. *The Quarterly Review of Biology* 68, 495–532, 1993.
6. Stenman U. H., Alfthan H. & Hotakainen K. 'Human Chorionic Gonadotropin in Cancer'. *Clinical Biochemistry, Special Issue: Recent Advances in Cancer Biomarkers* 37, 549–61, 2004.

7. Alkatout I., Honemeyer U., Strauss A., Tinelli A., Malvasi A., Jonat W., Mettler L. & Schollmeyer T. 'Clinical Diagnosis and Treatment of Ectopic Pregnancy'. *Obstetrical & Gynecological Survey* 68, 571–81, 2013. Wang Y.-L., Su T.-H. & Chen H.-S. 'Operative Laparoscopy for Unruptured Ectopic Pregnancy in a Caesarean Scar'. *BJOG: An International Journal of Obstetrics & Gynaecology* 113, 1035–8, 2006.
8. Wildman D. E., Chen C., Erez O., Grossman L. I., Goodman M. & Romero R. 'Evolution of the Mammalian Placenta Revealed by Phylogenetic Analysis'. *Proceedings of the National Academy of Sciences* 103, 3203–8, 2006.
9. Afzal J., Maziarz J. D., Hamidzadeh A., Liang C., Erkenbrack E. M., Nam H., Haeger J. D., Pfarrer C., Hoang T., Ott T. & Spencer, T. 'Evolution of Placental Invasion and Cancer Metastasis Are Causally Linked'. *Nature Ecology & Evolution* 3, 1743–53, 2019.
10. Crespi B. & Badcock C. 'Psychosis and Autism as Diametrical Disorders of the Social Brain'. *Behavioral and Brain Sciences* 31, 241–61, 2008.
11. Boddy A. M., Fortunato A., Sayres M. W. & Aktipis A. 'Fetal Microchimerism and Maternal Health: A Review and Evolutionary Analysis of Cooperation and Conflict beyond the Womb'. *BioEssays* 37, 1106–18, 2015.

第6章

1. William Shakespeare, *Troilus and Cressida*, 1602.
2. Jetz W. & Rubenstein D. R. 'Environmental Uncertainty and the Global Biogeography of Cooperative Breeding in Birds'. *Current Biology* 21, 72–8, 2011. Lukas D. & Clutton-Brock T. 'Climate and the Distribution of Cooperative Breeding in Mammals'. *Royal Society Open Science* 4, 160897, 2017.
3. Maslin M. A., Brierley C. M., Milner A. M., Shultz S., Trauth M. H. & Wilson K. E. 'East African Climate Pulses and Early Human Evolution'. *Quaternary Science Reviews* 101, 1–17, 2014.
4. Muller M. N., Wrangham R. W. & Pilbeam D. R. *Chimpanzees and Human Evolution*. Harvard University Press, 2018.
5. Manthi F. K., Brown F. H., Plavcan M. J. & Werdelin L. 'Gigantic lion, *Panthera leo,* from the Pleistocene of Natodomeri, eastern Africa'. *Journal of Paleontology*, *92*, 305–12, 2018.
6. Willems E. P. & van Schaik C. 'The Social Organization of *Homo Ergaster*: Inferences from Anti-Predator Responses in Extant Primates'. *Journal of Human Evolution* 109, 11–21, 2017.
7. Prescott G. W., Williams D. R., Balmford A., Green R. E. & Manica A. 'Quantitative Global Analysis of the Role of Climate and People in Explaining Late Quaternary Megafaunal Extinctions'. *Proceedings of the National Academy of Science*, 109, 4527–31,

2012.
8. Doody J. S., Burghardt G. M. & Dinets V. 'Breaking the Social–Non-Social Dichotomy: A Role for Reptiles in Vertebrate Social Behavior Research?'. *Ethology* 119, 95–103, 2013. *Reptiles*: Gardner M. G., Pearson S. K., Johnston G. R. & Schwarz M. P. 'Group Living in Squamate Reptiles: A Review of Evidence for Stable Aggregations'. *Biological Reviews* 91, 925–36, 2016. *Insects*: Otis G. W. 'Sociality of Insects'. *Encyclopedia of Entymology*, 4, 3447–52. Springer, 2008. *Spiders*: Lubin Y. & Bilde T. 'The Evolution of Sociality in Spiders'. *Advances in the Study of Behavior* 37, 83–145, 2007. *Fish*: Taborsky M. 'Reproductive Skew in Cooperative Fish Groups: Virtue and Limitations of Alternative Modeling Approaches'. *Reproductive Skew in Vertebrates: Proximate and Ultimate Causes*, 265–304. Cambridge University Press, 2009. *Mammals*: Lukas D. & Clutton-Brock T. H. 'The Evolution of Social Monogamy in Mammals'. *Science* 341, 526–30, 2013. *Birds*: Cockburn A. 'Prevalence of Different Modes of Parental Care in Birds'. *Proceedings of the Royal Society B: Biological Sciences* 273, 1375–83, 2006.
9. Lukas D. & Clutton-Brock T. H. 'Climate and the Distribution of Cooperative Breeding in Mammals'. *Royal Society Open Science* 4, 160897, 2017.
10. Kramer K. L. & Veile A. 'Infant Allocare in Traditional Societies'.

Physiology & Behavior 193, 117–26, 2018.
11. 值得指出的是，对许多人来说，"核心家庭"与其说是现实，不如说是理想。许多家庭从祖父母（特别是祖母）那里得到了一些帮助，尽管在不同区域、不同国家之间，人们接受帮助的程度各不相同。即便祖父母们可能在不同程度上作为西方家庭的帮助者参与了其中，但很明显，他们的投入（在大多数情况下）并不像在人类祖先的社会中那么大。Glaser K., Price D., Montserrat E. R., di Gessa G. & Tinker A. *Grandparenting in Europe: Family Policy and Grandparents' Role in Providing Childcare*, 2018.
12. Fraley R. C. 'Attachment in Adulthood: Recent Developments, Emerging Debates, and Future Directions'. *Annual Review of Psychology* 70, 1375–83, 2019.
13. National Institute of Child Health and Human Development Report.
14. Gomajee R., El-Khoury F., Côté S., van der Waerden J., Pryor L. & Melchior M. 'Early Childcare Type Predicts Children's Emotional and Behavioural Trajectories into Middle Childhood. Data from the EDEN Mother–Child Cohort Study'. *Journal of Epidemiology and Community Health* 72, 1033–43, 2018.

第 7 章

1. Charles Darwin, *Autobiographies*, John Murray, 1876–81.

2. Ridley A. R. & Raihani N. J. 'Facultative Response to a Kleptoparasite by the Cooperatively Breeding Pied Babbler'. *Behavioral Ecology* 18, 324–30, 2007.

3. Hollén L. I., Bell M. B. V. & Radford A. N. 'Cooperative Sentinel Calling? Foragers Gain Increased Biomass Intake'. *Current Biology* 18, 576–9, 2008.

4. Raihani N. J., & Ridley A. R. 'Variable Fledging Age According to Group Size: Trade-Offs in a Cooperatively Breeding Bird'. *Biology Letters* 3, 624–7, 2007.

5. Raihani N. J., Nelson-Flower M. J., Moyes K., Browning L. E. & Ridley A. R. 'Synchronous Provisioning Increases Brood Survival in Cooperatively Breeding Pied Babblers'. *Journal of Animal Ecology* 79, 44–52, 2010.

6. Thompson A. M., Raihani N. J., Hockey P. A. R., Britton A., Finch F. M. & Ridley A. R. 'The Influence of Fledgling Location on Adult Provisioning: A Test of the Blackmail Hypothesis'. *Proceedings of the Royal Society B: Biological Sciences* 280, 20130558, 2013.

7. Moore R. 'Social Learning and Teaching in Chimpanzees'. *Biology & Philosophy* 28, 879–901, 2013.

8. Muller M. N., Wrangham R. & Pilbeam D. R. *Chimpanzees and Human Evolution*. 1st edition, Harvard University Press, 2017.

9. Franks N. R. & Richardson T. 'Teaching in Tandem- Running

Ants'. *Nature* 439, 153, 2006.
10. Thornton A. & Raihani N. J. 'The Evolution of Teaching'. *Animal Behaviour* 75, 1823–36, 2008.
11. Thornton A. & McAuliffe K. 'Teaching in Wild Meerkats'. *Science* 313, 227–9, 2006.
12. Raihani N. J. & Ridley A. R. 'Experimental Evidence for Teaching in Wild Pied Babblers'. *Animal Behaviour* 75, 3–11, 2008.
13. Raihani N. J., & Ridley A. R. 'Adult Vocalizations during Provisioning: Offspring Response and Postfledging Benefits in Wild Pied Babblers'. *Animal Behaviour* 74, 1303–9, 2007.

第8章

1. Terry Pratchett, *The Colour of Magic*, Colin Smythe, 1983.
2. Cooper G. A. & West S. A. 'Division of Labour and the Evolution of Extreme Specialization'. *Nature Ecology & Evolution* 2, 1161, 2018. Boomsma J. J. & Gawne R. 'Superorganismality and Caste Differentiation as Points of No Return: How the Major Evolutionary Transitions Were Lost in Translation'. *Biological Reviews* 93, 28–54, 2018.
3. 事实上，在向多细胞体转变的过渡过程中，总计有25个左右的谱系，其中进化仅仅发生在3个谱系上。这些转变最有可能发生在大型社会（由细胞或社会性昆虫组成）中，其中群体规模的增加将有利于增加个体的专业化，这反过来又使得社会规模更大、个体专业化更显著。这种类型的正反馈也是很脆弱的，可以比作旧汽车的发动机：难以启动，容易失速。Birch J. 'The Multicellular Organism as a Social Phenomenon'. *The Philosophy of Social Evolution*. Oxford University Press, 2017.

4. Ellis S., Franks D. W., Nattrass S., Cant M. A., Bradley D. L., Giles D., Balcomb K. C. & Croft D. P. 'Postreproductive Lifespans Are Rare in Mammals'. *Ecology and Evolution* 8, 2482–94, 2018. Croft D. P., Brent L. J. N., Franks D. W. & Cant M. A. 'The Evolution of Prolonged Life after Reproduction'. *Trends in Ecology & Evolution* 30, 407–16, 2015. Cant M. A. & Johnstone R. A. 'Reproductive Conflict and the Separation of Reproductive Generations in Humans'. *Proceedings of the National Academy of Sciences* 105, 5332–6, 2008.

5. Arnot M. & Mace R. 'Sexual Frequency Is Associated with Age of Natural Menopause: Results from the Study of Women's Health Across the Nation'. *Royal Society Open Science* 7, 191020, 2020.

6. Laisk T., Tšuiko O., Jatsenko T., Hõrak P., Otala M., Lahdenperä M., Lummaa V., Tuuri T., Salumets A. & Tapanainen J. S. 'Demographic and Evolutionary Trends in Ovarian Function and Aging'. *Human Reproduction Update* 25, 1–17, 2018.

7. 这些原因包括：其他类人猿物种的扩散模式（黑猩猩、大猩猩和倭黑猩猩都有如此模式），我们可以从基因数据中推断出来的模式，以及我们在许多现代觅食社会中看到的情况。Cant M. A. & Johnstone R. A. 'Reproductive Conflict and the Separation of Reproductive Generations in Humans'. *Proceedings of the National Academy of Sciences* 105, 5332–6, 2008.

8. Lahdenperä M., Gillespie D. O. S., Lummaa V. & Russell A. F. 'Severe Intergenerational Reproductive Conflict and the Evolution of Menopause'. *Ecology Letters* 15, 1283–90, 2012.
9. Sear R. & Mace R. 'Who Keeps Children Alive? A Review of the Effects of Kin on Child Survival'. *Evolution and Human Behavior* 29, 1–18, 2008. Engelhardt S. C., Bergeron P., Gagnon A., Dillon L. & Pelletier F. 'Using Geographic Distance as a Potential Proxy for Help in the Assessment of the Grandmother Hypothesis'. *Current Biology* 29, 651–6, 2019.
10. Chapman S. N., Pettay J. E., Lummaa V. & Lahdenperä M. 'Limits to Fitness Benefits of Prolonged Post-Reproductive Lifespan in Women'. *Current Biology* 29, 1–6, 2019.
11. Vinicius L. & Migliano A. B. 'Reproductive Market Values Explain Post-Reproductive Lifespans in Men'. *Trends in Ecology & Evolution* 31, 172–5, 2016.
12. Bennett N. C. & Faulkes C. G. *African Mole-Rats: Ecology and Eusociality*. Cambridge University Press, 2000.
13. Young A. J. & Bennett N. C. 'Morphological Divergence of

Breeders and Helpers in Wild Damaraland Mole-Rat Societies'. *Evolution* 64, 3190–7, 2010.

14. Graham R. J., Smith M. & Buffenstein R. 'Naked Mole-Rat Mortality Rates Defy Gompertzian Laws by Not Increasing with Age'. *ELife* 7, e31157, 2018.

15. Blacher P., Huggins T. J. & Bourke A. F. G. 'Evolution of Ageing, Costs of Reproduction and the Fecundity–Longevity Trade-off in Eusocial Insects'. *Proceedings of the Royal Society B: Biological Sciences* 284, 20170380, 2017.

16. Schrempf A., Giehr J., Röhrl R., Steigleder S. & Heinze J. 'Royal Darwinian Demons: Enforced Changes in Reproductive Efforts Do Not Affect the Life Expectancy of Ant Queens'. *The American Naturalist* 189, 436–42, 2017.

17. Healy K., Guillerme T., Sive F., Kane A., Kelly S., McClean D., Kelly D. J., Donohue I., Jackson A. L. & Cooper N. 'Ecology and Mode-of-Life Explain Lifespan Variation in Birds and Mammals'. *Proceedings of the Royal Society B: Biological Sciences* 281, 1784, 20140298, 2014. Keller L. & Genoud M. 'Extraordinary Lifespans in Ants: A Test of Evolutionary Theories of Ageing'. *Nature* 389, 958–60, 1997.

18. Stroeymeyt N., Grasse A. V., Crespi A., Mersch D. P., Cremer S. & Keller L. 'Social Network Plasticity Decreases Disease Transmission in a Eusocial Insect'. *Science* 362, 941–5, 2018.

第9章

1. Young A. J., Carlson A. A., Monfort S. L., Russell A. F., Bennett N. C. & Clutton-Brock T. 'Stress and the Suppression of Subordinate Reproduction in Cooperatively Breeding Meerkats'. *Proceedings of the National Academy of Sciences* 103, 12005–10, 2006.
2. Lukas D. & Huchard E. 'The Evolution of Infanticide by Females in Mammals'. *Philosophical Transactions of the Royal Society B: Biological Sciences* 374, 20180075, 2019.
3. Cant M. A., Nichols H. J., Johnstone R. A. & Hodge S. J. 'Policing of Reproduction by Hidden Threats in a Cooperative Mammal'. *Proceedings of the National Academy of Sciences* 111, 326–30, 2014.
4. Hodge S. J., Bell M. B. V. & Cant M. A. 'Reproductive Competition and the Evolution of Extreme Birth Synchrony in a Cooperative Mammal'. *Biology Letters* 7, 54–6, 2011.
5. West-Eberhard M. J. 'Dominance Relations in *Polistes Canadensis* (L.), a Tropical Social Wasp'. *Monitore Zoologico Italiano-Italian Journal of Zoology* 20, 263–81, 1986.
6. Loope K. J. 'Queen Killing Is Linked to High Worker-Worker Relatedness in a Social Wasp'. *Current Biology* 25, 2976–9, 2015.

第三部分

第 10 章

1. James Madison, *The Federalist Papers*, 1788.
2. *Golden Balls* (ITV, 14 March 2008).
3. 严格来说，在一个两人互动的囚徒困境中，T > R > P > S。T 即 "背叛的诱惑"（temptation）：如果你坑害合作伙伴，能得到什么利益。R 即双方合作的 "回报"（reward）。P 是对双方都互相欺骗的 "惩罚"（punishment），S 则是 "上当的好处"（suclcer）：如果你采取合作态度，但对方行欺骗之事，你能得到什么好处。所以，严格来说，由于 P=S，此处的 "分钱"（split）"偷窃"（steal）并不构成一个真正的囚徒困境。
4. Harbaugh W. T., Mayr U. & Burghart D. R. 'Neural Responses to Taxation and Voluntary Giving Reveal Motives for Charitable Donations'. *Science* 316, 1622–5, 2007.
5. Aknin L. B., Hamlin J. K. & Dunn E. W. 'Giving Leads to Happiness in Young Children'. *PLOS ONE* 7, e39211, 2012.
6. Dunn E. W., Aknin L. B. & Norton M. I. 'Prosocial Spending and Happiness: Using Money to Benefit Others Pays Off'. *Current Directions in Psychological Science* 23, 41–7, 2014.
7. Whillans A. V., Dunn E. W., Sandstrom G. M., Dickerson S. S. & Madden K. M. 'Is Spending Money on Others Good for Your

Heart?'. *Health Psychology* 35, 574–83, 2016.
8. Jennni K. & Loewenstein G. 'Explaining the Identifiable Victim Effect'. *Journal of Risk and Uncertainty* 14, 235–57, 1997.
9. 印度进行的一项研究发现，如果人们认为一个受害者是低种姓的，就不太可能提供帮助。我与劳拉·托马斯·沃尔特斯（Laura Thomas Walters）合作的研究还发现，可识别的受害者可能必须是人类才行。我们进行了一项研究，提出了一项环境保护的呼吁（要求人们向慈善机构捐款），并附上一张"可识别受害者"的照片，例如，一只北极熊，或一组动物的照片。可识别受害者的照片在募捐方面并不比一组动物的照片更有效（人们更关心熟悉的动物，当我们展示"可爱"的濒危物种时，得到的捐款更多，而不是那些处于濒危状态但更丑陋的生物）。Deshpande A. & Spears D. 'Who Is the Identifiable Victim? Caste and Charitable Giving in Modern India'. *Economic Development and Cultural Change* 64, 299–321, 2016. Thomas-Walters L. & Raihani N. J. 'Supporting Conservation: The Roles of Flagship Species and Identifiable Victims'. *Conservation Letters* 10, 581–7, 2017.
10. Tinbergen N. 'On Aims and Methods of Ethology'. *Ethology* 20, 410–33, 1963.
11. Marsh A. A., Stoycos S. A., Brethel-Haurwitz K. M., Robinson P., VanMeter J. W. & Cardinale E. M. 'Neural and Cognitive Characteristics of Extraordinary Altruists'. *Proceedings of the National Academy of Sciences* 111, 15036–41, 2014.

12. Trivers R. L. 'The Evolution of Reciprocal Altruism'. *The Quarterly Review of Biology* 46, 35–57, 1971.
13. Raihani N. J. & Bshary R. 'Resolving the Iterated Prisoner's Dilemma: Theory and Reality. *Journal of Evolutionary Biology* 24, 1628–39, 2011.
14. Fischer E. A. 'The Relationship between Mating System and Simultaneous Hermaphroditism in the Coral Reef Fish, *Hypoplectrus Nigricans* (Serranidae)'. *Animal Behaviour* 28, 620–33, 1980.
15. Roberts G. 'Cooperation through Interdependence'. *Animal Behaviour* 70, 901–8, 2005. Aktipis A., Cronk L., Alcock J., Ayers J. D., Baciu C., Balliet D., Boddy A. M., Curry O. S., Krems J. A., Muñoz, A. & Sullivan, D. 'Understanding Cooperation through Fitness Interdependence'. *Nature Human Behaviour* 2, 429–31, 2018.

第 11 章

1. 原始的引文更长一些："书籍是对症的药物：有的书生动地描写了人性，人们读后会对人类的烦恼、快乐和忙碌，生命的深远意义和现世报应都记忆深刻；有的书充满了微笑和英雄气概，能给人们带来激励或慰藉；有的书则构思宏大，揭示了我们每个人都将坐下来面对的种种复杂后果,值得我们细细思量。"
2. Mathew S. & Boyd R. 'Punishment Sustains Large-Scale Cooperation in Prestate Warfare'. *Proceedings of the National Academy of Sciences* 108, 11375–80, 2011. Mathew S. & Boyd R. 'The Cost of Cowardice: Punitive Sentiments towards Free Riders in Turkana Raids'. *Evolution and Human Behavior* 35, 58–64, 2014.
3. Raihani N. J. & Hart T. 'Free-Riders Promote Free-Riding in a Real-World Setting'. *Oikos*, 119, 1391–3, 2010.
4. Fehr E. & Gächter S. 'Altruistic Punishment in Humans'. *Nature* 415, 137–40, 2002.
5. Raihani N. J & Bshary R. 'Punishment: One Tool, Many Uses'. *Evolutionary Human Sciences* 1, e12, 2019.
6. Raihani N. J., Thornton A. & Bshary R. 'Punishment and Cooperation in Nature'. *Trends in Ecology & Evolution* 27, 288–95, 2012.
7. de Quervain D. J. F., Fischbacher U., Treyer V., Schellhammer M., Schnyder U., Buck A. & Fehr E. 'The Neural Basis of Altruistic Punishment'. *Science* 305, 1254–58, 2004.
8. Mendes N., Steinbeis N., Bueno-Guerra N., Call J. & Singer T. 'Preschool Children and Chimpanzees Incur Costs to Watch Punishment of Antisocial Others'. *Nature Human Behaviour* 2, 45–51, 2018.

9. Grutter A. S. & Bshary R. 'Cleaner Wrasse Prefer Client Mucus: Support for Partner Control Mechanisms in Cleaning Interactions'. *Proceedings of the Royal Society B: Biological Sciences* 270, S242-4, 2003.
10. Raihani N. J., Grutter A. S. & Bshary R. 'Punishers Benefit From Third-Party Punishment in Fish'. *Science* 327, 171, 2010.
11. Raihani N. J. & Bshary R. 'The Reputation of Punishers'. *Trends in Ecology & Evolution* 30, 98-103, 2015. Barclay P. 'Reputational Benefits for Altruistic Punishment'. *Evolution and Human Behavior* 27, 325-44, 2006. Raihani N. J. & Bshary R. 'Third-Party Punishers Are Rewarded, but Third-Party Helpers Even More So'. *Evolution* 69, 993-1003, 2015.

第 12 章

1. Charles Darwin, in correspondence to Asa Gray, 1860.
2. Yoeli E., Hoffman M., Rand D. G. & Nowak M. A. 'Powering up with Indirect Reciprocity in a Large-Scale Field Experiment'. *Proceedings of the National Academy of Sciences* 110, 10424-9, 2013.
3. Funk P. 'Social Incentives and Voter Turnout: Evidence From the Swiss Mail Ballot System'. *Journal of the European Economic*

Association 8, 1077–103, 2010.

4. Bshary R. & Schäffer D. 'Choosy Reef Fish Select Cleaner Fish That Provide High-Quality Service'. Animal Behaviour 63, 557–64, 2002.

5. Pinto A., Oates J., Grutter A. S. & Bshary R. 'Cleaner Wrasses Labroides Dimidiatus Are More Cooperative in the Presence of an Audience'. Current Biology 21, 1140–4, 2011.

6. Engelmann J. M. & Rapp D. J. 'The Influence of Reputational Concerns on Children's Prosociality'. Current Opinion in Psychology 20, 92–5, 2018.

7. Tomasello M. Becoming Human: A Theory of Ontogeny. Harvard University Press, 2019.

8. Greif A. 'Reputation and Coalitions in Medieval Trade: Evidence on the Maghribi Traders'. The Journal of Economic History 49, 857–82, 1989.

9. Bshary R. 'Biting Cleaner Fish Use Altruism to Deceive Image-Scoring Client Reef Fish'. Proceedings of the Royal Society B: Biological Sciences 269, 2087–93, 2002.

10. Smith E. A. & Bliege Bird R. L. 'Turtle Hunting and Tombstone Opening: Public Generosity as Costly Signaling'. Evolution and Human Behavior 21, 245–61, 2000.

11. Stibbard-Hawkes D. N. E., Attenborough R. D. & Marlowe F. W. 'A Noisy Signal: To What Extent Are Hadza Hunting Reputations

Predictive of Actual Hunting Skills?'. *Evolution and Human Behavior* 39, 639–51, 2018.

12. Bliege Bird R. L. & Power E. A. 'Prosocial Signaling and Cooperation among Martu Hunters'. *Evolution and Human Behavior* 36, 389–97, 2015. Gurven M., Allen-Arave W., Hill K. & Hurtado M. '"It's a Wonderful Life": Signaling Generosity among the Ache of Paraguay'. *Evolution and Human Behavior* 21, 263–82, 2000.

13. Raihani N. J. & Barclay P. 'Exploring the Trade-off between Quality and Fairness in Human Partner Choice'. *Royal Society Open Science* 3, 160510, 2016.

14. Buss D. M. 'Sex Differences in Human Mate Preferences: Evolutionary Hypotheses Tested in 37 Cultures'. *Behavioral and Brain Sciences* 12, 1–49, 1989. Conroy-Beam D. & Buss D. M. 'Why Is Age so Important in Human Mating? Evolved Age Preferences and Their Influences on Multiple Mating Behaviors'. *Evolutionary Behavioral Sciences* 13, 127–57, 2019.

15. Raihani N. J. & Smith S. 'Competitive Helping in Online Giving'. *Current Biology* 25, 1183–6, 2015.

16. Raihani N. J. 'Hidden Altruism in a Real-World Setting'. *Biology Letters* 10, 20130884, 2014.

第13章

1. Richard D. Alexander, 'The Challenge of Human Social Behaviour', *Evolutionary Psychology*, Vol. 4, 1–32.
2. Heyman G. D., Fu G. & Lee K. 'Evaluating Claims People Make About Themselves: The Development of Skepticism'. *Child Development* 78, 367–75, 2007.
3. Engelmann J. M., Herrmann E. & Tomasello M. 'Five-Year Olds, but Not Chimpanzees, Attempt to Manage Their Reputations'. *PLOS ONE* 7, e48433, 2012.
4. Monin B., Sawyer P. J. & Marquez M. J. 'The Rejection of Moral Rebels: Resenting Those Who Do the Right Thing'. *Journal of Personality and Social Psychology* 95, 76–93, 2008. Parks C. D. & Stone A. B. 'The Desire to Expel Unselfish Members from the Group'. *Journal of Personality and Social Psychology* 99, 303–10, 2010.
5. Herrmann B., Thöni C. & Gächter S. 'Antisocial Punishment Across Societies'. *Science* 319, 1362–67, 2008. Raihani N. J. & Bshary R. 'Punishment: One Tool, Many Uses'. *Evolutionary Human Sciences* 1, e12, 2019.
6. Raihani N. J. 'Hidden Altruism in a Real-World Setting'. *Biology Letters* 10, 20130884, 2014.
7. Newman G. E. & Cain D. M. 'Tainted Altruism'. *Psychological*

Science 25, 648–655, 2014.
8. Lee R. B. 'Eating Christmas in the Kalahari'. *Natural History*, December 1969.
9. Power E. A. & Ready E. 'Building Bigness: Reputation, Prominence, and Social Capital in Rural South India'. *American Anthropologist* 120, 444–59, 2018.
10. Bird R. B., Ready E. & Power E. A. 'The Social Significance of Subtle Signals'. *Nature Human Behaviour* 2, 452, 2018.

第四部分

第 14 章

1. Charles Darwin, *The Descent of Man*, John Murray, 1871.
2. Agarwal S., Mikhed V. & Scholnick B. 'Does the Relative Income of Peers Cause Financial Distress? Evidence from Lottery Winners and Neighboring Bankruptcies'. *Federal Reserve Bank of Philadelphia Working Papers*, 2018.
3. Shenker-Osorio A. 'Why Americans All Believe They Are "Middle Class"'. *The Atlantic*, 2013.
4. Kross E., Verduyn P., Demiralp E., Park J., Lee D. S., Lin N., Shablack H., Jonides J. & Ybarra O. 'Facebook Use Predicts

Declines in Subjective Well-Being in Young Adults'. *PLOS ONE* 8, e69841, 2013.
5. Camerer C. F. *Behavioral Game Theory: Experiments in Strategic Interaction*. Princeton University Press, 2011.
6. Carter J. R. & Irons M. D. 'Are Economists Different, and If So, Why?'. *Journal of Economic Perspectives* 5, 171–7, 1991. Cipriani G. P., Lubian D. & Zago A. 'Natural Born Economists?'. *Journal of Economic Psychology* 30, 455–68, 2009.
7. Henrich J., Boyd R., Bowles S., Camerer C., Fehr E., Gintis H., McElreath R., Alvard M., Barr A., Ensminger J. & Henrich N. S. '"Economic Man" in Cross-Cultural Perspective: Behavioral Experiments in 15 Small-Scale Societies'. *Behavioral and Brain Sciences* 28, 795–815, 2005.
8. McAuliffe K., Blake P. R. & Warneken F. 'Children Reject Inequity out of Spite'. *Biology Letters* 10, 20140743, 2014.
9. 为了测试非人类的物种是否厌恶不公平的结果，我们需要用实验来获取实验对象的喜好，但又不需要去问动物有何感受，也不需要向它们解释实验规则。于是，2003年，莎拉·布罗斯南（Sarah Brosnan）和弗兰兹·德瓦尔（Franz de Waal）设计了一个巧妙的"不公正厌恶游戏"，他们测试的第一个生物是卷尾猴。在实验之前，卷尾猴经过了与人类实验者交换代币的训练，以换取食物奖励，只要有时间、耐心，它们就可以在实验室里学会这件事情。在实验期间，两只猴子坐在相邻的笼子里，完全可以看到彼此，并与实验者交换代币、换取食物。起初，它们都收到了黄瓜片，并愉快地交换了它们的代币。但随后，实验者开始以不同的方式奖励猴子，继续为一只猴子提供黄瓜，但将另一只猴子的食物升级为葡萄。当意识到自己比不上同伴时，猴子们表面上拒绝了不公正的待遇，停止了与实验者的交易，甚至把黄瓜扔回到了实验者的脸上。对黑猩猩的实验报告了类似的结果：受到不公正对待的黑猩猩会大发脾气，并拒绝与实验者进一步交易。乍一看，上述这些结果为"不公平厌恶"的存在提供了证据。但是，要想全盘接受这种解释，还有几个问题。一个问题是，当其他研究人员试图重现这些结果时，并没有得到很好的支持。另一个原因是，实验设计中有一些令人遗憾之处，使人们很难得到确切的推断。讽刺的一面是，当同伴得到葡萄时，如果卷尾猴（或黑猩猩）拒绝黄瓜，实际上是增加了不公平的程度，而不是减少。这与儿童和成人的实验不同，在那些实验中，如果拒绝，同伴也将得不到奖励。事实上，进一步的实验表明，孩子们不会拒绝"差东西"，除非他们能同时剥夺同伴的"好东西"。换句话说，与卷尾猴不同，孩子们不会"扔黄瓜"。此外，支持非人类灵长类动物"不公正厌恶"的许多"积极"结果也有更简单的解释：实验对象对它们将得到的奖励有所期望，当不及期望时，它们会感到恼怒。"公正偏好"的定义是社会性的，这意味着你必须将自己的收益与别人的进行比较。非人类灵长类动物似乎不会进行这种社会比较，而是使用理论上的收益来评估它们得到的东西。Brosnan S. F. & de Waal F. B. M. 'Monkeys Reject Unequal Pay'. *Nature* 425, 297–9, 2003. McAuliffe K., Chang L. W., Leimgruber K. L., Spaulding R., Blake

P. R. & Santos L. 'Capuchin Monkeys, *Cebus Apella*, Show No Evidence for Inequity Aversion in a Costly Choice Task'. *Animal Behaviour* 103, 65–74, 2015. Roma P. G., Silberberg A., Ruggiero A. M. & Suomi S. J. 'Capuchin Monkeys, Inequity Aversion, and the Frustration Effect'. *Journal of Comparative Psychology* 120, 67–73, 2006. Silberberg A., Crescimbene L., Addessi E., Anderson J. R. & Visalberghi E. 'Does Inequity Aversion Depend on a Frustration Effect? A Test with Capuchin Monkeys (*Cebus Apella*)'. *Animal Cognition* 12, 505–9, 2009. Bräuer J., Call J. & Tomasello M. 'Are apes inequity averse? New data on the token-exchange paradigm'. *American Journal of Primatology* 71, 175–81, 2009. Bräuer J., Call J. &Tomasello M. 'Are Apes Really Inequity Averse?'. *Proceedings of the Royal Society B: Biological Sciences* 273, 3123–8, 2006. Ulber J., Hamann K. & Tomasello M. 'Young Children, but Not Chimpanzees, Are Averse to Disadvantageous and Advantageous Inequities'. *Journal of Experimental Child Psychology* 155, 48–66, 2017. Kaiser I., Jensen K., Call K. & Tomasello M. 'Theft in an Ultimatum Game: Chimpanzees and Bonobos Are Insensitive to Unfairness'. *Biology Letters* 8, 942–45, 2012. Jensen K., Call J. & Tomasello M. 'Chimpanzees Are Rational Maximizers in an Ultimatum Game'. *Science* 318, 107–9, 2007.

10. Cosmides L. & Tooby J. *Evolutionary Psychology: A Primer*. Center

for Evolutionary Psychology, University of California Santa Barbara, 1997.
11. Hill K. R., Wood B. M., Baggio J., Hurtado A. M. & Boyd R. 'Hunter-Gatherer Inter-Band Interaction Rates: Implications for Cumulative Culture'. *PLOS ONE* 9, e102806, 2014.
12. Raichle M. E. & Gusnard D. A. 'Appraising the Brain's Energy Budget'. *Proceedings of the National Academy of Sciences* 99, 10237–9, 2002.
13. Kumar A. 'The Grandmaster Diet: How to Lose Weight While Barely Moving'. *ESPN*, 13 September 2019.
14. 值得注意的是，所有所谓合作狩猎的观察结果都来自科特迪瓦塔伊国家公园中的黑猩猩种群，而从坦桑尼亚的种群中则获得了矛盾的结果。这就提出了一种可能性，即东部和西部的黑猩猩群体在社会认知和行为策略上可能存在重大差异，但直到现在，这一想法仍然没有得到验证。
15. Gilby C., Machanda Z. P., Mjungu D. C., Rosen J., Muller M. N., Pusey A. E. & Wrangham R. '"Impact Hunters" Catalyse Cooperative Hunting in Two Wild Chimpanzee Communities'. *Philosophical Transactions of the Royal Society B: Biological Sciences* 370, 20150005, 2015.
16. Rekers Y., Haun D. B. M. & Tomasello M. 'Children, but Not Chimpanzees, Prefer to Collaborate'. *Current Biology* 21, 1756–8, 2011.

17. Samuni L., Preis A., Deschner T., Crockford C. & Wittig R. M. 'Reward of Labor Coordination and Hunting Success in Wild Chimpanzees'. *Communications Biology* 1, 138, 2018.
18. John M., Duguid S., Tomasello M. & Melis A. P. 'How Chimpanzees (*Pan Troglodytes*) Share the Spoils with Collaborators and Bystanders'. *PLOS ONE* 14, e0222795, 2019.
19. Tomasello M. *Becoming Human: A Theory of Ontogeny*. Harvard University Press, 2019.
20. Warneken F. & Tomasello M. 'Altruistic Helping in Human Infants and Young Chimpanzees'. *Science* 311, 1301–3, 2006.
21. Silk J. B., Brosnan S. F., Vonk J., Henrich J., Povinelli D. J., Richardson A. S., Lambeth S. P., Mascaro J. & Schapiro S. J. 'Chimpanzees are indifferent to the welfare of unrelated group members'. *Nature* 437, 1357–1359, 2005.

第 15 章

1. Aristotle, *Politics*, 350 BCE.
2. The Law and Economics of Pirate Organization'. *Journal of Political Economy* 115, 1049–94, 2007.
3. Dunbar R. I. M. 'The Anatomy of Friendship'. *Trends in Cognitive Sciences* 22, 32–51, 2018.

4. Chaudhary N., Salali G. D., Thompson, J., Rey A., Gerbault P., Stevenson E. G. J., Dyble M., Page A. E., Smith D., Mace R. & Vinicius L. 'Competition for Cooperation: Variability, Benefits and Heritability of Relational Wealth in Hunter-Gatherers'. *Scientific Reports* 6, 29120, 2016.
5. Costa D. L. & Kahn M. E. 'Surviving Andersonville: The Benefits of Social Networks in POW Camps'. *NBER Working Paper*, 11825, 2005.
6. Silk, J. B., Alberts S. C. & Altmann J. 'Social Bonds of Female Baboons Enhance Infant Survival'. *Science* 302, 1231–34, 2003.
7. 而对雌性而言，友谊似乎没有那么重要了。雌性竞争的主要对象是食物，而不是配偶。她们不需要合起伙来解决这个问题：相互回避就是最有效的策略了。据称，雌性黑猩猩将65%的时间花在了独自或者与孩子一起觅食。Muller M. N., Wrangham R. W. & Pilbeam D. R. *Chimpanzees and Human Evolution*. Harvard University Press, 2018.
8. Nishida T. 'Alpha Status and Agonistic Alliance in Wild Chimpanzees (*Pan Troglodytes Schweinfurthii*)'. *Primates* 24, 318–36, 1983.
9. Mielke A., Samuni L., Preis A., Gogarten J. F., Crockford C. & Wittig R. M. 'Bystanders Intervene to Impede Grooming in Western Chimpanzees and Sooty Mangabeys'. *Royal Society Open Science* 4, 171296, 2017.

10. Dunham Y. 'Mere Membership'. *Trends in Cognitive Sciences* 22, 780–93, 2018.

第 16 章

1. former Israeli prime minister, Golda Meir (1973).
2. Carpenter P. K. 'Descriptions of Schizophrenia in the Psychiatry of Georgian Britain: John Haslam and James Tilly Matthews'. *Comprehensive Psychiatry* 30, 332–8, 1989.
3. Freeman D. S., McManus S., Brugha T., Meltzer H., Jenkins R. & Bebbington P. 'Concomitants of Paranoia in the General Population'. *Psychological Medicine* 41, 923–36, 2011.
4. Raihani N. J. & Bell V. 'An Evolutionary Perspective on Paranoia'. *Nature Human Behaviour* 3, 114–21, 2019.
5. Boyer P., Firat R. & van Leeuwen F. 'Safety, Threat, and Stress in Inter-group Relations: A Coalitional Index Model'. *Perspectives on Psychological Science* 10, 434–50, 2015.
6. Raihani N. J. & Bell V. 'An Evolutionary Perspective on Paranoia'. *Nature Human Behaviour* 3, 114–21, 2019. Gayer-Anderson C. & Morgan C. 'Social Networks, Support and Early Psychosis: A Systematic Review'. *Epidemiology and Psychiatric Sciences* 22, 131–46, 2013. Catone G., Marwaha S., Kuipers E. & Lennox B.

'Bullying Victimisation and Risk of Psychotic Phenomena: Analyses of British National Survey Data'. *The Lancet Psychiatry* 2, 618–24, 2015. Freeman D., Evans R., Lister R., Antley A. & Dunn G. 'Height, Social Comparison, and Paranoia: An Immersive Virtual Reality Experimental Study'. *Psychiatry Research* 218, 348–52, 2014. Kirkbride J. B., Errazuri A., Croudace T. J., Morgan C., Jackson D., Boydell J., Murray R. M. & Jones P. B. 'Incidence of Schizophrenia and Other Psychoses in England, 1950–2009: A Systematic Review and Meta-Analyses'. *PLOS ONE* 7, e31660, 2012.

7. Schofield P., Ashworth M. & Jones R. 'Ethnic Isolation and Psychosis: Re-Examining the Ethnic Density Effect'. *Psychological Medicine* 41, 1263–9, 2011.

8. Saalfeld V., Ramadan Z., Bell V. & Raihani N. J. 'Experimentally Induced Social Threat Increases Paranoid Thinking'. *Royal Society Open Science* 5, 180569, 2018.

9. Oliver E. J. & Wood T. J. 'Conspiracy Theories and the Paranoid Style(s) of Mass Opinion'. *American Journal of Political Science* 58, 952–66, 2014.

10. Uscinski J. E. & Parent J. M. *American Conspiracy Theories*. Oxford University Press, 2014.

11. Bell V., Raihani N. J. & Wilkinson S. 'De-Rationalising Delusions'. *Clinical Psychological Science*, 2021。

12. Williams D. 'Socially Adaptive Belief'. *Mind & Language*, 1–22,

2020.
13. Mercier H., & Sperber D. 'Why do humans reason? Arguments for an argumentative theory'. *Behavioral and Brain Sciences*, 34, 57–111.
14. Van Bavel J. & Pereira A. 'The Partisan Brain: An Identity-Based Model of Political Belief'. *Trends in Cognitive Sciences* 22, 213–24, 2018.
15. Gollwitzer A., Martel C., Brady W. J., Pärnamets P., Freedman I. G., Knowles E. D. & Van Bavel J. J. 'Partisan differences in physical distancing are linked to health outcomes during the COVID-19 pandemic'. *Nature Human Behaviour*, 1–12, 2020.

第17章

1. Aesop, 'The Four Oxen and the Lion', *Fables*, The Harvard Classics, 1909–14.
2. von Rueden C. R. & Jaeggi A. V. 'Men's Status and Reproductive Success in 33 Nonindustrial Societies: Effects of Subsistence, Marriage System, and Reproductive Strategy'. *Proceedings of the National Academy of Sciences* 113, 10824–9, 2016.
3. Boehm C. *Hierarchy in the Forest: The Evolution of Egalitarian Behavior*. New edition. Harvard University Press, 2001.

4. von Rueden C. 'Making and Unmaking Egalitarianism in Small-Scale Human Societies'. *Current Opinion in Psychology*, 33, 167–71, 2020. Cheng J. T., Tracy J. L., Foulsham T., Kingstone A. & Henrich J. 'Two Ways to the Top: Evidence That Dominance and Prestige Are Distinct yet Viable Avenues to Social Rank and Influence'. *Journal of Personality and Social Psychology* 104, 103–25, 2013.
5. Gillin J. 'Crime and punishment among the Barama River Carib of British Guiana'. *American Anthropologist* 36, 331–44, 1934.
6. Garfield Z. H., von Rueden C. & Hagen E. H. 'The Evolutionary Anthropology of Political Leadership'. *The Leadership Quarterly* 30, 59–80, 2019.
7. Powers S. T. & Lehmann L. 'An Evolutionary Model Explaining the Neolithic Transition from Egalitarianism to Leadership and Despotism'. *Proceedings of the Royal Society B: Biological Sciences* 281, 20141349, 2014.
8. Watts J., Sheehan O., Atkinson Q. D., Bulbulia J. & Gray R. D. 'Ritual Human Sacrifice Promoted and Sustained the Evolution of Stratified Societies'. *Nature* 532, 228–31, 2016.
9. Johnson D. P. & MacKay N. J. 'Fight the Power: Lanchester's Laws of Combat in Human Evolution'. *Evolution and Human Behavior* 36, 152–63, 2015.
10. Marcum A. & Skarbek D. 'Why Didn't Slaves Revolt More Often

during the Middle Passage?'. *Rationality and Society* 26, 236–62, 2014.

第18章

1. Stephen Crane, *The Complete Short Stories and Sketches of Stephen Crane*, Doubleday, 2013.
2. 'Uber, Lyft Drivers Manipulate Fares at Reagan National Causing Artificial Price Surges'. *WJLA*, 16 May 2019.
3. Greif A. & Tabellini G. 'The Clan and the Corporation: Sustaining Cooperation in China and Europe'. *Journal of Comparative Economics* 45, 1–35, 2017. Muthukrishna M. 'Corruption, Cooperation, and the Evolution of Prosocial Institutions'. *SSRN Electronic Journal*, 2017. https://doi. org/10.2139/ssrn.3082315.
4. This is a mash-up of a quotation from the following source: Hampden- Turner C. & Trompenaars F. *Riding the Waves of Culture: Understanding Diversity in Global Business*. Hachette UK, 2011.
5. Waytz A., Iyer R., Young L., Haidt J. & Graham J. 'Ideological Differences in the Expanse of the Moral Circle'. *Nature Communications* 10, 1–12, 2019.
6. Raihani N. J. & de-Wit L. 'Factors Associated With Concern,

Behaviour & Policy Support in Response to SARS-CoV-2, 2020'.
7. Yamagishi T., Jin N. & Miller A. S. 'In-Group Bias and Culture of Collectivism'. *Asian Journal of Social Psychology* 1, 315–28, 1998. Greif A. & Tabellini G. 'The Clan and the Corporation: Sustaining Cooperation in China and Europe'. *Journal of Comparative Economics* 45, 1–35, 2017. Jha C. & Panda B. 'Individualism and Corruption: A Cross-Country Analysis'. *Economic Papers: A Journal of Applied Economics and Policy* 36, 60–74, 2017.
8. Guiso L., Sapienza P. & Zingales L. 'Long-Term Persistence'. *Journal of the European Economic Association* 14, 1401–36, 2016. Reher D. S. 'Family Ties in Western Europe: Persistent Contrasts'. *Population and Development Review* 24, 203–34, 1998. Baldassarri D. 'Market Integration Accounts for Local Variation in Generalized Altruism in a Nationwide Lost-Letter Experiment'. *Proceedings of the National Academy of Sciences* 117, 2858–63, 2020.
9. Cohn A., Maréchal M. A., Tannenbaum D. & Zünd C. L. 'Civic Honesty around the Globe'. *Science* 365, 70–3, 2019.
10. Hruschka D. 'Parasites, Security, and Conflict: The Origins of Individualism and Collectivism'. *Evonomics*, 18 November 2015. https://evonomics. com/a-new-theory-that-explains-economic-individualism-and-collectivism/. Welzel C. *Freedom Rising: Human*

Empowerment and the Quest for Emancipation. Cambridge University Press, 2013. Hruschka D. J. & Henrich J. 'Economic and Evolutionary Hypotheses for Cross-Population Variation in Parochialism'. *Frontiers in Human Neuroscience* 7, 559, 2013.
11. Van de Vliert E. & Van Lange P. A. M. 'Latitudinal Psychology: An Ecological Perspective on Creativity, Aggression, Happiness, and Beyond'. *Perspectives on Psychological Science* 14, 860–84, 2019.
12. openDemocracy. 'The Social Support Networks Stepping up in Coronavirus-Stricken China'. 17 March 2020. 'Solidarity in Times of Corona in Belgium'. 24 March 2020. 'The Horror Films Got It Wrong. This Virus Has Turned Us into Caring Neighbours', *The Guardian* 31 March 2020,.
13. Heart-warming Moments in Coronavirus Britain'. *The Guardian*, 2 April 2020.
14. 我家附近的这座书店，店名叫 Review，位于 Peckham Rye 的 Bellenden 路上。这是个很棒的地方——别忘了支持你们那里的本地书店!
15. 'New York's Andrew Cuomo Decries "eBay" -Style Bidding War for Ventilators'. *The Guardian*, 31 March 2020.
16. 'Tuna Sells for Record $3 Million in Auction at Tokyo's New Fish Market', CNBC, 5 January 2019.
17. Ostrom E., Burger J., Field C. B., Norgaard R. B. & Policansky D.

'Revisiting the Commons: Local Lessons, Global Challenges'. *Science* 284, 278, 1999.

18. Turner R. A., Addison J., Arias A, Bergseth B. J., Marshall N. A., Morrison T. H. & Tobin R. C. 'Trust, Confidence, and Equity Affect the Legitimacy of Natural Resource Governance'. *Ecology and Society* 21, 18, 2016.

19. Carbon Brief. 'Analysis: Coronavirus Temporarily Reduced China's CO2 Emissions by a Quarter', 19 February 2020.

20. Moser C., Blumer Y. & Hille S. L. 'E-Bike Trials' Potential to Promote Sustained Changes in Car Owners Mobility Habits'. *Environmental Research Letters* 13, 044025, 2018.

21. Larcom S., Rauch F. & Willems T. 'The Benefits of Forced Experimentation: Striking Evidence from the London Underground Network'. *The Quarterly Journal of Economics* 132, 2019–55, 2017.

22. 查尔斯·达尔文给 Frances Julia Wedgwood 的回信，1861 年 7 月。全句为：'I admire the beautiful scenery more than could be reasonably expected of an acknowledged descendant of an Ape.'

未来，属于终身学习者

我这辈子遇到的聪明人（来自各行各业的聪明人）没有不每天阅读的——没有，一个都没有。巴菲特读书之多，我读书之多，可能会让你感到吃惊。孩子们都笑话我。他们觉得我是一本长了两条腿的书。

——查理·芒格

互联网改变了信息连接的方式；指数型技术在迅速颠覆着现有的商业世界；人工智能已经开始抢占人类的工作岗位……

未来，到底需要什么样的人才？

改变命运唯一的策略是你要变成终身学习者。未来世界将不再需要单一的技能型人才，而是需要具备完善的知识结构、极强逻辑思考力和高感知力的复合型人才。优秀的人往往通过阅读建立足够强大的抽象思维能力，获得异于众人的思考和整合能力。未来，将属于终身学习者！而阅读必定和终身学习形影不离。

很多人读书，追求的是干货，寻求的是立刻行之有效的解决方案。其实这是一种留在舒适区的阅读方法。在这个充满不确定性的年代，答案不会简单地出现在书里，因为生活根本就没有标准确切的答案，你也不能期望过去的经验能解决未来的问题。

而真正的阅读，应该在书中与智者同行思考，借他们的视角看到世界的多元性，提出比答案更重要的好问题，在不确定的时代中领先起跑。

湛庐阅读App：与最聪明的人共同进化

有人常常把成本支出的焦点放在书价上，把读完一本书当作阅读的终结。其实不然。

时间是读者付出的最大阅读成本

怎么读是读者面临的最大阅读障碍

"读书破万卷"不仅仅在"万"，更重要的是在"破"！

现在，我们构建了全新的"湛庐阅读"App。它将成为你"破万卷"的新居所。在这里：

● 不用考虑读什么，你可以便捷找到纸书、电子书、有声书和各种声音产品；

● 你可以学会怎么读，你将发现集泛读、通读、精读于一体的阅读解决方案；

● 你会与作者、译者、专家、推荐人和阅读教练相遇，他们是优质思想的发源地；

● 你会与优秀的读者和终身学习者为伍，他们对阅读和学习有着持久的热情和源源不绝的内驱力。

下载湛庐阅读 App，

坚持亲自阅读，

有声书、电子书、阅读服务，

一站获得。

本书阅读资料包
给你便捷、高效、全面的阅读体验

本书参考资料　　　　　　　　　　　　　　　　　　湛庐独家策划

- ☑ **参考文献**
  为了环保、节约纸张,部分图书的参考文献以电子版方式提供

- ☑ **主题书单**
  编辑精心推荐的延伸阅读书单,助你开启主题式阅读

- ☑ **图片资料**
  提供部分图片的高清彩色原版大图,方便保存和分享

相关阅读服务　　　　　　　　　　　　　　　　　　终身学习者必备

- ☑ **电子书**
  便捷、高效,方便检索,易于携带,随时更新

- ☑ **有声书**
  保护视力,随时随地,有温度、有情感地听本书

- ☑ **精读班**
  2~4周,最懂这本书的人带你读完、读懂、读透这本好书

- ☑ **课　程**
  课程权威专家给你开书单,带你快速浏览一个领域的知识概貌

- ☑ **讲　书**
  30分钟,大咖给你讲本书,让你挑书不费劲

湛庐编辑为你独家呈现
助你更好获得书里和书外的思想和智慧,请扫码查收!

(阅读资料包的内容因书而异,最终以湛庐阅读App页面为准)

The Social Instinct by Nichola Raihani

Copyright © 2021 by Nichola Raihani

All rights reserved including the right of reproduction in whole or in part in any form.

本书中文简体字版经授权在中华人民共和国境内独家出版发行。未经出版者书面许可，不得以任何方式抄袭、复制或节录本书中的任何部分。

著作权合同登记号：图字：01-2023-0868 号

版权所有，侵权必究
本书法律顾问　北京市盈科律师事务所　崔爽律师

图书在版编目（CIP）数据

人类还能好好合作吗 /（英）尼古拉·雷哈尼（Nichola Raihani）著；胡正飞译. --北京：中国纺织出版社有限公司，2023.4
书名原文：The Social Instinct
ISBN 978-7-5229-0383-5

Ⅰ. ①人… Ⅱ. ①尼… ②胡… Ⅲ. ①合作-研究 Ⅳ. ①C91

中国版本图书馆CIP数据核字（2023）第040277号

责任编辑：刘桐妍　　责任校对：高　涵　　责任印制：储志伟

中国纺织出版社有限公司出版发行
地址：北京市朝阳区百子湾东里 A407 号楼　邮政编码：100124
销售电话：010—67004422　传真：010—87155801
http://www.c-textilep.com
中国纺织出版社天猫旗舰店
官方微博 http://weibo.com/2119887771
唐山富达印务有限公司印刷　各地新华书店经销
2023年4月第1版第1次印刷
开本：880×1230　1/32　印张：12.125
字数：257千字　定价：119.90元

凡购本书，如有缺页、倒页、脱页，由本社图书营销中心调换